臺灣歷史與文化 研究輯刊

八　編

第 **28** 冊

美濃作家的在地書寫研究（上）

鍾 怡 彥 著

花木蘭文化出版社

國家圖書館出版品預行編目資料

美濃作家的在地書寫研究（上）／鍾怡彥 著 -- 初版 -- 新北市：
花木蘭文化出版社，2015〔民 104〕
目 4+202 面；19×26 公分
（臺灣歷史與文化研究輯刊 八編：第 28 冊）
ISBN 978-986-404-454-2（精裝）
1. 臺灣文學　2. 文學評論
733.08　　　　　　　　　　　　　　　104015150

ISBN-978-986-404-454-2

9 789864 044542

臺灣歷史與文化研究輯刊
八 編　第二八冊　　　　　　　　ISBN：978-986-404-454-2

美濃作家的在地書寫研究（上）

作　　　者　鍾怡彥
總 編 輯　杜潔祥
副總編輯　楊嘉樂
編　　　輯　許郁翎
出　　　版　花木蘭文化出版社
社　　　長　高小娟
聯絡地址　235 新北市中和區中安街七二號十三樓
　　　　　　電話：02-2923-1455 ／傳眞：02-2923-1452
網　　　址　http://www.huamulan.tw 信箱 hml 810518@gmail.com
印　　　刷　普羅文化出版廣告事業
初　　　版　2015 年 9 月
全書字數　283118 字
定　　　價　八編 29 冊（精裝）台幣 58,000 元

美濃作家的在地書寫研究（上）

鍾怡彥　著

作者簡介

鍾怡彥，生於高雄美濃，祖父鍾理和、父親鍾鐵民同為臺灣文學作家。彰化師範大學文學碩士、中央大學文學博士。曾在多所大學院校任職，目前於國立中央大學任教。擔任多屆「笠山文學營」講師及「阿公店溪文學獎」評審、論文講評人。參與編寫「臺灣文學辭典」、「臺灣現代文學有聲書」，主編新版《鍾理和全集》、《鍾鐵民全集》、《鍾鐵民小說選》、《鍾鐵民散文選》。著有碩士論文〈鍾理和文學語言研究〉、博士論文〈美濃作家的在地書寫研究〉，單篇論文有〈菸葉與冤業：美濃作家的共同記憶〉、〈鍾理和文學中的飲食書寫〉、〈鍾鐵民文學的農村圖像〉等。

提　　要

　　本論文以「美濃作家的在地書寫」為研究主題，透過文學的角度探討美濃的各個面向。結合地方志、文化地理學、集體記憶等研究方法，分析作家記憶中的美濃，作品呈現何種在地特色。美濃作家記錄了美濃的過去，亦探討未來發展，將文學與地景結合，讓地景不單只是客觀存在，還具有人文色彩，他們的作品，呈現了美濃發展的歷史和客家族群的生活特色。

　　研究進路：先介紹美濃作家及其作品，包括傳統文學與現代文學作家，分析他們的客語特色及寫作手法。接著是自然環境的描繪，分為美濃丘陵的族群記憶、美濃水域與生活記憶、乾濕分明的季節記憶、自然生態的觀察記錄等四部分。再來則是農業活動的書寫，探討水稻的轉型承傳、菸葉種植的興衰、經濟作物的經營、豬業榮景與沒落等四項。最後則是聚落文化的呈現，藉由傳統建築與家族歷史、新舊並陳的飲食書寫、典雅實用的服飾配件、為求離農的教育觀念、閩客融合的宗教信仰、勤勞節儉的生活習慣、忙裡偷閒的娛樂活動、保鄉衛土反水庫運動等面向，分析美濃的聚落色彩。

　　美濃作家有意或無意地將地方特色寫進作品裡，直接或間接成了地方的行銷管道，讓更多讀者認識美濃。他們的作品記錄了各年代的地景風貌與生活方式，將美濃塑造為客家的鄉愁之地，成功的讓美濃成為臺灣客家聚落的代表，對於文化塑造的貢獻極大，在臺灣文學中，美濃成為一個重要的文學發展地。

本論文獲客家委員會
103 年度客家研究優良博碩士論文獎助

目

次

第一章　緒　論

第一節　研究動機

美濃，舊稱「瀰濃」，日治時期大正九年（一九二○年）改稱為「美濃」。在客家人移墾前，為平埔族聚落所在地，乾隆初年以前，屬於嚴禁漢人墾拓的「禁地」。漢人進入拓墾，則與雍正十年的吳福生事件有關，協助平定亂事的右堆統領林豐山、林桂山昆仲，因取得特殊身分，才得以進入番地，開墾瀰濃地區。〔註1〕

乾隆元年（一七三六年）原居武洛庄林家昆仲，帶領張、徐、黃、劉、曾、鍾、陳、余、李、林、廖、何、邱、左、盧、宋等十六姓四十餘人，入墾靈山、月光山、雙峰山山麓，並建立開庄伯公於靈山山下，正式開墾這片土地，定名為「瀰濃」。

入墾之初，當地原住民勢力仍很強大，故先民為顧慮安全，不敢於此夜宿，日落時返回武洛，次日清晨再去開墾。為求安定久居，選擇在瀰濃河北岸、竹子門溪、羌仔寮溪會合出建立聚落，稱為瀰濃庄。此地名於乾隆十七年《重修臺灣縣志疆域圖》已有記載。〔註2〕

瀰濃平原略呈三角形，頂點位於九芎林，右邊為茶頂山脈，左邊為美濃山系，瀰濃溪自九芎林而下，貫穿平原中央。瀰濃平原的地勢，大致東北高，

〔註1〕見簡炯仁：《高雄縣旗山地區的開發與族群關係》，高雄縣政府，2004.8，頁257～258。

〔註2〕見美濃鎮誌編纂委員會編：《美濃鎮誌》，高雄：美濃鎮公所，1996.9，頁35～39。

西南低，東西山腳高，中央低。故瀰濃地區的開墾以地勢稍高，又近水之瀰濃庄、龍肚庄及九芎林爲據點，再往外擴張。

瀰濃庄成庄之後，逐漸往四周擴張，柚仔林庄、龍肚庄、金瓜寮庄、中壇庄、九芎林庄、竹頭背庄先後被開墾成聚落，最晚開發的爲南隆、吉洋地區，因此地排水不良又乾燥，開發不易，直到明治四十三年三五公司成立南隆農場後，招募北部客家移民，才開始積極開墾，加上龜山堤防與獅子頭圳的建設，讓此地從荒野變成良田。〔註3〕至此，美濃的開發才告完全結束。

美濃長久以來因地形封閉，交通不便，而保存了完整的客家文化。美濃居民大抵世代務農，繼承了先民勤勞的天性，也繼承了祖先遺留下來的傳統生活方式，這使美濃保留了濃厚的傳統農村景觀。此處以稻作爲主，重要的經濟作物是菸葉，菸葉帶來的高收入，間接培養了五十幾位博士，菸葉文化是美濃與其他農村最大的不同處。然而戰後臺灣土地改革獲得成功，帶來農村經濟繁榮、進步，成爲六〇年代工業起飛的基礎，但現今的農村，卻因工商業蓬勃發展而面臨危機，農民所得偏低，大量農村青年往都市發展，城鄉差距越來越大，農村社會、文化、經濟逐步走向夕陽，農民對土地不再有強烈的認同感，不僅美濃如此，更是臺灣農村的悲歌。

美濃因爲自然環境的關係，形成許多文化地景，這些地景暗含了自古至今美濃人對大地的集體塑造。地方與記憶無可避免會糾結在一起，而建構記憶的主要方式之一，就是透過地方的生產。地方的物質性，意味了記憶並非聽任心理過程的反復無常，而是銘記於地景中，成爲公共記憶。〔註4〕美濃作家與美濃密不可分，他們從美濃取得文學養分，並反映在文學上，用文學創造美濃地景，記錄了當地的共同記憶。

本文以美濃爲研究範圍，是因爲美濃本身的特殊性，更重要的是這裡培育出許多文人，傳統文學方面，計有朱阿華、朱鼎豫、陳保貴、陳新賜、鍾美盛、張琴龍、古信來〔註5〕等人，現代文學方面有鍾理和、鍾鐵民、吳錦發，和一位金曲獎最佳作詞獎得主鍾永豐，除了上述四位，還有許多當地作家，雖然名氣不如他們，但一樣都是在關懷家鄉，如劉洪貞、鍾鐵鈞等。他們的作品，正好反映了美濃的發展與困境，故筆者藉由作品的解讀，探討作家們

〔註3〕 《美濃鎮誌》，頁60。
〔註4〕 Tim Cresswell 著，王志弘、徐苔玲譯：《地方：記憶、想像與認同》，臺北：群學出版有限公司，2006.12，頁138。
〔註5〕 《美濃鎮誌》，頁489～490。

在不同年代、不同觀念下，如何描寫美濃樣貌、社會結構及農民價值取向，他們對美濃的觀察有何不同，所關心的問題是什麼，又是以何種藝術手法表現，其中的相同處與不同處，都值得做深入的研究。因文學不能解讀為只是描繪區域和地方，很多時候，文學協助創造地方。〔註6〕

　　故筆者以「美濃作家的在地書寫」為題，用文學結合文化地理學、集體記憶的角度分析美濃，藉由文字的描寫，作家如何塑造記憶中的美濃，作品呈現何種在地特色；文學記錄了美濃的過去，並探討未來，以期完整呈現美濃發展的歷程和客家社會的建構。這是新的研究方向，將焦點集中在一個鄉鎮，藉由同一鄉鎮的作家作品，探討農村變遷過程，亦可視為臺灣農村的縮影。

第二節　研究範圍與方法

　　關於美濃書寫的作品繁多，許多是到美濃一遊之後所寫的感想，有些則是記者的採訪文章，因他們的作品無法深入美濃，故本文從缺。筆者的研究對象設定在本身是美濃人，且對美濃有深入的觀察與書寫者，書寫時間從日治迄今的文學作品。傳統文學方面，有美友吟社和旗美吟社的詩人們，現代文學方面以鍾理和、鍾鐵民、吳錦發、鍾永豐為主要研究對象，再配合其他作家作品，以求最完整的研究，作者中以吳錦發的作品最多元，包含了政治、評論、環保、神話等，但因本文以美濃書寫為主，所以與美濃無關的作品，皆排除在外。

一、研究範圍

　　以下將本文欲研究的作品舉要列出，包括傳統文學小說、散文、歌詞。

（一）傳統文學

　　1、朱鼎瑓：「龍肚八景」計有，〈茶頂晴嵐〉、〈竹門煙雨〉、〈龜頭秋漲〉、〈龍闕澄潭〉、〈聖亭野望〉、〈柳塘魚浪〉、〈龍蘭牧笛〉、〈嶠嶠樵歌〉、〈龍崗觀雲〉二首、〈仲秋曉望〉、〈門對雙峰春景好〉二首、〈春日遊茶頂山〉、〈中正湖〉、〈感懷〉、〈黃蝶翠谷〉、〈東門樓〉、〈中正亭〉等詩。

〔註6〕 Mike Crang 著，王志弘、余佳玲、方淑惠譯：《文化地理學》，臺北：巨流圖書有限公司，2006.9，頁58。

2、陳保貴：〈門對雙峰春景好〉、〈龜山晚眺〉、〈龍岡觀雲〉、〈田園樂〉、〈中正湖行〉等詩。

3、陳新賜：〈乘晚班客車見一農夫上車偶感〉、〈驟雨初晴〉等。

4、鍾美盛：〈春雨〉、〈惜春〉、〈初夏〉、〈仲夏〉、〈探雙溪蝴蝶谷紀念〉等。

5、鍾世充：〈門前雙峰春景好〉、〈龍肚庄事由記略〉一文。

6、李春生：〈門前雙峰春景好〉。

7、張琴龍：〈月光山頌〉。

8、古信來：〈東方寮月光山登山記感言〉、〈初夏〉、〈觀看雨後布袋蓮有感〉、〈感懷〉二首。

9、溫華玉：〈惜春〉、〈初夏〉二首。

10、林富生：〈初夏〉、〈感懷〉。

11、楊來寶：〈初夏〉、〈感懷〉。

12、黃雙麟：〈美濃風光〉。

　　傳統詩人的在地書寫，以朱鼎豫作品最豐，雖然主題不脫自然美景，但情感與寫作技巧，實為其他詩人之上，是美濃傳統詩的代表人物。此外，從上述題名可知，傳統詩人著重於自然景色與季節的描寫，取材上較為狹隘，且部分為擊缽吟徵詩之作，如〈初夏〉、〈惜春〉、〈門對雙峰春景好〉等。內容上有歌詠美景者，如「龍肚八景」詩；有感嘆季節更替者，如〈惜春〉。

（二）現代文學

　　美濃作家的在地書寫，主要以現代文學為主，數量與內容比傳統文學豐富且優，以下為各作家作品介紹：

1、鍾理和作品

　　小說：長篇小說〈笠山農場〉，中篇小說〈薄芒〉、〈雨〉，短篇小說〈菸樓〉、〈還鄉記〉、〈錢的故事〉、〈竹頭庄〉、〈山火〉、〈阿煌叔〉、〈親家與山歌〉等。

　　散文：〈做田〉、〈賞月〉、〈我的書齋〉、〈旱〉、〈西北雨〉、〈安灶〉、〈豬的故事〉、〈老樵夫〉、〈挖石頭的老人〉等。

　　另外還有鍾理和日記、與文友的書信。

　　鍾理和作品的時間背景，橫跨戰前與戰後，〈笠山農場〉與〈薄芒〉時間背景為日據時代，其餘為戰後。

2、鍾鐵民作品

小說，依主題可分：

（1）關於感情、婚姻與家庭：

〈人字石〉、〈小叔子〉、〈父與女〉、〈帳內人〉、〈起誓〉、〈山谷〉、〈夜路〉、〈土墙〉、〈清明〉、〈分家〉、〈夏日〉、〈憨阿清〉、〈石縫中的小花〉、〈枷鎖〉、〈送行的人〉、〈偷雞的人〉、〈尋春〉、〈夜〉、〈風雨夜〉、〈送〉、〈黃昏〉、〈霧幕〉、〈夜歸人〉、〈靜海波濤〉、〈大姨〉等。

（2）關於友情、教育、童年：

〈山路〉、〈朽木〉、〈過程〉、〈夜獵〉、〈烏蜂〉、〈老友〉、〈祈福〉、〈秋意〉、〈河鯉〉、〈余忠雄的春天〉、〈竹叢下的人家〉、〈殺狗記〉、〈阿祺的半日〉、〈阿憨伯〉、〈墾荒者〉、〈雄牛和土蜂〉、〈捉山豬記〉、〈故事〉等。

（3）關於農業、美濃：

〈蒔田〉、〈夜獵〉、〈籬笆〉、〈種菇人家〉、〈谷地〉、〈夜雨〉、〈返鄉記〉、〈雨後〉、〈我的夥伴〉、〈菸田〉、〈三伯公傳奇〉、〈約克夏的黃昏〉、〈女人與甘蔗〉、〈鄉愁〉、〈丁有傳最後一個願望〉、〈洪流〉、〈田園之夏〉、〈阿公的情人〉、〈蘿蔔嫂〉、〈阿月〉〈荒村〉、〈阿耀的作業〉、〈月光下的小鎮〉等。未完成稿：長篇小說〈家園〉。

散文，依主題可分：

（1）關於動物、植物：

〈大舅的牛〉、〈土狗與伯勞〉、〈蛇的故事〉、〈木瓜樹下好歇涼〉、〈清晨的起床號〉、〈嚇鳥〉、〈「羌」鴻一瞥〉、〈野山蜂〉、〈山豬不食糠〉、〈黃蝶兮！歸來〉、〈火焰樹〉、〈苦苓樹〉、〈烏杜子粥〉、〈蕨菜？好吃！〉、〈荔枝香〉、〈飛機草〉、〈紅香蕉〉、〈椰子〉、〈檳榔〉（之一）、〈木棉樹〉、〈麵包樹〉、〈荼瓜布〉、〈台灣水牛〉、〈燕巢群雀佔〉、〈美麗的芳鄰〉、〈金斑鳩〉、〈生命力〉、〈蒔花植草〉、〈荼季〉、〈美麗的花的世界〉、〈五色花和尚〉、〈蜂與人〉、〈蝸牛〉、〈青蛙〉、〈八月不聞禾蝦香〉、〈山豬不吃糠〉、〈蘿蔔角、玉蘭花和夜合〉、〈大蕃薯〉、〈鹹魚蕃薯飯〉、〈大閹雞〉、〈退冬〉等。

（2）關於家庭、生活、風俗：

〈剃頭紀事〉、〈洗面洗耳角〉、〈下馬喝水〉、〈入年掛〉、〈掛紙〉、〈風水〉、〈火燒門前紙〉、〈木馬的聯想〉、〈早起三朝當一工〉、〈運動〉、〈山頂上的歌聲〉、〈暑天心情〉、〈颱風心情〉、〈大葉菅芒與蘭花〉、〈通向學校的長路〉、〈王

爺壇的皮影戲〉、〈看戲的日子〉等。

（3）關於氣候、農業、環保：

〈看月華〉、〈四十九日烏暗天〉、〈冬寒落雨夏寒晴〉、〈冰雹雨〉、〈仿製文化〉、〈懷璧其罪〉、〈石灰羢路打白行〉、〈理性的抗爭〉、〈自家阿屎自家食〉、〈生存的戰爭〉、〈沒嘎吃貓飯〉、〈客家團結的力量〉、〈對自然要謙虛了〉、〈水庫的終結 小鎮之復活〉、〈俗務令人煩〉、〈同心自救〉、〈這樣的微笑〉、〈阿麟的理想〉、〈感動〉、〈淚滴禾下土〉、〈懶人無懶土〉、〈冤業〉、〈椰賤傷農〉、〈農業的輓歌〉、〈養豬戶何去何從〉、〈豬言豬語〉、〈暖冬〉、〈毒蜆〉、〈有用與無用〉、〈求人不如求己〉、〈「打林」不開溝〉、〈垃圾戰爭〉、〈生命之河〉、〈天作孽〉、〈農藥的迷思〉、〈清地屑〉、〈天霸王〉、〈所求於己者輕〉、〈別等老天賞水喝〉、〈惜福〉等。

（4）關於美濃：

〈《笠山農場》之後〉、〈我寫我的家鄉──美濃〉、〈美濃的黃蝶祭〉、〈三合院的歲月〉、〈伯公壇〉、〈美得濃莊──高雄縣境內唯一客家大鎮美濃〉、〈菸葉與美濃〉、〈伯公樹下好歇涼〉、〈世外桃源‧客家小鎮──美濃〉、〈晴耕雨讀──美濃人〉、〈笠山下的故事〉、〈清晨溪邊浣衣忙〉、〈必也正名乎〉、〈月光山下‧美濃〉等。

鍾鐵民的作品，涵蓋了從一九六一年至二○一○年，近四十年的美濃，是美濃作家中，對美濃書寫最完整的作者，他的文學等於是美濃六○年代後的發展史。

3、吳錦發作品

小說：長篇小說〈秋菊〉，中篇小說〈春秋茶室〉、〈閣樓〉，短篇小說〈永恆的戲劇〉、〈靜默的河川〉、〈遲開的桂花〉、〈明娟的鄉愁〉、〈迷路〉、〈大鯉魚〉、〈貓〉、〈蚱蜢〉、〈出征〉、〈堤〉、〈烤乳豬的方法〉、〈悲歌〉、〈牛王〉、〈燈籠花〉等。

散文：〈老歌者〉、〈摘菸〉、〈永遠的傘姿〉、〈土地伯公祠〉、〈夥房〉、〈東門城樓〉、〈菸樓〉、〈美濃藍衫〉、〈畜生三章〉、〈沒穿內褲的童年〉、〈我十七歲以前的美濃〉、〈夢返美濃溪〉、〈一滴水〉、〈水的人文觀〉等。

4、鍾永豐作品

專輯《我等就來唱山歌》、《菊花夜行軍》、《臨暗》、《種樹》、《我庄》，單曲〈菸田〉。

5、其他作家

鍾鐵鈞《笠山依舊在》；劉洪貞《媽媽的扁擔》、《未上好的袖子》、《紙傘美友情濃》、《坐看雲起時》等散文作品；林生祥《過庄尋聊》專輯。

二、研究方法

（一）主要以文本結合地方志，討論文學作品的背景環境，分析現實環境對作家的影響為何，美濃作家是否受到自然環境影響，他們在作品中又是如何表現出來，探討作品創作的時空背景，與作品反映何種現實問題。

（二）運用文化地理學的理論，參考專書為《地方：記憶、想像與認同》與《文化地理學》。在當代地理學裡，文化轉向成為一種新的思考方式及新視野，不論如何定義文化，都只有把文化鑲嵌於真實生活情境中，在特定的時空背景下，才能夠加以理解。文化地理學研究的是文化的地點及空間差異，探討文化如何散佈於空間、如何讓空間有意義。地方感的保存或建構，是一種從記憶到希望，從過往到未來的旅途中的積極時刻。而且，地方的重構可以揭露隱藏的記憶，替不同的未來提供前景。〔註7〕

此外，地景是文化地理學研究的重點，它暗含了自古至今對大地的集體塑造。地景並非個人自產；它反映了某個社會——文化——的信仰、實踐和技術。地景和文化一樣，反映出這些元素的匯集，因為文化亦非個體的資產，而且只能夠在社會中存在。地景可以解讀為文本，闡述著人群的信念。地景的塑造被視為表達了社會的意識形態，然後意識形態又因地景的支持而不朽。〔註8〕

故筆者欲探知美濃對作家的影響，作家如何在美濃這個空間裡，塑造屬於美濃的地景，而這些地景在當地人的記憶中，佔有何種地位，美濃作家傳播了怎樣的文化特色，兩者如何互相影響，都是本文的研究重點。

（三）關於集體記憶的理論，本文以《論集體記憶》〔註9〕與《文化記憶理論讀本》〔註10〕為參考專書。所謂集體記憶，是同一社會中許多成員的個體記憶的結果、總和或某種組合。集體記憶要通過個體記憶來實現的，並且

〔註7〕　《地方：記憶、想像與認同》，頁101。
〔註8〕　《文化地理學》，頁35。
〔註9〕　莫里司・哈布瓦赫著，畢然、郭金華譯：《論集體記憶》，上海：上海人民出版社，2002.10。
〔註10〕　阿斯特莉特・埃爾主編，余傳玲等譯：《文化記憶理論讀本》，北京大學出版社，2012.1。

在個體記憶之中體現自身。〔註11〕

　　而文學作品作為集體記憶的媒介是相當普遍的，它們實現記憶文化多樣的功能，比如介紹各種模式以記錄生活進程，構建對過去的生活世界的各種想像，傳播不同的歷史觀，尋求各種記憶之間的平衡以及反思集體記憶的過程和問題。〔註12〕因為社會記憶是一種通過共同生活、語言交流和語言而產生的個人記憶的協調，而集體和文化記憶則建立在經驗和知識的基礎上。建立在諸如文本、圖像、文物和儀式等外部媒介基礎上的文化記憶不受時間限制；它的時間界線非常長，甚至有潛力延續數個世紀。〔註13〕

　　美濃開庄至今已二百多年，在此生長的作家們，對美濃傳統文化有何記憶、想像與認同，他們承襲了哪些集體記憶？他們透過文學作品，記錄下美濃的各種面相，是否也成為美濃人的共同記憶？

　　（四）因本文的作品皆反映了當時的現實問題，故本文的研究理論基礎，採用「文學社會學」的角度探討。作家是社會的良心，他們能將所聞，以文學的方式呈現給大眾，也是最容易影響人心的管道，除了鍾理和、劉洪貞外，其餘作家都直接或間接參與社會運動，吳錦發是社會系畢業，鍾鐵民、鍾永豐、鍾鐵鈞等是直接參與美濃反水庫運動，關心家鄉的一切事物；鍾理和雖然沒有參與社會運動，但他的作品卻能反映當時的現況，他認為文學不能無病呻吟，文學家必須負起社會責任。

第三節　文獻回顧

　　關於美濃的研究文獻數量非常多，甚至可以形成「美濃學」，大部分學者研究美濃的建築、婦女、菸葉、聚落形成等主題，文學部分則是鍾理和、鍾鐵民、吳錦發各自有研究論文，筆者依本論文主題，擇要回顧相關文獻。

一、關於鍾理和的研究論文

（一）期刊論文

　　彭瑞金是研究鍾理和較完整的學者，其評論有：〈土地的歌・生活的詩—

〔註11〕　《論集體記憶》，頁 70～71。
〔註12〕　《文化記憶理論讀本》，頁 227。
〔註13〕　《文化記憶理論讀本》，頁 45。

一鍾理和的《笠山農場》〉、〈鍾理和的農民文學〉、〈鍾理和筆下的客家意象〉、
〈試論鍾理和的社會參與〉，其他學者尚有：陳丹橘〈鍾理和的文學觀及其作
品中的農民世界〉、吳幼萍〈鍾理和短篇小說「菸樓」之言語風格〉、余昭玟
〈《笠山農場》評析——兼談鍾理和的創作歷程〉、翁小芬〈論鍾理和農民文
學的寫作風格〉、陳祈伍〈時代的呼聲——鍾理和戰後初期作品研究 1945～
1949〉、許素蘭〈山歌・菸樓・青色洋巾——鍾理和小說中的客家意象〉、許
俊雅〈生動的尖山農家耕作圖——賞讀鍾理和的「做田」〉、梁明雄〈鄉土文
學的傳薪者——鍾理和〉、梁明雄〈試論鍾理和小說中的人物〉、楊傑銘〈論
鍾理和文化身分的含混與轉化〉、鄭秀婷〈誰的原鄉？誰的失落——評陳映眞
對鍾理和民族認同的曲解〉、蔣淑貞〈反抗與忍從：鍾理和與龍瑛宗的「客家
情結」之比較〉、應鳳凰〈重新閱讀鍾理和——並探勘其文學發展史〉、應鳳
凰〈鍾理和的「貧賤夫妻」〉。其中彭瑞金的〈鍾理和的農民文學〉，從鍾理和
的農民生活背景，探討文學如何詮釋農民生活，由此分析農民和土地關係的
變遷，最後則是農民形象的塑造，此篇能深刻地闡述鍾理和文學中農民形象
和世界。陳丹橘從方言在文學中運用的角度探討鍾理和的文學觀，並按時間
先後，將鍾理和的農民世界分爲「日據時代」、「光復初期」、「土改完成」三
個階段，研究鍾理和筆下的農民，是如何經歷時代、土地所有制及生產體系
的變遷。

（二）學位論文

　　吳幼萍〈鍾理和笠山農場語言運用研究〉、吳雅蓉〈超越悲劇的生命美學
——論鍾理和及其文學〉、林姿如〈鍾理和文學研究〉、林玲燕〈從書寫治療
看鍾理和生命情結的反思與超越〉、林廣文〈鍾理和作品與思想研究〉、洪玉
梅〈鍾理和疾病文學研究〉、何淑華〈鍾理和地誌書寫與認同形構歷程研究〉、
翁小芬〈鍾理和笠山農場寫作研究〉、羅尤莉〈鍾理和文學中的原鄉與鄉土〉、
張清文〈鍾理和文學裡的「魯迅」〉、鍾怡彥〈鍾理和文學語言研究〉、張燕萍
〈人間的條件——鍾理和文學裡的魯迅〉等。其中何淑華〈鍾理和地誌書寫
與認同形構歷程研究〉，從鍾理和文學梳理其地誌書寫，然其雖有地誌書寫研
究，但不夠深入，僅三、四章寫到相關議題，篇幅比認同形構歷程還少，無
法完整呈現地誌書寫的特色。

二、關於鍾鐵民的研究論文

（一）期刊論文

關於鍾鐵民文學的單篇評論有：彭瑞金有〈笠山的薪火傳人──鍾鐵民〉、呂昱〈走過創作旅程的第二站──試論鍾鐵民的小說〉、李梁淑〈鍾鐵民作品的時代意義與價值〉。彭瑞金將他的作品繫年，依照作者不同的人生階段，分析鍾鐵民小說的內容與風格，是論者中較完整的評論。李梁淑從地方書寫評論鍾鐵民的作品，梳理作品中對農村與農業的描寫，討論鍾鐵民作品在美濃農業發展上的地位。

（二）學位論文

林女程〈台灣農村的見證者──鍾鐵民及其小說研究〉，是第一篇研究鍾鐵民的學位論文，從臺灣農民寫實文學的發展史中，探討與印證鍾鐵民對臺灣文壇的貢獻；論文重點放在農民文學與農村論述，對於美濃地景與客家文化較少關注。柳寶耳〈鍾鐵民及其小說研究〉探討鍾鐵民及其作品，論述內容分為「作家」與「小說」兩大部分。柳寶耳從鍾鐵民的生平、文學之路、藝術世界、人物研究、人物內在心理研究分析，強調鍾鐵民小說的寫作技巧，尤其是人物的塑造，分了兩章討論。兩篇論文的研究範疇皆為小說，對於數量頗多的散文較少觸及。鍾鐵民作品是筆者研究的重要文本，作品記錄了美濃從六〇年代以來的農業發展，不只是小說的背景，散文中亦寫下作者對美濃的觀察。

三、關於吳錦發的研究論文

（一）期刊論文

關於吳錦發的評論，彭瑞金著有〈吳錦發「燕鳴的街道」（上）（下）〉、〈讀《燕鳴的街道》看吳錦發的變貌〉、〈向大河小說前進──《春秋茶室》裡的吳錦發〉、〈應是屬於荖濃溪的作家──吳錦發〉等四篇，其餘有方健祥〈試評《靜默的河川》〉、江寶釵〈追尋傳奇──評吳錦發《春秋茶室》〉、李明駿〈鄉土文學的難局──從吳錦發的作品談起〉、阿圖〈望川：評介吳錦發的小說〉、高天生〈人民、土地、社會變遷──論吳錦發的小說「上」「下」〉、陳寧貴〈被沖毀的堤──讀吳錦發「再也擔不得了」〉、黃淑璟〈輕舟已過萬重

山？——論吳錦發「青春三部曲」中呈現的成長本質〉、葉石濤〈靜默的河川
——美濃地方史的眞實見證〉、履彊〈一朵藍色的小花——論吳錦發《秋菊》
的風格〉。彭瑞金在〈應屬於荖濃溪的作家〉一文中，對吳錦發將關注焦點轉
回美濃，感到欣喜，認爲他擴大了傳統鄉土文學的寫作面向，但亦擔心他無
意作爲傳統文學的繼承人。方健祥認爲吳錦發《靜默的河川》不僅描寫美濃
而已，作者企圖透過這些有「特色」的片段，反映臺灣近數十年的發展歷史。

（二）學術論文

李美瑜的碩士論文〈留住客家身影——吳錦發小說中的美濃書寫〉、王偉
音〈鍾肇政與吳錦發成長小說研究——以《八角塔下》、〈春秋茶室〉爲例〉、
王慧君〈吳錦發小說之研究〉、鄭昭明〈吳錦發成長文學創作脈絡研究——追
尋台灣新少年英雄的文學論述〉。其中李美瑜的論文從吳錦發小說中場景空間
的運用作探究；接著，再研究小說中語彙應用的情形；最後，從小說內容去
探究美濃當地客家人的客家文化，並透過諸多客家文化的呈現，進一步分析
吳錦發小說作品中呈現出的客家面向書寫。本論文特別聚焦美濃書寫作爲其
客家書寫的代表，研究吳錦發小說呈現的思鄉情懷及客家意識。此論文雖觸
及美濃書寫，然僅限於吳錦發，且並無分析環境對作者的影響。

四、關於鍾永豐的研究論文

（一）期刊論文

何東洪〈Art of Telling：論林生祥與鍾永豐的客家性與現實性〉以第十八
屆金曲獎拒領事件爲例，說明林生祥與鍾永豐音樂是一種現實主義美學的轉
化，所謂族群語言，是在音樂語言的基礎下被選擇的，客家意識必須在此種
現實美學形塑成的「變化著的傳統」中，才具備音樂上的進步意義。他認爲
林生祥與鍾永豐的音樂觀，並不單指客家意識，應是音樂與文學的現實主義。

（二）學位論文

邱仕宏〈反思客家論述：從交工樂隊的社會實踐談起〉，以《我等就來唱
山歌》及《菊花夜行軍》爲主要分析對象，說明從「客家」出發的交工樂隊，
利用其特殊文化身分展開共同的對話可能。王欣瑜〈跟我們的土地纙歌：林
生祥與鍾永豐的音樂文本與社會實踐〉，依林生祥專輯分期，每張專輯都有不

同的主題，分析林生祥與鍾永豐兩人的創作歷程。此論文著眼於歌曲與社會議題的結合，對於歌詞與美濃的分析較薄弱。

以上為美濃作家相關碩士論文，至於關於美濃的論文眾多，本文擇其要有：

李育諭〈閩客鄉鎮人口遷移之比較研究：以 1983～1992 年旗山、美濃鎮為例〉、林福岳〈族群認同下的社區傳播：以美濃反水庫運動論述為研究脈絡〉、姚祥瑞〈臺灣地區水庫興建政策與環保團體互動之研究：以美濃水庫為個案分析〉、許瑞弘〈社區報紙的社區公共事務功能：以美濃菸農自救運動為實例的研究〉、陳慧蓉〈旅客觀光意象與地方依附感關係之探討：以高雄美濃鎮為例〉、陳明惠〈美濃客家女性的性別角色與社會關係〉、鍾兆生〈美濃地區菸樓空間營造之研究〉、詹蕙真〈從社會運動到社區運動：美濃十年運動之路〉、廖桂敏〈地方文化產業發展之實踐：以美濃鎮為例〉、黃俊憲〈美濃菸業聚落與菸業建築之研究〉、洪馨蘭〈菸草美濃：美濃地區客家文化與菸作經濟〉、蕭盛和〈一個客家聚落區的形成及其發展：以高雄縣美濃鎮為例〉。其中菸葉研究以洪馨蘭的論文最詳細，探討菸葉與美濃客家文化的關係，此論文有觸及到文學，然篇幅不多，亦不夠深入，對於菸葉與美濃地景討論較薄弱。蕭盛和探討美濃開庄歷史，論文中引有許多古文作例證，將美濃開發過程仔細耙梳出來。關於美濃的論述，本文當作參考文獻，以佐證本文論述。

第四節　本文架構

美濃作家的在地書寫，內容廣泛，作家們關懷的課題重複性高，然而，雖是相同課題，但因時代而有不同的描寫重點，故筆者在分類上，不以作家分，而是將他們的作品打散，依照不同主題來分析，而作品則依書寫先後排序，如此可看出相同主題的變化歷程。且本文的重點為「在地書寫」，依主題分，才能呈現「在地」的發展歷史。

依此原則，本文進行步驟如下：

第一章緒論部分，包括研究動機、過去學者研究概況，研究範疇方法與本文架構。

第二章美濃作家及其作品介紹，先分傳統文學與現代文學兩部分，介紹生平及作品，並探討其寫作特色與風格，對美濃作家群作一整體討論，再分析現代文學作家的客語運用及作品的時代主題。

第三章爲描繪自然環境，環境與人文是互相影響的，因此本文將探求作家如何藉由文學表現美濃的山川景色，包括山景、水文、氣候、生態等，這些自然環境影響了美濃的農業與聚落文化，故在討論農業與文化前，先分析其自然環境因素。

第四章則是對美濃農業的描述，包括了糧食作物稻米、經濟作物菸葉、其他農作與養豬副業。由於氣候與水文、地形的交互影響，美濃地區成爲南部重要穀倉之一，且日據時期引進菸葉後，更成爲地方獨特的經濟作物，發展出美濃的菸葉文化。養豬是農村傳統副業，在農產品收入低迷下，經營副業，成爲農民另一個選擇。

第五章則是美濃聚落文化的描寫，包括客家傳統建築、飲食習慣、服飾用品、教育觀念、宗教信仰、生活習慣、娛樂活動與反水庫運動，由物質與精神兩方面討論美濃的聚落文化。傳統建築以夥房、菸樓爲兩大特色，構築了美濃的建築景觀；飲食則以米食爲主，傳統客家飲食特色，在美濃依然保留；服飾用品上，最著名的爲婦女傳統服飾藍衫，因美濃地勢閉塞，美濃婦女保留了穿藍衫的習慣；教育觀念，客家人對子弟的教育非常重視，而美濃因爲種菸，較有能力供給子弟讀書，他們認爲只有讀書才能脫離農村，找到更好的生活；宗教信仰以伯公的書寫最多，其他信仰尙有三山國王、法師爺；生活習慣包括傳統保守、勞動身影、過年過節等，展現了客家傳統的生活特色，婦女的勞動身影，更是美濃農村的勞動焦點；娛樂活動，美濃人的娛樂活動不多，他們認爲是浪費時間，因爲難得，所以在作品中更顯得珍貴；最後則是反水庫運動，當政府要在美濃興建水庫，美濃人群起反對，爲保鄉衛土而戰，此時作家發揮了文學社會學的功用，以文學控訴政府的專權，亦以文學將地方擔憂的心理描寫下來，讓讀者瞭解美濃反水庫的心聲。

第六章爲結論，說明本論文的研究結果。

第二章　美濃作家及其作品

　　美濃客家人自古傳承祖先「晴耕雨讀」的家訓，讀書風氣極盛，道光九年黃驤雲考中進士，成為臺灣第一位客籍進士，此外尚有五名舉人、數目不詳的秀才，〔註1〕可見當地文風鼎盛。美濃人重文的風氣，可由其對文字的敬重看出，帶有文字的紙張不可隨意丟棄，亦不可與其他垃圾一起處理，於是有撿字紙到專設的敬字亭裡焚燒的習俗。〔註2〕因敬文的傳統，美濃人對讀書人特別敬重，造就一股文學風氣，從清末以來，傳統詩人輩出，他們組成詩社，以詩會友，吸引同好加入作詩行列。至於現代文學，則由鍾理和開啟創作之門，他寫實的寫作風格影響美濃後輩作家，如鍾鐵民、吳錦發等人，在臺灣文學界佔有一席之地。本章先分傳統文學與現代文學，以本論文所採用作家為範疇，分別介紹美濃作家與作品；再分析他們的客語運用；最後將美濃在地書寫的作品繫年，讓整個書寫歷史展開，分析從日據時期到現今，作家們如何書寫美濃的發展歷史，他們關懷了哪些面向的主題，以何種文學形式表現，希望透過本文的研究，能對美濃作家及其作品有一完整論述。

第一節　傳統文學

　　美濃傳統文學以傳統詩為主，目前留有詩作的美濃詩人，計有朱阿華、朱鼎豫、陳保貴、陳新賜、鍾美盛、鍾貴榮、林恩貴、溫義勝、謝丙祥、李

〔註1〕　《美濃鎮誌》，頁400。
〔註2〕　美濃目前尚存的敬字亭有五座，分別位於瀰濃庄、金瓜寮、龍肚、上庄仔及廣善堂。並於農曆正月初九舉辦「送字紙」的祭典活動，今稱為「迎聖蹟，字紙祭」。見《美濃鎮誌》，頁967。

春生、劉慶雲、林新彩、童一生、張琴龍、古信來、林富琦、溫華玉、宋永成等人。〔註3〕其中以陳保貴、朱鼎豫詩名最高，詩作最豐。本文即以兩人為主要討論對象，再旁及其他詩人。

一、陳保貴（一八八五～一九六二）

首先為陳保貴，號子鵑。臺北醫校畢業，美濃第一位西醫詩人。他與美濃晚清秀才朱阿華齊名，兩人組織美友吟社，被推為社長，可見其詩受到眾詩友認可。晚年與旗山第一詩人蕭乾源往來頻繁互以詩相會。一生行醫救人，又富民族氣節，劉順安讚譽他為「儒林名士，醫界耆英」。其詩、詞創作甚豐，計五言古詩六首，五言律詩二十七首，七言律詩七十二首，五言絕句五首，七言絕句一百零二首，共計二百一十二首詩。詞共六十三闋。其子編有《陳 故保貴先生紀念集》，是美濃至今唯一個人之詩詞集。一九三七年，其詩作〈大武曉望〉獲得鯤南七縣市聯吟大會第一名：

> 乾坤幸得廣無邊，屹立東南翠接天；
> 籠霧開時輝曉日，流霞罩處掛華箋。
> 千重嶺岫皆稽首，一帶峰巒孰比肩；
> 最愛嶂屏憑遠眺，晴光麗色極鮮妍。

此詩佳句天成，自然無滯，首二句說明幸好天地廣無邊，才能容納大武山接天之高度。頷聯描寫大武山常籠罩於雲霧之中，在晨曉流霞的籠罩下，天空宛如掛著華麗彩紙，絢爛奪目，由乾坤至東南，籠霧與流霞，由遠至近逐漸壓縮空間，營造出大武山的美麗景致；頸聯寫出大武山之高聳氣勢，為南部最高山，周圍眾峰都得向它低頭，無法與其匹敵；尾聯「最愛嶂屏憑遠眺」一句，為作者介入呼應，逼活全篇，並保持作者孤獨欣賞風景之距離感，流連山巒景色，以景襯情。〔註4〕足見其寫詩功力，此詩堪稱其代表作。

〈秋夜有感〉則描述其對生命脆弱無常的感受：

> 年來心事最傷形，且喜椿萱比鶴齡。
> 慣看昇天如旭日，那堪入夜見流螢。
> 忽驚桂院金風冷，便識梧庭玉露零。
> 蕉葉有心還怕晨，沈吟時對一燈青。

〔註3〕 《美濃鎮誌》，頁489～490。
〔註4〕 江明樹：《蕉城人物誌》，高雄：蕉城雜誌，1993.4，頁153～154。

此詩暗寓自己孝順雙親，與服務病患的熱忱，解除他們的煩惱病痛爲其終身職志，然身體一向欠佳，要服務病患，又要對父母晨昏定省，多重壓力唯恐顧此失彼，於是在秋夜獨處沈吟時，對一盞青燈感慨萬千，不勝欷噓。〔註5〕

　　綜觀其詩，爲傳統孕育下的典型文人，闡倫理、宣文教、盡孝道。善寫詠物詩與抒情詩，感情自然流露；此外，亦具有民族氣節的愛國愛鄉情懷，於日據時代曾暗自寫下抗議詩，控訴異族統治下同胞所遭受的凌辱、不公平待遇。〔註6〕如〈熱血兒〉：

　　　　祖國追懷淚滿襟，情殷浪逐恨難禁。
　　　　內憂外患烽煙急，民弱邦危舊弊深。
　　　　平白有懷投筆志，何時得邀請纓心。
　　　　老當益壯希酬願，欲挽狂瀾異族侵。

此詩流露出詩人懷念祖國，對於祖國積弱不振，十分憂心，想投筆報效國家，對抗異族侵略。全詩展現詩人對於異族統治的不滿，想爲祖國盡力的豪氣。

　　其詞作如〈踏莎美人自述〉：

　　　　歷經難關，曾經苦海，攻書十載心無改，家貧親老讀寒窗，作個男
　　　　兒誰不爲家邦，椿既云亡，萱還依在，蒼天不許留待，無聊坐氣難
　　　　降，只把舊愁新恨向銀缸。

描述其家境惡劣貧弱，兄姐多夭折，在此種環境下，其好學不倦，爲了求學歷經波折，當他可以回饋父母時，父親卻已過世，僅剩母親尚在，對子欲養而親不待感到哀痛。此闋詞可看出陳保貴至孝之心。

　　與陳保貴同爲美濃著名詩人的，還有稱爲田園詩人的朱鼎豫。

二、朱鼎豫（一九〇六～一九九三）

　　朱鼎豫，號嶕嶢山人，生於美濃龍肚茶頂山，是晚清秀才朱阿華的姪兒。早年曾在美濃農事組合做過書記工作，因爲不喜案牘工作，不久即歸園田居，是一位名符其實的田園詩人。〈山居〉二首，展現了田園生活之樂趣：

　　　　靜居煩惱少，此地樂陶然。石上泉聲響，林間鈇韻喧。
　　　　登山舒錦繡，臨水賦詩篇。不管滄桑事，幽閒便是仙。

〔註5〕　江明樹：《蕉城人物誌》，頁156。
〔註6〕　江明樹：《蕉城人物誌》，頁159。

　　不求聞達感，退步守吾窩。課子經和史，持家笠與簑。

　　讀耕窮靖節，風月仰東坡。無事從容日，林前傲山河。

詩中描述著田園幽閑的生活，少煩惱，從山水體會大自然之美，不需理會世俗之事，幽幽閑閑的生活，如同神仙一般。朱家世代居住於龍肚，此地風景優美，地形較封閉，與世隔絕，故詩人對於在此的生活，有「便是仙」之感。不求功名利祿，在鄉間研讀經典，操持農事，學習陶淵明的耕讀生活與蘇東坡的風範，每天從容度日，享受自然風光。

　　除美濃本地山脈外，位於屏東的大武山，是最常被描寫的對象，由美濃遠望大武山，層巒疊嶂，山勢雄偉，陳保貴有〈大武曉望〉，朱鼎豫則有〈武山即景〉：

　　南瀛大武好崔巍，雨霽嵐光綠映扉。

　　秀嶂長天連一色，落霞孤霧看齊飛。

大武山為南部最高山，詩人先描寫其山勢高聳，接著寫雨後的山景，山嵐與其碧綠互相輝映，白天，山與天連成一色；傍晚，晚霞與薄霧圍繞，顯出寧靜之感。不管晴雨，大武山皆有不同美景。

　　朱鼎豫繼承朱阿華的真傳，及別創一格的書法，其詩與書法堪稱美濃之寶，〔註7〕甚至連臺南廟宇都會向他邀稿。美濃廣善堂、土地公壇都有他的作品。參加旗美吟社，與蕭乾源老詞長並駕齊驅。〔註8〕他的詩作以「龍肚八景」詩〔註9〕最著名，計有：〈茶頂晴嵐〉、〈竹門煙雨〉、〈龍闕澄潭〉、〈聖亭野望〉、〈柳塘魚浪〉、〈龍蘭牧笛〉、〈嶢嶠樵歌〉等，將龍肚美景描繪得十分生動。八景詩本文將於第三章論述，此處暫略。

　　除了自然景色與田園生活外，對於社會的轉變，詩人亦感同身受，〈世俗〉寫出他對年輕人的看法：

　　時代遷移局自新，幾多奇妙快青春。

　　妙齡處子丈夫樣，假髮男兒化女身。

〔註7〕　江明樹：《蕉城人物誌》，頁147。

〔註8〕　曾彩金總編：《六堆客家社會文化發展與變遷之研究》〈藝文篇〉（上），財團法人六堆文化教育基金會，2000.11，頁170。

〔註9〕　「龍肚八景」詩作者有兩種說法：一為鍾鼎元所作，如美濃八色鳥協會編：《大家來寫龍肚庄誌》，行政院文化建設委員會中部辦公室出版，1999.12；邱春美著：《六堆客家古典文學研究》，臺北：文津出版社，2007.7。另一為朱鼎豫所作，如《美濃鎮誌》、江明樹《蕉城人物誌》。本文依《美濃鎮誌》說法。

變亂陰陽紅易白，美華體格幻耶眞。

如斯怪癖偏成性，世界潮流弄巧因。

時代進步，年輕人穿著打扮展露出青春，然而對於新潮裝扮，詩人不太能接受，女孩子不再留長髮、穿裙裝，改剪短髮與穿著褲裝，與男性穿扮一樣，而男孩子竟戴起假髮裝成女生模樣。過去男女穿著打扮分明，體態亦有別，如今已無法由外在辨別其性別，面對這種不男不女怪現象，詩人歸因於「世界潮流」。

　　朱鼎豫作詩善用典，用語優美，其詩堪稱「美濃第一」。從日據時代迄今，推廣弘揚詩教不遺餘力，如古信來、張琴龍即常向他請教。〔註10〕

三、其他詩人

　　除了陳保貴與朱鼎豫外，尚有朱阿華、鍾美盛、林富生、陳新賜、張琴龍、古信來等人，下面將討論其人與其詩作。

（一）朱阿華（一八六九～一九四九）

　　美濃詩人中年代最早者，晚清秀才，世居龍肚茶頂山腳下，爲著名詩人朱鼎豫之叔父。歷經清朝、日本、民國三個時代，家國感慨至深。是美友吟社創始人之一，亦爲旗美吟社資深詩友，詩品高，懷有強烈民族氣節，可惜其詩作大多散失，〔註11〕僅存二三首，茲舉其〈壬午七十五歲感懷〉二首：

回憶懸孤十五春，渺無事業可推陳。

光陰荏苒人空老，時世遷移局自新。

俯仰何曾離怍愧，行藏自必人輪困。

浸同五柳思懷葛，好向吟朋話風因。

近來耳目失聰明，歷盡艱難感慨深。

蠖屈求伸徒妄想，蝸藏有素愧平生。

忘年親友敲新句，繞膝孫兒事遠征。

文字荒疏心亦寒，不如謝筆脫詩盟。

第一首感嘆光陰流逝，自己雖一事無成，但卻無愧於心，願效陶淵明隱居田淵山林，與世無爭，偶而與三五詩友吟唱，享受愜意的田園生活。此詩寫於

〔註10〕江明樹：《蕉城人物誌》，頁151。

〔註11〕《美濃鎮誌》，頁490。

一九四四年，正值臺灣政權轉換時期，故詩人以「時局遷移局自新」，對新政權抱有期待。第二首則寫自己身體衰老，對於人生的經歷感觸很深，因「耳目失聰明」，且親友相繼求文墨，子孫又離家遠遊，導致「文字荒疏」，久未作詩，對此感到不安，感嘆不如離開詩社。

朱阿華一生行徑光明磊落，人格高尚，他見證了政局轉變的歷史，對時局感觸很深。他積極參與詩社，與其他詩人共同創立「美友吟社」與「旗美吟社」，亦曾為詞長，作品雖大多散失，但仍無礙他對美濃傳統詩人的影響。

（二）鍾美盛（一九○六～？）

鍾美盛，筆名雲夢。臺南工業高等學校畢業。漢文基礎甚深，參加美友吟社，是活躍的詩人。其詩抒情真誠，文字清新，有晚唐杜牧、溫庭筠之風，有浪漫詩人之稱。〔註12〕如〈惜春〉：

> 未有佳期慰我惜，只憐春價值千金。
> 燕來樑上呼三語，換接端陽草木深。
> 暖酒園庭同歡宴，落花遍地共沈吟。
> 稀旬憶惜當時友，肯許相攜訴寸心。

春天美好的季節即將過去，燕子的呢喃聲已換成夏日草木深綠，共同歡聚的時光成為落花遍地，稀旬想起過去友人，當年互相交心，今已為回憶。全詩感嘆美好歲月易逝，絲毫不停留。與季節相關作品尚有〈春雨〉、〈初夏〉、〈仲夏〉，將於第三章討論。

鍾美盛著有一組抒發愛情之詩〈懷月英感賦〉：

> 新年一別杳無音，兩地相觀對月英。
> 暫為椿萱辭虎口，莫因花酒誤鍾情。
> 遊仙門內占離合，琴鼓臺前問路程。
> 過去願從心自省，同來與我共調羹。
>
> 春到人間萬物鮮，洞房無奈別魂纏。
> 東風浪蕩你尤蕩，皓月團圓我未圓。
> 情恰有辛勞白髮，夢回萬事託青鶯。
> 衷腸萬事憑誰訴，寄語月英復重然。

〔註12〕江明樹：《蕉城人物誌》，頁 166。

　　叮嚀月英莫蹉跎，百歲夫妻能幾何。

　　許氏女爲鍾氏室，畫家女配武家婆。

　　兩對心事傳青鳥，萬斛閒愁銷帳羅。

　　遠路尺牘情未盡，相思兩處恨偏多。

　　倚門默默思重重，自嘆雙雙一笑中。

　　情惹遊絲牽嫩綠，恨隨流水逐殘紅。

　　當時只道春回駐，今日方知色是空。

　　回首憑欄情切處，閒愁萬種怨東風。

　　離隔香閨二十年，荒床雲雨豈夢牽。

　　青鶯信託啼難喚，錦帳只容夜枕然。

　　梁祝同心承記德，何愁蝴蝶五花纏。

　　多情果有眞憐意，肯許月英訴前緣。

此五首情詩，由淺入深，層層進入，訴說對月英的思念與濃烈的深情，可謂癡情至無怨無悔，令人動容。先是希望「同來與我共調羹」重燃舊情，接著想起過去舊情纏綿悱惻的戀情，除了兩人心事，豈可向他人傾訴，緊接著回想過去種種情愛，恍然覺悟色即是空，明知如此，最後仍希望訴前緣。詩人自由奔放不受拘束描寫情感，爲其最眞摯的詩篇，並非擊缽吟所能。〔註13〕

（三）林富生（一九〇八～一九九七）

　　林富生，日本公學校畢業，光復前從未接觸漢文，直到光復後，由林恩貴先生教他漢文。對於作詩充滿興趣，曾參加六合吟社徵詩，時有詩作得名。〔註14〕〈書懷〉寫出其一生之情懷：

　　嗟嘆白頭老，平生志未酬。拜師償宿願，訪友靜中求。

　　溫故知新訓，能明覺悟修。弘揚興大雅，更感曳懷由。

全詩以感嘆歲月已老，卻一事無成起頭，回想一生的事蹟，拜師訪友爲最大享受，平時勤讀書，以修身養性，弘揚儒家思想爲其最大願望。即使年紀已大，仍不忘初衷。

　　〈中秋月夜訪友〉則描寫中秋夜拜訪朋友的樂趣：

〔註13〕江明樹：《蕉城人物誌》，頁170、邱春美：《六堆客家古典文學研究》，頁215。

〔註14〕《六堆客家社會文化發展與變遷之研究》〈藝文篇〉（上），頁172。

中秋清景淡雲天，隱出光華得月前；

訪友心神懷舊歲，如賓相敬憶斯年。

醇香美酒情難捨，濃味名茶義氣堅；

鑑古談今深夜色，明秋再會喜歡筵。

自古相敬之朋友，其情淡如水，而詩人以「醇」、「濃」之酒與茶代表情義深，末聯呼應首聯之景，相約明年中秋再會，以景之淡反襯人情之濃。〔註15〕

（四）陳新賜（一九一四～）

陳新賜，其父為著名詩人陳保貴。日本國立長崎醫科大學畢業。父親禁止他學作詩，要求他把病人顧好即可，直至父親去世才學作詩。因從小讀日本書，漢學基礎不甚穩固，只好用讀報紙方式學中文。其作品以詠物、酬唱、唱和之作較多。〔註16〕其詩取材新穎獨特，觀察入微，風格清朗，不喜用僻字與典故，淺白易懂。〔註17〕對於父親，他有濃濃的感念，其〈悼父〉一詩，表達出思念之情：

空看飛鳥返巢林，每到昏來嘆息深。

遠望荒墳猶動淚，躬瞻手澤更傷心。

春花秋月憑誰伴，斷簡殘篇讓我吟。

知得家中多少事，幽明隔絕杳無音。

父親過世後，只要到黃昏飛鳥歸巢，就會想起父親，遠望父親的墳墓，看著父親的手稿，更令人傷心。往後的歲月由誰相伴，只有父親留下的「斷簡殘篇」，對於家中發生的事，陰陽相隔無從得到建議。字字句句流露出詩人思父之情。關於思父之詩，尚有〈哭父〉、〈撰述先父生平有感〉、〈先父八秩晉一冥誕感懷〉、〈思親〉等。

陳新賜基本上屬行醫的社會詩人，故其創作喜歡描寫民生疾苦，主題嚴肅的憫農作品，如〈乘晚班客車見一農夫上車偶感〉：

稼穡晚歸襤褸身，趕來車上落泥塵。

憑姿莫視為卑賤，猶是一家念裡人。

〔註15〕 邱春美：《六堆客家古典文學研究》，頁217。
〔註16〕 《六堆客家社會文化發展與變遷之研究》〈藝文篇〉（上），頁179。
〔註17〕 江明樹：《蕉城人物誌》，頁164。

在車上看見衣著襤褸的農家人，滿身沾滿泥土，然而詩人對農夫的辛勞感同身受，千萬不能認爲他們卑賤，他們如同自己的家人一般，該受到重視，全詩流露出詩人悲天憫人的情懷。

此外，陳新賜亦喜寫田園、山林的寫景詩或抒情詩。〔註18〕如〈日沒即景〉：

> 造化神奇變幻中，西山啣日噴天紅。
>
> 東山蒙在灰雲裡，一樣乾坤兩樣工。

本詩以「西山」、「東山」對照寫日出日沒，以「乾坤」作比喻，形象鮮明。〔註19〕日落時西山紅得噴火，日出時東山籠罩在灰濛濛的雲裡，同樣的天空，有兩種不同的美景。

（五）張琴龍（一九二六～二〇〇？）

張琴龍，臺南師範畢業。因舅舅熟諳漢文，耳濡目染之下學作詩。常參加比賽，以增進詩作功力。參加六合吟社徵詩，並參加旗美詩社。於一九八八年三月編《旗美詩苑》，對保存其他詩人作品具有貢獻。〔註20〕〈書懷〉一詩透露出其懷抱：

> 盛名累我憂，多事更何求。富貴水中泡，功名海上鷗。
>
> 百年都付夢，一笑總歸休。勤業常臨鏡，行藏獨倚樓。

將功名利祿視爲浮雲，一切都是短暫的，顯示出其澹泊名利的心志。

〈春遊〉，則描述春天是出遊的好季節：

> 花香蝶舞好春光，訪問山僧遇菊莊；
>
> 錦色閉門關不住，遊人輕足料無妨。
>
> 輕聲唱出桃花賦，信手描成九曲塘；
>
> 方丈愁眉休著意，今朝不要拜金剛。

春暖花開的季節去拜訪山僧，沿途所見春色四溢，如此美景已關不住詩人，方丈今日不困坐寺內禮佛，該去雲遊體驗無邊之婆娑世界，全詩將春之魅力完全彰顯出來。〔註21〕

〔註18〕　江明樹：《蕉城人物誌》，頁165。
〔註19〕　邱春美：《六堆客家古典文學研究》，頁137。
〔註20〕　《六堆客家社會文化發展與變遷之研究》〈藝文篇〉（上），頁192。
〔註21〕　邱春美：《六堆客家古典文學研究》，頁114。

（六）古信來（一九三四～）

古信來，受其父薰陶，對作詩尤感興趣。其詩風平易近人，用字淺顯易懂，曾擔任過廣善堂護法，故其內容多以勸善爲先，作品以七言絕句居多。〔註22〕如〈醒悟詩〉：

　　世上結緣莫結冤，冤冤相報幾時閑，

　　閒心養性行公益，益積功深還本源。

本詩勸人莫冤冤相報，那是沒完沒了的，不如養性行公益，爲自己累積功德，利人又利己。全詩文字淺顯，無冷僻用詞，爲其特色。

〈爐邊閒談〉則對人生國家有所感觸：

　　季冬陰極在爐邊，談起人生一夢聯，

　　綱紀倫常衰失去，祈求天佑禱平年。

詩人冬天圍爐，感嘆人生如一場夢，短暫虛幻；而社會的倫理喪失，導致國家混亂，最後詩人以祈求天佑作結，望能風調雨順，社會穩定。

除了上述詩人外，尚有溫華玉、楊來寶、黃雙麟等生平無法查知，關於此，則有待將來補齊。

四、相關詩社

美濃傳統詩人除了彼此唱和外，亦曾組織詩社，至今可考者有美友吟社、與旗山詩人共吟的旗美吟社等。此外，亦積極參與六堆地區的「六合吟社」。

「美友吟社」約於民國初年創立，成員有陳保貴、朱阿華、林富琦等人，陳保貴被推爲社長。

「旗美吟社」成立於一九四一年，由美濃朱阿華與旗山黃石輝發起，首次在美濃廣善堂開鉢聯吟，完成旗美兩地詩人歷史性的大結合。〔註23〕美濃參加詩人有朱阿華、林富琦、朱鼎豫、謝炳祥、童一生、宋永成、李春生、劉慶雲、林富生、鍾美盛、陳新賜、溫華玉、古信來、張琴龍、劉福麟、鍾貴榮、楊來寶等。旗山與美濃於墾殖時期，常發生閩客糾紛，甚至械鬥，兩地居民長期處於敵對狀態，旗美吟社的重要性，在於他們打破地域隔閡，語言雖不通，仍可藉由詩詞傳遞心靈感受，互爲欣賞。旗美吟社因參與成員多，對美濃文風影響至巨。

〔註22〕《六堆客家社會文化發展與變遷之研究》〈藝文篇〉（上），頁190。

〔註23〕江明樹：《蕉城人物誌》，頁192。

「六合吟社」爲六堆詩人所組成，創辦人爲李洪九，係萬巒出身之前清秀才，生於民前四十九年，歿於民國十九年，晚年創六合吟社。美濃籍詩人參加者眾，如溫華玉、楊來寶、陳新賜、古信來、鍾美盛、朱鼎豫、林富生、張琴龍等人之詩作，常見於六合吟社刊物，作品頗受好評。

於今，傳統文學依舊在創作，然終究無法像現代文學吸引年輕一輩加入，詩人凋零，文學傳承逐漸老化，過去的榮景不在。反倒是現代文學，已取代傳統文學，成爲美濃文學主流。

第二節　現代文學

美濃從事現代文學創作的作家以比例而言，人數相當多，成就更可觀。但是在六○年代前，卻是相當貧乏的，美濃人知道吟詩作對，不知道何謂現代文學，甚至不知道鍾理和爲何許人，此種情形一直到鍾理和紀念館落成後，由文化界人士大力宣導，才有今日美濃現代文學的豐碩成績。美濃現代文學作家大多從事散文及小說創作，新詩創作比較少。他們分屬於戰後第一、二、三代，與新世代，對於美濃的描寫，各有不同的觀察角度，以下分別就鍾理和、鍾鐵民、吳錦發、鍾永豐四人爲主，再旁及其他作家，介紹其生平與作品特色。

一、鍾理和（一九一五～一九六○）

鍾理和，出生於屛東高樹大路關，後遷居至高雄美濃。晚年貧病交迫，卻執筆不輟，被稱作「倒在血泊裡的筆耕者」。一九四五年於北京出版小說集《夾竹桃》，爲生前唯一出版品，一九五六年〈笠山農場〉得到「中華文藝獎金委員會長篇小說第二名」。其他作品有「故鄉四部」、〈雨〉等，並有《鍾理和全集》出版。

鍾理和的作品，大致可分爲祖國經驗、農村書寫、家庭生活、疾病書寫等。分述如下：

（一）祖國經驗：作品有〈夾竹桃〉、〈新生〉、〈游絲〉、〈門〉、〈逝〉、〈第四日〉、〈秋〉、〈柳陰〉、〈白薯的悲哀〉與〈祖國歸來〉等。〈夾竹桃〉描寫北京大雜院裡的人性醜陋面，對貪小便宜、偷竊、虐待、不知上進等行爲，提出嚴厲批判。〈新生〉與〈游絲〉則是描寫傳統社會對年輕人的壓迫，失業者

在家族中失去地位，淪爲次等階級；年輕女性想追求自由戀愛，卻遭到阻撓，然而故事主角卻不願臣服於傳統，他們勇於衝撞，爲自己找出路。〈門〉爲日記體中篇小說，描寫奉天大雜院的困苦生活，貧窮不得志。〈白薯的悲哀〉與〈祖國歸來〉則描述臺灣人在中國遭到的不公平待遇，他們不敢稱自己來自臺灣，以白薯自稱，日本投降後，臺灣人在北京受盡歧視與侮辱，中國政府一樣將他們視爲次等公民，頒佈許多不合理的條例，令鍾理和感到相當不滿，他以諷刺的筆法批判這些現象。

（二）農村書寫：這類作品數量最多，鍾理和最早的美濃書寫作品爲一九四四年的〈薄芒〉，故事背景爲美濃竹頭庄，文中寫到人字石傳說，並描述農忙時期的農村生活與農村景色。故事內容爲凸顯傳統社會中，父權宰制下的悲劇，女主角爲了家庭犧牲自己的婚姻，想與情人結婚，父親卻不允許，她不敢反抗，只能默默接受事實。

由〈竹頭庄〉、〈山火〉、〈阿煌叔〉、〈親家與山歌〉組合而成的「故鄉四部」，則是描寫一九四六年農村遭受天災的慘況，寫實地紀錄了巨變後的農村面貌，還有他觀察到的那令人心驚神傷、屬於人性的毀壞。〈竹頭庄〉敘述故鄉因連年天災，導致稻米欠收，村民吃蕃薯度日，並感嘆好友炳文由文藝青年淪爲詐欺者；〈山火〉描寫村民因迷信七月將有「天火」發生，於是瘋狂的到處放火燒山，希望將天火頂回去，旱災引發民眾不安，人心惶惶下，人民寧願相信神，也不願意捐錢蓋學校，迷信之風充斥著美濃；〈阿煌叔〉則敘述阿煌叔工作一輩子，卻無法得到該有的報酬，於是他自願退出生產行列，每天只在睡覺，認爲人越做越窮，他不想再當傻瓜，主角希望這只是他的個人意見；最後〈親家與山歌〉敘述在不安氣氛中，唯一能展現生命力的是山歌，它可以帶給人們希望。

〈菸樓〉則是敘述新菸農一方面要蓋菸樓，一方面田裡的工作又不能停，主角在人手不足又受傷的情況下，必須咬牙撐下去，因爲種菸是他最大的願望，藉由菸葉豐厚的收入來改善家庭經濟，文中透露出菸農對菸葉的愛與恨。

長篇小說〈笠山農場〉是一部以鍾蕃薯的「笠山農場」爲經，以兩人的同姓戀愛爲緯，交織而成的長篇故事。

散文〈豬的故事〉描述大豬得到豬瘟，妻子卻以民俗療法治療，結果導致豬隻死亡，在農村兩條大豬死亡不是小事，對妻子打擊甚大，然而因爲豬隻的死，竟能改變妻子不科學的觀念，作者認爲是值得的。〈做田〉則描寫農

民蒔田的景況，到處充滿歡樂之聲。〈賞月〉敘述在月色下，夫妻兩不約而同想去種蕃薯。〈西北雨〉描述農民必須趕在西北雨之前，將芝麻採收下來，那是速度賽，作者夫妻用盡全身力氣，以最快速度收完芝麻趕回家，同時亦聽到鄰居因無人幫忙田事，生病了無暇看醫生，竟送了性命，反映出農民為了生存，不得不以命為賭注的無奈。〈旱〉則是描寫一九五八年十月初下過最後一場雨之後，一直到隔年四月都沒有下雨，乾旱使得稻子枯了，糧價暴漲，民眾紛紛吃齋求雨，王爺和法師公都被請到廣場上一起祈雨，結果曬得頭裂開，祇好又請回廟裡去的見聞。

此外，〈阿遠〉、〈還鄉記〉、〈初戀〉、〈假黎婆〉、〈往事〉等則是關於大路關的作品，〈阿遠〉敘述幼年時大路關的傳奇人物阿遠，她努力工作卻得不到丈夫的尊敬，竟想將她與一頭牛交換給人，後來被阻止未成交，但也引起一陣騷動，後來其丈夫病死，她被夫家趕出去流浪，最後被一戶善心人士收留，她仍繼續勤奮工作。〈還鄉記〉描述主角離家當人家的長工，生活雖穩定，但心裡總有些失落感，最後終於踏上還鄉之路。〈初戀〉描寫主角暗戀一位挑水的女性，主角處於似懂非懂的年紀，周圍朋友都交了女朋友，僅他尚不知愛情為何物，在朋友的逼問下，他想起了這位女孩，開始對她產生愛慕之情，總是期待五天一次的水期，他可以看見她挑著水桶的身影，不過這段戀情屬於暗戀，最後女孩子嫁人，主角只能傷心的結束初戀。

（三）家庭生活：鍾理和對於自己的愛情毫不隱瞞，在〈同姓之婚〉中，描寫他對平妹一見鍾情，然後想辦法追求她，卻發現兩人同姓，家人的反對讓他產生抗拒，不想屈服於保守觀念。為了能與平妹在一起，他們毅然出走，〈奔逃〉即描述這段出走的歷程，他們的心境轉變，坐船渡海產生的身體不適等，為了婚姻奔向一個陌生的世界。〈貧賤夫妻〉則描述家庭貧窮的慘況，為了治療肺病耗盡一切家產，僅剩幾分田要養活一家四口，於是平妹到處幫人工作，賺取微薄工資，主角則負責家裡灑掃工作，兩人的角色無形中互相交換，最後平妹為了賺取更多工資，竟上山捆木頭，差點遭到林警逮捕，在主角堅持下，才願意放棄這危險的工作，全篇透露出「貧賤夫妻百事哀」的無奈。〈草坡上〉描述母雞生病，妻子怕病死浪費而將牠殺了燉湯，然而當看到小雞失去母雞後，傍徨無措的身影，令全家人感到虧欠與不捨，於是雞湯端上桌時，看到母雞半閉的眼睛，誰也不忍去吃牠，由小雞與母雞的關係，聯想到他們與孩子，不捨孩子會失去父母，孩子的處境將會很悲慘。〈錢的故

事〉與〈薪水三百元〉則是描寫關於錢的事，前者為了還向朋友借的三百元，全家總動員，妻子負責賺錢，他與孩子負責料理家務，讓妻子無後顧之憂，然而他們如此辛苦賺來的錢，在朋友眼裡卻不當一回事，上餐館吃一餐，就吃掉平妹辛苦一個月賺的錢，讓他感受都市與鄉下對於錢的差異；後者描述他去當小職員，拿到薪水袋時，明知只有三百元，卻仍將錢仔細數過，當初懷抱著當作家的理想，如今竟待在此處領三百元薪水，令他非常感慨。〈復活〉、〈野茫茫〉與〈小岡〉描寫夭折的次子立民，懷念立民生前種種，過世後夫妻兩人都避免提到他，免得勾起傷心記憶。〈我的書齋〉則描述因家裡貧窮，無力改善房屋簡陋的情形，於是他將書齋搬到室外，在木瓜樹影下寫作，雖然沒有豪華的裝潢，但卻能享受大自然之美。

（四）其他主題：關於疾病，如〈閣樓之冬〉、〈楊紀寬病友〉描寫在松山療養院的病友，為了對抗結核菌所做的努力，他們雖然失敗了，但卻可看出人為了生存而奮鬥的精神。關於戰後人物的變化，如〈校長〉描述校長的治校理念，他要讓學生能主動學習，而非被動，他自己甚至與學生一起學習注音符號，以此教育學生要努力；〈浮沈〉描寫朋友李新昌為了生存，不斷嘗試新工作，即使不斷失敗，但他總能站起來，重新開始，最後終於成為大老闆。〈蒼蠅〉則描述住在同一座夥房的男女，為了約會而提心吊膽，最後因一點點聲響，結束了這十分鐘的甜蜜時刻，故事緊湊，作者生動描寫男女熱戀時的心理變化。

寫作風格以戰後返臺為界，分為前後二期，前期批判性強，早期鍾理和滿懷著希望奔逃到中國，但到了當地，才發現自己原來的期望全落空，對祖國的失望，使作品呈現出充滿批判性的風格，且作者受日文和中國新文藝的影響，在用詞與修辭方面，有著華麗濃厚的表現風格。返臺灣後，由於肺疾住院開刀，出院後，身體已大不如前，使他無法在文字修辭上多所琢磨，因此，後期的作品大都以白描來表現，文字也不像前期那樣的華麗、濃厚，轉為樸實的表現風格，他雖然還是慣於使用比喻的修辭法，但用字已經平淡許多，不復前期的華麗色彩。此外作品不再有批判性，而是如實地將他在農村生活的點滴，寫成一篇篇作品，成為戰後初期農村重要的記錄。

二、鍾鐵民（一九四一～二○一一）

鍾鐵民，生於中國瀋陽，是作家鍾理和的長子。一九四六年隨父母返臺，

在美濃受中小學教育。自幼受父親影響，熱愛文學，父親去世後便發憤以文學為職志。一九六一年高中畢業後即開始有短篇小說發表，大學期間是創作最多的時期，當時已有著作出版。先後得過臺灣文學獎、聯合報最佳小說獎、吳濁流文學獎、洪醒夫文學獎、賴和文學獎等。〔註24〕著有：〈雨後〉、〈菸田〉、〈約克夏的黃昏〉等作品，並有《鍾鐵民全集》出版。

　　他的作品生動紀錄近五十年臺灣農村的巨大變化，從純農業轉型進入工商社會後農村所受到的衝擊，農村由牛耕到機械化，由小資本到大資本，新舊觀念的衝突、產銷失衡等，反映了農民生活的苦樂及心靈感受。他以文學的筆觸探討農村、農業、農民面對的各類問題，深入描寫菸葉、木瓜、香蕉、稻米等作物種植的辛苦與面臨的困境，並批評政府對農業的漠視、同情農民為增加收入所做的投機冒險。而且所有作品場景幾乎都在美濃這個客家村，事實上美濃的農業情境足以代表臺灣所有的農村。

　　鍾鐵民的作品以一九七〇年為分期，前期以小說創作為主，後期則以散文為主。前期的作品，常探討農村青年感情、婚姻與家庭問題，包括情人、夫妻、父女、親屬等關係。鍾鐵民處於新舊世代的交界處，青年對於自由戀愛的渴望，對於自己的婚姻希望能有自主權，於是常與舊世代起衝突，父母傾向傳統相親，先結婚再培養感情，年輕人則不願意，如〈靜海波濤〉，年輕畫家即因感情問題與父母起衝突。〈送〉、〈夜歸人〉則是婚後因婆婆或丈母娘的百般刁難，導致夫妻無法一起生活；〈送行的人〉則是公公虐待媳婦，不管是精神的冷嘲熱諷，或物質上的缺乏，最後導致媳婦走上絕路；〈帳內人〉、〈起誓〉、〈夜〉則描述夫妻間的衝突與和解；〈清明〉、〈分家〉描寫兄弟分家產的情節，兄弟分家雖是必然的發展，但要如何維持分家後的感情，是作者描寫的重點。

　　鍾鐵民的文學雖然受鍾理和影響，但在表現手法與內容上，卻與鍾理和有所區別。如〈竹叢下的人家〉中的阿乾叔，就是鍾理和〈阿煌叔〉的主角，只不過鍾鐵民是從孩童的角度看，鍾理和著重在對阿煌叔的描述，而鍾鐵民則將重點放在那對姊弟身上，描述主角與他們成為好朋友，與他們一起打野味，快樂地享受美食，筆調較輕鬆愉快，父子兩人針對同一個家庭分別寫出不同風格的作品。此外〈墾荒者〉與鍾理和〈挖石頭的老人〉，同樣也是從孩子的角度看這位挖石頭的老人。即使受到父親的影響很深，但他說他有自己

〔註24〕　《美濃鎮誌》，頁 494。

的路子，父子兩各擁有自己的一片天地。在美濃作家中，鍾鐵民最常運用兒童的視角說故事，除了〈墾荒者〉、〈竹叢下的人家〉外，尚有有：〈四眼和我〉、〈酒仙〉、〈演講比賽〉、〈阿憨伯〉、〈雄牛與土蜂〉、〈土墙〉、〈敵與友〉、〈故事〉、〈捉山豬記〉、〈阿祺的半日〉等。

此外，他不像鍾理和會將自己的感情家庭寫入作品，僅〈新生〉、〈慘變〉、〈門外豔陽〉、〈我要回家〉、〈山路〉等透露自己與疾病奮鬥的心路歷程，然而主角卻是勇敢面對病痛，沒有自暴自棄的沮喪絕望，在作品的最後，總能看到希望與光明，這就是鍾鐵民。他生前曾說過，自己身體雖然殘缺，體力不如人家，但所有男孩子會玩的遊戲、冒險，總少不了他。這些兒時趣事，都寫進了他的作品中。文學作品能反應作者的生活與思想，因此在鍾鐵民的作品中常看到一個調皮的小男孩，在山野裡到處玩耍，不管是偷採水果、採食野菜、捕捉野生動物等，不禁令人想問，鍾鐵民到底是怎樣的一個人，在受到疾病的折磨後，竟能保有兒童般的心靈與樂觀的態度，所以鍾肇政先生曾說鍾鐵民是「創造嘻笑歡樂」的人。

長篇小說〈雨後〉反映了新舊世代在農業主張與婚姻自主的衝突，年輕人想突破困境，衝破傳統倫理觀念的束縛。比較特殊的筆法是〈約克夏的黃昏〉一篇，文章是由一隻約克夏種豬的角度，敘說著臺灣養豬業的興衰，幽默中透露出無奈。此外，後期的作品如〈丁有傳最後的一個願望〉、〈三伯公傳奇〉、〈阿公的情人〉、〈阿月〉等，則探討土地買賣的問題，農業收入微薄，年輕人往都市發展，農地逐漸廢耕，於是當土地不再生產而成為商品時，農民心裡充滿矛盾，賣土地的價錢耕一輩子田都賺不到，自己年紀已大，年輕一輩不耕田，土地要留給誰？這種賣與不賣之間的掙扎，成為鍾鐵民描寫的重點。比較可惜的是關於反水庫的長篇〈家園〉，僅發表了七章而成為殘篇，若能完成，則可以文學的方式，見證美濃反水庫運動的歷程。

一九六一年到一九六九年為鍾鐵民小說創作的高峰期，一九七○年後擔任高中教師，小說創作減少，一年僅能有一篇發表，因教學工作佔去他大多數時間。擔任高中教師後，作品內容大致與教學相關，描述升學主義下學生的掙扎，務農的父母希望孩子考上大學，將來能光宗耀祖，然而孩子卻不這麼想，他們不知道讀書是為了什麼，看不到未來的光明，他們想留在鄉下務農，卻不敢告訴父母，老師夾在這中間，左右為難。〈祈福〉、〈秋意〉、〈河鯉〉、〈余忠雄的春天〉等作品中，皆反映出農村青年的矛盾心理。

雖然鍾鐵民曾表明自始以小說創作為職志，從未考慮其他，但卻留有三百多篇的散文，並且出版了《山城棲地》、《鄉居手記》、《山居散記》三本散文集，這些作品真實呈現了其生命歷程。除了教師、文學家身分外，在家鄉面臨水庫威脅時，他毅然站出來，帶領鄉親力抗中央政府，硬是將水庫擋下，保護了美濃這塊世外桃源。他參與社會運動、關懷農村發展、籌辦社區大學，從家庭、文學到社會，他都盡了自己最大的力量。他主張文學的追求是生命的全部意義；創作的態度是嚴肅的，不因名利，只為表達生命的感受與體驗；創作的目的不純為滿足興趣，應展現對人群社會的善意與關愛。對照他的作品，的確實踐了這些文學主張。

三、吳錦發（一九五四～）

美濃福安里牛埔庄人，國立中興大學法商學院社會學系畢業。散文、小說家。著有《放鷹》、《秋菊》、《春秋茶室》等作品。曾獲中國時報文學獎小說優等獎、吳濁流文學獎、聯合報中篇小說推薦獎。

《放鷹》為吳錦發第一本小說集，收錄十幾篇取材自鄉土和現實社會的作品。書中充滿著以文字攝影機來捕捉早期經驗的寫作手法。《靜默的河川》描寫關於美濃家鄉的人、事、物，以遊子回歸母親懷抱的心情，認真追撫孕育生命記憶的種種。其中〈靜默的河川〉令彭瑞金與曾貴海大加讚賞，葉石濤更認為是吳錦發「根據於美濃的地方史創造了一系列闡釋美濃人情風土的小說」，而稱之為「以美濃這一塊乳與蜜流貫的地方歷史為軸發展的作品」。〔註25〕其他如〈老鼠伯與他的鴨子〉、〈永恆的戲劇〉、〈兄弟〉、〈堤〉、〈蛇〉、〈大鯉魚〉、〈豬〉和〈被鰻突襲之金魚〉等這九篇小說，雖都是以美濃地方故事為背景，卻能反映臺灣社會變遷的共相。

吳錦發的小說以關懷弱勢為其特色，尤其對原住民非常關心，〈有月光的河〉為其第一篇以原住民為主角的作品，描述泰雅族人幼瑪的命運，由生活在部落的活潑到都市的沈淪，到最後的死亡。〈燕鳴的街道〉和〈暗夜的霧〉兩篇，描述的是兩個原住民女子的墮落和救贖的故事。前者的主角幼瑪和後者的主角瑪雅，都來自原住民部落，有著令男人一見就想和她們「做那件事」的惹火身材；到了五光十色的大都會，立即成為男人追求的對象，終於在男

〔註25〕 葉石濤：〈靜默的河川——美濃地方史的真實見證〉，收入吳錦發《靜默的河川》〈序〉，臺北：蘭亭書店，1982，頁3。

人虛妄的自尊和獸性的野心之下，捲入人性最底層的暗流裡。〔註26〕〈春秋茶室〉以敘述十七歲少年的初戀爲主，他戀愛的對象是淪落茶室的原住民少女陳美麗，主角與朋友聯手拯救她離開，最後卻失敗。

《消失的男性》與《台灣無用人》兩本小說集，批判政治對人權的迫害，揭露文明社會的黑暗面，爲了苟且偷生，人必須不斷的隱藏自己，卑躬屈膝，作品充滿濃厚的批判性。

〈秋菊〉爲長篇小說，描寫主角在家鄉美濃的愛情故事，他與秋菊在菸葉的季節相遇、相識，到後來產生感情，然而秋菊如同季節結束一般，罹患血癌病逝，留給主角無限感傷。《流沙之坑》收錄了〈父親〉、〈流沙之坑〉、〈那斜穿過畫面的枝椏〉、〈明娟的鄉愁〉、〈妻的容顏〉、〈迷路〉六篇短篇和一篇中篇〈閣樓〉，其中〈閣樓〉是繼〈春秋茶室〉、〈秋菊〉之後，最後一部關於作者青春時代的自傳體小說，三篇作品構成吳錦發的「青春三部曲」，爲成長小說系列。

《永遠的傘姿》以隨筆的方式，描寫他在生活上的一些感受。《生態禪》與《生命 Hiking》兩本散文集，是他對萬物的體會，從自然生態中領悟人生，人應該與自然和諧共存，而非不斷掠奪。

吳錦發的小說以一九八〇年爲界，分爲前後期。前期有泛人道主義的關懷，後期則多探討現代文明的衝擊，及現代都市文明弱肉強食的摧擊下，弱勢者的無奈；還描寫了臺灣社會中許多被壓迫、被壓抑，甚或被社會所遺忘的「無用人」。他認爲有必要透過小說來描寫他們的生活、心理，引起大眾的注意。最後他回歸故鄉美濃，對於故鄉的描寫，筆法輕柔，帶有懷念與哀傷，對於家鄉改變後的感覺，透過文字表達出來，具有濃厚的鄉愁。

四、鍾永豐（一九六四～）

美國佛羅里達大學社會學碩士。爲詩人、作詞人、音樂專輯製作人、文化行政工作者。曾爲《我等就來唱山歌》、《菊花夜行軍》、《臨暗》、《野生》、《種樹》、《我庄》等專輯作詞，並多次獲頒金曲獎最佳作詞人獎。

鍾永豐於一九九九年開始與林生祥合作《我等就來唱山歌》，此張專輯是在美濃反水庫的口號下誕生的，以音樂記錄著美濃反水庫運動。鍾永豐曾闡述其創作理念：

〔註26〕 羊牧：〈寫作者的良心——評《燕鳴的街道》〉，《自立晚報》，1985.9.17。

> 基本上我其實不是把它當作歌詞在寫，而是把它當作社會學研究的
> 實踐，或是把它當作社會運動的一個既呼應又批判又詮釋的東西，
> 所以我從頭到尾在意識型態上是很機械的，不管是偏向那個面向，
> 我試圖在每首歌裡處理好幾個層次的矛盾。〔註27〕

於是《我等就來唱山歌》在美濃反水庫運動的口號下誕生，雖是社會學的實踐，但其內涵又充滿辯證、拉扯。〔註28〕《菊花夜行軍》則以青年阿成回鄉種菊花為主軸，探討農村經濟的崩解，年輕人回鄉等於失敗，甚至因務農而娶不到臺灣女子，而轉向南洋，外籍新娘眾多成為美濃的特色之一。《臨暗》描寫青年在都市工作的無奈，薪水微薄，又要東繳西繳，最後所剩無幾；要求調薪卻被以經濟不景氣回絕。年輕人到都市工作，符合長輩的期望，但他們心中鬱悶，一事無成，也交不到女朋友，整張專輯流露出都市生活的無望與想返鄉的慾望。《野生》以女性為對象，描寫女性在傳統社會裡所受的壓迫，要奉獻勞力，盡心盡力照顧家庭，然而卻無權力分財產。《種樹》以農村面臨全球化的危機，臺灣加入WTO後，對農業產生相當大的衝擊，農民開始思索轉型，有機農業孕育而生，然而要推廣有機並不容易，要克服許多傳統觀念。《我庄》則記錄了美濃的轉變，從早年純樸的農村，逐漸都市化，連鎖超商的進駐，對美濃是很大的改變，生活形態被迫與都市接軌，過去的農村生活開始瓦解，此專輯完整記錄了美濃的發展過程。

　　鍾永豐的寫作風格寫實，對於農村的變化觀察仔細，每張專輯都有不同風格，《我等就來唱山歌》展現出反水庫的氣魄，抗爭色彩濃厚；《菊花夜行軍》以戲謔的手法描寫農村青年的處境，娶外籍新娘年初二回娘家，就當作去度假，那是無奈中找出消解的方式；《臨暗》以控訴的手法批判資方剝削，辛苦工作卻僅能得到微薄薪水，甚至威脅不能加薪，否則工廠倒閉你要怎麼辦，青年處在這種環境下，心情鬱悶又無可奈何；《種樹》探討農村轉型問題，對於WTO的威脅，菸葉的沒落，只能想辦法謀求出路；《野生》筆法較沈重，細訴女性遭受的不平待遇；《我庄》則展露輕快的筆調，細訴我庄的人、事、物，令人感受我庄變化之快。

〔註27〕　張育章記錄、鍾永豐口述：〈美濃反水庫運動音樂紀實與社會實踐——鍾永豐
　　　　　與交工樂隊〉，《破週報》，1999.4。
〔註28〕　王欣瑜：〈跟我們的土地纏歌：林生祥與鍾永豐的音樂文本與社會實踐〉，清
　　　　　華大學臺灣文學研究所碩士論文，2010.7，頁51。

五、其他作家

除了上述四位作家外，尚有劉洪貞、鍾鐵鈞與林生祥三位作家，他們的作品量雖少，但仍有可觀之處。

（一）劉洪貞（一九四九～），美濃中壇里人。中學畢業後學習洋裁，是標準的家庭主婦。從小喜愛文學，又關心故鄉事物，一九六六年隨先生遷居臺北後，遠離家鄉，更深懷思鄉之情。於是利用夜深人靜，孩子們入睡後，一點一滴將家鄉生活記錄下來，有記人的、有記事的，篇篇平實生動。作品〈花生情事〉曾獲得耕莘文學獎散文組第一名；〈孩子們不帶書包回家後〉經《讀者文摘》轉載，並譯成數國文字。出版有：《媽媽的扁擔》、《未上好的袖子》、《紙傘美友情濃》、《坐看雲起時》。〔註29〕

劉洪貞的作品流露出女性特有的細膩感情，對於早年的生活，以今昔對比描述，她的作品沒有批判性，以懷念故鄉美濃居多，其他還有臺北生活點滴，與努力工作養家的辛苦，文字細緻，風格柔和。

（二）鍾鐵鈞：（一九五六～），作家鍾理和的三子，承續著父兄的腳步，投身於文學行列，作品以散文為主，出版有《笠山依舊在》。

鍾鐵鈞的文字風格較父兄犀利，文學性相對較弱，他走出與父兄不同的文學風格，常以隱喻的方式批判現實社會，作品中的人物大抵都有其人，寫實性極高。他的作品以寫童年趣聞、環境議題為主，對於反水庫更是不遺餘力。

（三）林生祥：（一九七一～），淡江大學畢業。為歌手、樂手、作詞人、作曲家。曾獲頒金曲獎十一、十三、十六屆最佳作曲、製作人、樂團、客語專輯、客語歌手獎等。作品《過庄尋聊》，為其處女作，內容以美濃農村生活為主，對於自己在外四處遊蕩，最後還是選擇回到故鄉，探索故鄉的一切，耕田一輩子的長輩，控訴著農業的沒落，希望孩子能多讀書，為家族爭一口氣，千萬不要再當耕田人。整張專輯充滿濃厚的鄉愁，想回家又怕被長輩罵，回鄉的契機在於反水庫運動，專輯的後半以反水庫為主，表現出美濃人強烈反對的一面，最後以〈伯公〉結尾，希望伯公能保佑大家、保佑美濃。

美濃作家中，關於美濃書寫的作品，以鍾理和、鍾鐵民最多，鍾理和作品涵蓋自日據時代至一九六〇年的美濃，其〈笠山農場〉為美濃開發重要的文

〔註29〕 《美濃鎮誌》，頁496。

學作品，文中保留了日據時期的自然景觀與生活方式。鍾鐵民的作品則涵蓋一九六一年至二〇一〇年之間的美濃，見證了美濃在自然、農業、聚落文化的改變。父子兩人的作品等於美濃的發展史，故本文的文本，以鍾理和、鍾鐵民作品為主，因生活環境會影響文學，他們寫自己熟悉的環境，為避免偏頗於一個地區的論述，必須再配合傳統作家與其他現代文學作家，才能完整的將美濃書寫呈現出來

第三節　客語運用

　　美濃作家中，傳統詩人雖講客語，但作品以漢字書寫，在文學表現上少有突出的特色，故本節主要分析現代文學的客語運用特色，首先是文學中的客語，探討在以漢字為書寫語言的情況下，作家如何融入客語詞彙、語法，讓作品呈現客家語文特色；其次是客語文學創作，分析全客語創作的藝術手法。

一、文學中的客語

　　美濃作家的作品大都以漢字為主體，再加上部分客語，以凸顯客家特色，發展全客語創作的時間較晚，此種現象與鍾理和對語言運用的主張有關，他在第四次的《文友通訊》中，「關於臺灣方言文學之我見」的討論可看出，他並不贊成「方言文學」，理由有二：

> 一、推行方言文學應具下列兩條件：（一）人人皆諳臺語，（二）人
> 　　人能以臺音閱讀。關於（一）：臺灣方言，山地不算，尚有閩粵
> 　　二種，則難免顧此失彼。關於（二）臺胞能閱臺灣方言文章者，
> 　　恐為數不多。
>
> 二、我國自來受制於複雜的方言，彼此隔閡誤會的情形比比皆是，
> 　　今有國語文通行，則不分省籍，皆可藉以溝通情感。基於上述
> 　　兩點，方言文學實屬多餘也。〔註30〕

關於第一點的理由，是因為只要提到「臺灣話」一詞，幾乎就是指閩南語，鍾理和所反對的是純以閩南語寫成的文學，他認為這會使不懂閩南語的客家

〔註30〕　見錢鴻鈞編：《台灣文學兩鍾書》，臺北：草根出版事業有限公司，1998.2，頁327。

人無法閱讀，即使是閩南人也是如此，因爲當時二十五歲以上的人口所受的多爲日本教育，能以閩語閱讀者恐怕甚少，至於二十五歲以下的人口，讀的盡是國語，更未必能懂閩語方言。三除四扣，能夠親近方言文學的人勢必少之又少，勉強行之，無異把文藝封閉在一不通空氣的密室中。〔註31〕

其後，鍾理和在一九四七年六月十五日致鍾肇政函〔註32〕中又再次提到此一課題，他認爲應該把「文學中的方言」和「方言文學」分開。他認爲臺灣的客觀環境限制了方言文學的發展，只容許在「文學中的方言」範圍中有所發揮，而鍾理和是贊成由這方面下功夫，當然臺灣文學要有臺灣文學的特色，這是不容否認不容推拒的，因此，應如何予以研究，並培植、發揚，使之成爲「重要的一環」是責無旁貸的，故似乎應捨去方言而只標榜「臺灣文學」，僅將方言作爲其中一個重要的因素，似乎即已把「臺灣文學有臺灣文學的特色」的意旨突顯出來了。對於這點，鍾肇政也承認「方言文學最大限度只能在文章中穿插某些方言而已，純粹方言的文學，實爲事實所不許，因此，刊露大家意見時，我所說的臺灣文學，都是指的『文學中的方言』。」〔註33〕

鍾理和有心將客語與華語融合，使作品有臺灣文學的特質，但又不至於使非客系的其他族群產生隔閡，因爲文學語言雖然具有一種創造性，但是也必須遵循一般通行的語言法則，即重視語言的全民性和民族性。如果完全無視這種法則，使語言徹底「陌生化」，則無法與讀者交際。〔註34〕重視全民性，所以他以臺灣通行的中文爲主要敘述語言，但又要兼顧民族性，因此，他採取在作品中加入客家詞彙，這也就是他一直主張以「文學中的方言」來表現臺灣文學的特色。鍾理和所使用的客家詞彙，都是以通行的漢字寫成，但並不減客語的特色，客籍讀者有親切感，非客籍讀者也能接受，這是他不斷的在用字上力求簡易的結果。而關於用字方面，鍾肇政先生也曾提出意見：「我想，方言我們應該多研究嘗試的，我一向的意見是擷取閩、粵通用的方言，而且能用漢字表達出來，而爲一般外省人能夠望文生義的，加以運用。」客語用漢字表達，雖然無奈，但這也是目前比較可行的方法。

〔註31〕 見新版《鍾理和全集7》，高雄縣政府文化局，2009.3，頁5。
〔註32〕 見新版《鍾理和全集7》，頁7。
〔註33〕 見《台灣文學兩鍾書》，鍾肇政致鍾理和函，頁327。
〔註34〕 見傅騰霄：《小說技巧》，臺北：洪葉文化事業有限公司，1996.4，頁261。

　　鍾理和對於客語用字是力求簡易，在他的作品中，找不到讀不出來或不瞭解意思的客語詞彙，雖然使用漢字，但從語彙特殊性和客語獨特的文法，不難找出具有客家特色的用詞，也因爲如此，才能使非客籍的讀者也能閱讀，而這也是他一直致力於將客語和中文融合的結果。此種文學觀念，一直爲美濃現代文學作家承襲，鍾鐵民、鍾鐵鈞、吳錦發等人，皆以華語爲主要書寫語言，再融入客語詞彙、語法，以凸顯客家特色，這些客語詞彙，以名詞最多，除了詞彙外，客家諺謠亦大量的運用在作品中，讓作品呈現出濃濃的客家風情。

　　經過多年努力，美濃作家的客語創作，比鍾理和更進一步的寫法，除加入客語詞彙及語法外，作家們嘗試在對話上以客語寫出，如鍾鐵民在長篇小說〈家園〉中，人物對話用客語創作，讓作品更貼近現實：

> 「運動？我哪有該種福氣運動！我去做──事──！」阿善師無奈
> 的解釋：「我這間私人的細廟子，又沒什麼油香，靠茶園和荔果的收
> 入維持，雖然收成不多，不做也是使不得，所以什麼發風落雨，總
> 要去行一兩擺，總有事頭好摸。」〔註35〕（「該種」：那種。「細廟子」：
> 小廟。「油香」：香油錢。「發風落雨」：颱風下雨。）

> 「老貨仔還有哪裡可以去？又不是你，走生豬嬤一樣，歸日野上野
> 下。」涂吉光也喊著回答。〔註36〕（「走生豬嬤」：發情的母豬。「歸
> 日」：整天。「野上野下」：跑來跑去。）

第一句說話者爲廟公，與第二句的說話者一樣，皆是上了年紀的人，故對話上以客語書寫，若說話者爲年輕人則採取夾雜的方式，而非整句客語。鍾鐵民的客語用字經過修飾，很少需要造字，雖然對話爲客語，但仍表現出典雅的風格。

　　吳錦發在以美濃爲背景的小說對話中，同樣採取此種書寫方式，讓作品具有在地特色，如：

> 「噯，噯，老鼠仔你做嘛個還留在家裡啊？」〔註37〕
> （「做嘛個」：做什麼）

〔註35〕　《鍾鐵民全集 4》，高雄市政府文化局，國立臺灣文學館，高雄市客家事務委
　　　　　員會，2013.1，頁 414。
〔註36〕　《鍾鐵民全集 4》，頁 441。
〔註37〕　吳錦發：《靜默的河川・老鼠伯和他的鴨子》，頁 3。

「後生仔，你阿公還康健吧！」〔註38〕

（「後生仔」：年輕人、「康健」：健康。）

「不要多念了幾天書就學會了伯勞嘴呱呱亂叫，騙鬼——，沒有做怎般就知道行不通？」〔註39〕

（「伯勞嘴」：指像伯勞鳥一樣愛叫又聒噪、「怎般」：怎麼。）

「哈，龍形地？那狗不叉尿的地方會有生龍結穴？什麼時代了還信這些，……」〔註40〕

（「狗不叉尿」：指偏僻的地方，連狗都不會去撒尿。）

「猴牯佬！哪，電筒給你，你在後面幫我照著路。」〔註41〕

（「猴牯佬」：指年輕男性、「電筒」：手電筒。）

「這次歸來，我看他失神失神，目珠也污青一塊，他同𠊎講是打球打的，阿發，你老實同𠊎講！他當真是打球打的嗎？」〔註42〕

（「歸來」：回來、「目珠」：眼睛、「污青」：淤青、「𠊎」：我。）

從例句可發現，作者運用客語的策略，是融入客語詞彙與語法，讓作品符合說話者的身分，說話者通常年紀較大，尤其是主角與阿公的對話，大部分採取此種寫作方式。除了上述幾篇作品外，〈大鯉魚〉、〈豬〉、〈出征〉、〈烤乳豬的方法〉亦以同樣手法加入客語，讓作品更符合美濃在地特色。

二、客語文學創作

美濃作家全客語創作，約從一九九七年開始，林生祥發行首張專輯《過庄尋聊》，其中的歌詞即以客語書寫，同年的黃蝶祭，鍾鐵民寫了一篇祝禱文〈揚葉仔！飛歸來！〉〔註43〕，則是首篇全客語作品：

美濃、雙溪係

揚葉仔個（的）家鄉，也係

𠊎等美濃人個家鄉，（𠊎等：我們）

在這個大自然個天地中，

〔註38〕 吳錦發：《靜默的河川·靜默的河川》，頁22。
〔註39〕 吳錦發：《靜默的河川·堤》，頁57。
〔註40〕 吳錦發：《靜默的河川·堤》，頁63。
〔註41〕 吳錦發：《靜默的河川·蛇》，頁84。
〔註42〕 吳錦發：《秋菊》，頁75。
〔註43〕 《鍾鐵民全集5》，頁431～434。

有樹仔有竹頭、

有山豬有鹿仔、

有鳥仔有蟲仔、

當然也有揚葉仔搭（揚葉仔：蝴蝶。搭：及）

𠊎等人類，

大家共下在這兒快樂生存，（共下：一同）

……

〈揚葉仔！飛歸來！〉雖是全客語的作品，但華語痕跡仍舊明顯，僅幾個詞彙需要解釋，客語用字皆經過修飾，故從字面上容易瞭解內容，對於非客籍讀者，並不會有閱讀困擾。本篇是為了讓小朋友能容易瞭解祭文內容而改編的，並非作者有意朝此發展，故真正以全客語為書寫模式的為鍾永豐。

一九九九年發行的《我等就來唱山歌》，由鍾永豐作詞，奠定了客語創作的基礎。鍾永豐的客語運用相當成熟，如〈我等就來唱山歌〉：

叔婆伯母　父老兄弟	（叔婆伯母　父老兄弟）
𠊎等行出美濃山下	（我們走出美濃山下）
𠊎等來到繁華冇聊	（我們來到繁華無聊）
冇搭冇礁介台北	（無趣無味的台北）
大街路上	（大街路上）
過路人按多	（過路人這麼多）
冇人愛撤𠊎等相借問	（沒有人要跟我們打招呼）
樓屋按高　看毋得出去	（樓房這麼高　看不出去）
車喂按多　看啊到著驚	（車子這麼多　看到吃驚）

……

歌詞用字口語化，常用的字為「𠊎等」，而「無」用「冇」，在鍾鐵民的作品中是看不見的，而「冇搭冇礁」、「撤」、「按」等皆以讀音配字，字面與字義無關，車子不用「車仔」而用「車喂」，同樣也是採取擬音方式。內容是美濃鄉親為反水庫而到臺北抗議，面對高樓環繞與車水馬龍的街頭，內心感到緊張、害怕，《我等就來唱山歌》為反水庫運動的寫實記錄，整張專輯歌呈現出嚴肅的風格，傳達出美濃人保護家鄉的心路歷程。

除了嚴肅風格外，鍾永豐在〈菊花夜行軍〉〔註44〕中，則有另一種風格：

〔註44〕收錄於《菊花夜行軍》，臺北：大大樹音樂圖像，2001.8。

月光華華　點火（來）程菊花　　　（月光華華，點燈照菊花）

大菊（汝係）緊綻芽（是會）累死倕自家
（大菊你若直冒芽，真會累死我自家）

自家（是）三十八　老喂（才來）學吹笛
（自己已三十八，老了才來學嗩吶）

吹笛（是）天毋搭（就）儠尿（來）照自家
（吹來天不理，就灑尿照自家）

月光華華　心肝（是）濃膠膠　　　（月光華華，憂愁千千結）
DaBuLiu介TO　菸仔豬仔（是）全屌到（WTO，種菸養豬全潦倒）
起債二十萬　種花（是）五分半　　　（借錢二十萬，種花五分半）
夜半思量起　倕（是）緊起雞嬤皮　　（夜半思量起，我直起雞母皮）

日光燈暈暈　菊花夜行軍　　　　（日光燈暈暈，菊花夜行軍）
嚙掣市場路　嚙牙（來）踢正步　　（咎薔市場路，咬牙踢正步）
……

這首歌的前半部善用童謠與諺語，以客家童謠〈月光華華〉起興，「華」與「花」、「膠」（客語讀 gǎ）同押「a」，童謠原文「月光華華，點火照豬孄」，作者取前四字，除了押韻外，同時點出主角內心的惶恐，這是他最後的賭注，希望能成功，他夜晚不得休息，植物同樣不得休息，點燈強迫菊花生長。「老喂（才來）學吹笛」為客家諺語，意指老了才轉行，已經來不及了，鍾永豐用「老喂」而不用「老了」，是取其音，讓歌詞更符合口語。「DaBuLiu介TO」是模仿客家人講英文的口音，「W」的發音特別明顯，為了增加趣味性，中間還加「介」，表達農民對WTO不滿情緒，因為加入WTO讓菸業與豬業受到打擊。「儠尿（來）照自家」用字粗俗，符合主角說話的習慣。整首歌表現出自我嘲解的無奈，對於新興農業的不確定感，讓他睡不成眠，乾脆到田裡看菊花，並幻想自己是總司令，帶領了菊花大軍進軍市場，希望至少不能虧本，整首歌以魔幻寫實手法寫成，一方面凸顯主角的苦中作樂，另一方面背負了魔幻寫實本身的抵抗意涵。〔註45〕

〔註45〕　王欣瑜：〈跟我們的土地糶歌：林生祥與鍾永豐的音樂文本與社會實踐〉，頁72。

　　除了爲農民發聲，用詞具有諷刺意味的作品外，亦有風格典雅的作品，如〈我庄〉〔註46〕：

東有果樹滿山園	（東有果樹滿山園）
西至屻崗眠祖先	（西至山嶺眠祖先）
北接山高送涼風	（北接山高送涼風）
南連長圳蔭良田	（南連長圳灌良田）
春有大戲唱上天	（春有大戲唱上天）
熱天番樣拚牛眼	（熱天芒果拚龍眼）
秋風仙仙河壩茫	（秋風仙仙河流茫）
割禾種菸又一年	（割稻種菸又一年）
思想起——我庄圓滿	（思想起——我庄圓滿）
起手硬事，收工放懶	（起手硬活，收工放懶）
滾滾沓沓，像一塊新丁粄	（圓滾紮實，像一塊新丁粄）

〈我庄〉的歌詞用字典雅，前兩段以七言四句爲一組，爲鍾永豐善用的形式，兩段皆押「an」韻，第一段寫我庄東西南北的景物，有果樹、山嶺、涼風、水圳與良田。第二段寫四季特色，以大戲是春天的重要活動，夏天則以芒果與龍眼爲代表水果，秋天的河芒，冬天則是收割與種菸。以新丁粄代表圓滿，年年平安順序。整首歌呈現我庄平靜與豐饒的景象，與過去的歌詞寫法不同，較無口語化現象，具有濃厚的文學氣息。

　　由上面摘錄的歌詞可知，鍾永豐運用客語創作極爲成熟，歌詞貼近在地人說話習慣，如回家寫「歸屋家」而非「轉屋家」，表現出美濃的客語特色。風格多變，有嚴肅抗議政府政策，有自我調侃的風趣，亦有典雅優美的文字。

　　綜合上述，不管是全客語或部分客語，美濃作家依然堅持不使用拼音文字，能找到對應漢字最理想，若不能，則以擬音造字方式呈現。從鍾理和在作品中加入客語開始，美濃作家即沿襲此方式，並慢慢增加客語的份量，至近年開始以全客語創作，雖然客語尚侷限在歌詞，小說與散文仍以華語爲主，但作家們將繼續努力嘗試。

〔註46〕收錄於《我庄》，臺北：風潮音樂，2013年。

第四節　時代主題

　　美濃作家的在地書寫已有近百年歷史，在這麼長的時間裡，美濃隨著時代不同，而有不同的發展與變化，作家觀察著這些變化，並將其寫入作品，美濃在地書寫隨著時代不斷演變，尤其現代文學，更可看出其中的發展，故本文以現代文學為分析對象，將作品依時代繫年，梳理出各時代的變遷主題。

一、日據時期──移民與墾殖

　　以鍾理和〈笠山農場〉為主，作品記錄了美濃在日據時代的開發，包括北部與屏東地區的客家人，如同潮水般從外地不斷湧入，導致當地人對他們產生敵意，從作品中可發現美濃人相當排外，尤其對北部客家人，更是如此，認為他們到美濃是掠奪資源。作品以墾殖笠山為故事背景：

> 過去，這地方一直公開于本地的居民，只要你需要或者喜歡，就可以隨便進來，不受任何人管束。雖然在名義上它是有所歸屬，但實際則無人理管。但是如今，它忽然變為「笠山農場」了，從前公認為可以隨便的事，都一個一個的受到干涉和禁止了。這是人們所不能理解的，更不能接受和容忍。於是在他們之間普遍地發生了反感。他們公開對農場表示他們的敵意。〔註47〕

笠山屬於私人土地，前兩任主人對於此地並沒有積極的開發行為，故居民仍將笠山視為公共空間，可以任意拿取所需的資源；然而新任主人劉少興，卻改變過去的作法，開始有了管制，於是他們對農場產生敵意，認為是外人強佔了他們的資源，對劉家相當不以為然。除了外地人到美濃開發，作品中還記錄了美濃人越過山脈到南眉〔註48〕開墾，竹頭庄及九芎林二庄，地勢高亢，灌溉不易，隨著村落逐漸發展，當地人多地少的窘況日以遽增，〔註49〕於是大批村民選擇橫越美濃丘陵，至南眉開墾，如文中的劉瓊妹，她們家族在南眉有事業，後來她也搬到南眉住了，而梁燕妹則是嫁到南眉。

　　美濃因為地形阻隔、交通不便，當地居民仍保有祖先傳來的生活方式，婦女依然穿著藍衫，梳著傳統髮髻，還有特殊的藍洋巾，此外居民傳統保守的生活態度，最令主角無法苟同。文中對美濃早年的田園景色、笠山的原始

〔註47〕新版《鍾理和全集4》，頁62。
〔註48〕南眉即今高雄市杉林區。
〔註49〕簡炯仁：《高雄縣旗山地區的開發與族群關係》，頁279。

生態、磨刀河上、下游的美景等，皆有詳盡的描述。笠山農場與過去開發所種植的作物不同，它不種傳統果樹，而選擇種植咖啡樹，然而外來品種終究無法適應當地水土，最後感染銹病，全數枯死，農場亦告失敗。美濃擁有原始的自然環境，因地理環境影響，聚落文化則維持祖先來臺後的生活方式，不管是建築、飲食、服飾、觀念等，顯得保守。〈笠山農場〉雖寫於五○年代，但內容以日據時代為背景，描述了當時美濃墾殖的情況，成為研究日據時期美濃發展的重要文獻資料。

另一篇作品〈薄芒〉中的居民，觀念更是保守，因母親早逝，女主角從小就代母職，照顧家庭，當她年紀越來越大，做父親的卻不願讓她出嫁，希望她能一直奉獻家庭，而女主角即使心急，想與心儀對象結婚，卻不敢反抗父親的意思，最後兩人只能含恨分手。傳統父權至上的觀念，在當時仍宰制著整個社會，父母對於子女的婚姻，擁有絕對的權力。鍾理和對於傳統家庭觀念，進行了相當程度的批判，只是故事主角沒有勇氣反抗不合理的制度，才會導致悲劇。

日據時期的美濃，仍處於開墾階段，大批移民進入當地，引起當地人的敵視。因交通不便，居民仍過著祖先來臺時的傳統生活，包括衣著、髮型、觀念等，展現了典型的客家聚落。

二、戰後至五○年代——破敗與發展

戰後的臺灣，因連年氣候異常，先是水災，後是旱災，導致農作物歉收，農村呈現出破敗的景象，此時居民常為氣候所苦。鍾理和「故鄉四部」真實反映了戰後民不聊生的社會狀況，〈竹頭庄〉描寫村民因天災無米可吃，蕃薯成為主食，三餐吃蕃薯配蕃薯葉，有些人家連蕃薯都沒有，只能吃蕃薯葉，日子相當難過。眼睜睜看著土地乾涸，農作物成為牛隻的糧草，一點辦法也沒有。知識份子因為政權轉移而失去工作，回到農村卻無一技之長，於是走上詐騙之路，自我毀壞。〈山火〉因乾旱嚴重，謠言四起，村民聽信七月會有天火降下，而到處放火燒山，希望能將天火頂回去，導致美濃四周大小丘陵成為一片焦黑，村民已經失去理智。在艱困的年代，神明成為唯一的希望，學校募款不足，而廟宇卻能擴大規模，人已經不相信自己了。〈阿煌叔〉描寫戰後的阿煌叔，一改年輕時努力勤奮的態度，變為極度懶惰，每天除了睡覺，什麼事都不做，他認為人越做越窮，做了一輩子的活，卻無法改善經濟狀況，

於是開始自我墮落，向社會發出不平的抗議。〈親家與山歌〉則是在一切不安惶恐中，唯有山歌能安慰人心，山歌能給人一種平靜的感受，歌詞充滿生命力，因此，所有壞的事物都會過去，新的幼苗將會成長，未來仍是有希望的。

五○年代政府實施土地改革政策，先後推行「三七五減租」及「耕者有其田」的政策，保障了佃農的權利，亦改變了臺灣農地所有權結構，培植了大量的自耕農，使得臺灣農業呈現一片欣欣向榮的景象。〔註50〕鍾理和小說〈菸樓〉描述了因「耕者有其田」的政策，讓主角蕭連發擁有了自己的土地，這是他父親至死都想不到的事；因為有了土地，讓他更加勤奮工作，不僅種稻，甚至加入種菸行列，成為新菸農。此篇描述種菸的辛苦歷程，家族每一分力量都得投入，農民戲稱為「冤業」，即使如此，辛苦後的豐厚收入仍讓大家趨之若鶩。美濃菸葉的種植，在此時開始蓬勃發展，帶動美濃農村經濟開始富裕。〈西北雨〉則敘述農民為了收入，即使生病也不敢休息，導致病情惡化而過世，凸顯農民的辛苦，不僅要與天對抗，還得付出健康，甚至是生命。

三、六○、七○年代──新舊世代與農村生活的劇烈變化

六○年代初期，氣候對農業的影響仍舊很大，尤其是乾旱問題，如〈雨〉及〈旱〉加上多篇日記對於旱象的描述可知，政府對於旱災毫無因應政策，村民只能進行傳統的祈雨祭典，以曬太陽的自虐方式，讓老天看看祂的殘忍，希望能可憐他們，降下甘霖。這兩篇寫於六○年代初期，與「故鄉四部」不同處，在於只是單純的乾旱，糧食並沒有產生缺乏情況，農民哀嘆農作無法耕作，而非無米可吃，可見農村經濟已經改善，農民不再像戰後初期那麼貧困。

至於社會風俗的改變，在於年輕男女開始會反抗家庭權威，對於自己的感情婚姻，勇於表達意見，如〈雨〉的女主角雲英已經會反抗父母之意，她勇敢追求自己的愛情，反對母親安排的對象，即使最後無法與情人結婚，她不像〈薄芒〉的女主角，默默接受事實，雲英激烈的反抗，絕食抗議，原本打定主意絕對堅持己見，最後卻因男友的離開，讓她心灰意冷，才選擇走上絕路，而非一開始就想走絕路，顯見雲英的反抗意識堅強。此外，在〈雨〉裡有一段媳婦與婆婆在調解委員會互罵的情節，可看出女性不再默默承受夫家的欺凌，已經敢為自己的權力發聲。

〔註50〕 《美濃鎮誌》，頁 625。

　　鍾鐵民〈送行的人〉女主角則是默默承受公公的虐待，不敢反抗，最後孩子因病而死，她也失去求生意志，選擇走上絕路。同樣屬於受到夫家暴力對待的婦女，〈鎮道〉的女主角卻勇敢選擇離婚，即使前夫以兒女威脅，女主角仍勇敢離婚，改嫁給貧窮卻愛她的男人，並同情前夫再娶的女子，因爲她很快就會遭到悲慘的境遇，本篇挑戰了婦女離婚改嫁的道德議題，作者認爲女性有權追求幸福的婚姻。到了七〇年代，鍾鐵民的〈雨後〉更挑戰了寡婦是否能改嫁的禁忌，寡婦在中國社會中，被認爲必須守貞，終身不能再嫁，否則便是不守婦道，只要能守寡，鄉里便會認爲是貞潔的婦女，給予稱讚。本篇女主角年紀輕輕即守寡，一次偶然的場合遇見了前男友，當初原本要結婚的兩人，硬被雙方母親拆開，兩人的愛情仍舊存在，於是他們陷入了兩難，男主角天星想娶雲英，但她是寡婦，又有一雙兒女，而且最大的難關在他母親，絕對不會答應讓他娶寡婦的。而女方同樣面臨相同問題，改嫁是否對丈夫不忠，是否自己太卑賤，夫家的姑婆時時警告她，要想想自己的身份，讓她覺得改嫁是種罪惡。且村民認爲寡婦改嫁是不守婦道，然而時代在改變，天星要以行動打破這種不合理的觀念，最後他與母親攤牌，決心要娶雲英。

　　六〇年代，家庭問題較多著墨於新世代想自由戀愛的權力，他們想要衝破舊思維，卻遭到強烈打壓，最後無奈先接受安排，等待將來再改變，如〈夜歸人〉、〈送〉。然而七〇年代變化更大，新世代對於婚姻不願再透過媒妁之言，而是希望自由戀愛，與舊世代觀念完全不同，於是新舊世代的衝突越來越激烈，如〈靜海波濤〉，舊世代逐漸退敗，不再能掌控新世代的一切。

　　家庭問題除了婚姻外，兄弟分家失和，亦成爲鍾鐵民關心的議題，在〈分家〉中，作者探討分家的意義，主角對於分家一開始是抗拒的，他認爲好好的一個家庭，爲何父親過世後要分開，經過家族長輩開導後，才慢慢接受分家的事實。〈黃昏〉則是同母異父的弟弟，想要拿回屬於他的財產，讓哥哥感覺不受尊重，最後決定將弟弟的財產全還給他，自己重新再打拼。〈清明〉則是兄弟爭吵最激烈的一篇，爲了家族的夥房產權，每年清明總要上演吵架的戲碼。當工商社會逐漸發展，隨著小家庭的增加，傳統農村的大家族逐漸式微，家族財產已成爲各房覬覦的對象，衍生出許多家庭紛爭。

　　農業上鍾鐵民〈菸田〉延續著〈菸樓〉的種菸歷史，鍾理和重點放在新菸農，要種菸還要蓋菸樓，在資金不足的情況下，全得自己咬牙苦撐；而鍾鐵民的〈菸田〉則將焦點放在摘菸與烤菸的辛苦，摘菸常因葉子分泌的有毒

物質而生病，烤菸得日夜看顧爐火，隨時注意溫度，一刻都不得休息，外人看來收入豐富的菸葉，其中的辛酸只有菸農自己知道。

除了菸葉外，美濃也開始跟流行經營其他經濟作物，如〈菇寮〉種植洋菇，主角經濟不好，想靠當時最賺錢的洋菇翻身，當時有廠商與農民簽約種洋菇，收成後製成罐頭外銷，於是農民一窩蜂搶種，結果主角因經驗不足，血本無歸。從五○年代末期一直到七○年代，臺灣曾興起一股養鳥風潮，鍾鐵民〈我的夥伴〉即寫到這段歷史，主角與友人合資做事業，他們養雞、種瓜、養鴨，還養十姊妹，一開始有賺錢，於是他們越養越多，隨著價格越炒越高，友人開始惜售，希望能賺更多錢，主角探知市場價格開始下滑，心裡有種不安感，勸友人賣鳥，他卻不肯，沒想到不久鳥價崩盤，養鳥者血本無歸，甚至傾家蕩產，主角他們亦不例外，只能將十姊妹放生。〈谷地〉則是農民搶種香蕉，稻米賺不了錢，於是農民改種經濟價值更高的香蕉，沒想到外銷中斷，內銷供過於求，導致香蕉崩盤，無人願意收購香蕉，蕉農欲哭無淚。〈田園之夏〉則是種植木瓜，本篇的主角是眾多作品中，唯一有賺錢的，賺錢是要靠運氣，剛好他的木瓜園沒有遭到傳染病影響，在其他果園沒有收成的情況下，奇貨可居，他的木瓜價格水漲船高，讓他小賺一筆。此篇還點出了產銷問題，即農產品常會被中盤商剝削，而農民又不知道其他銷售管道，只能任由水果販子喊價。

養豬原是農村傳統副業，居民常在自家餵養一、二頭豬，如同儲蓄一般，養大後賣出，可獲得一筆額外收入，故只要是勤奮的人家，莫不養豬以備不時之需。然而這種小規模的飼養方式，開始逐漸擴展，一九六○年至一九八○年二十年間養豬規模、技術變化擴大，由副業、小規模而至專業、大規模化。規模大獲益就大，然而風險也較大，豬價容易隨市場波動，常使豬農虧本，如鍾鐵民〈田園之夏〉與吳錦發〈烤乳豬的方法〉，皆描寫一九七九年豬價崩盤的農村慘況。前者豬價狂跌，豬農一片哀嚎，許多人賠本賣出，來不及賣的，只能咬牙苦撐；後者同樣因為價格崩盤，大家趕緊出脫小豬，此時豬販的收購價格極為低廉，連飼料錢都不夠，有豬農不甘心低價出售，乾脆載到山裡放生，而主角家則殺一隻小豬，要學飯店烤乳豬，吃一頓大餐，主角看到自己辛苦養的豬，竟然如此不值錢，還被這樣烤來吃，心裡十分難受，連一口都吃不下。豬價時好時壞，豬農只能賭一把。

一九六○年以後，工業開始發展，農村人力漸被工廠吸收而導致農村人口

大量外移都市，〔註51〕農村青年嚮往到都市生活，如〈夜獵〉，主角的同學認為留在鄉下一點前途都沒有，他想到都市發展，進工廠當工人都好，只要能離開，做什麼工作皆可，顯示了農業已不復過去的榮景。於是只要是會讀書的孩子，就能受到大家的疼愛，如〈憨阿清〉的哥哥會讀書，考上師範學校當老師，成為全家人的榜樣，因為他的職業高尚，脫離了捏泥土的生活，讓眾人十分羨慕。

六〇年代的美濃開始有了改變，道路鋪上柏油，一九六四年創作的〈夜路〉，主角對此改變十分驚訝，原來家鄉也跟上進步的腳步，到了一九六七年的〈過程〉發展更快，許多新興行業開始出現，如畫像師、推銷員等，讓主角不禁感嘆「農村已不再是十幾年前那種樸實簡陋的面目了。」〔註52〕道路也比〈夜路〉時還要平整，因「菸葉香蕉的種作使整個地方繁榮起來，柏油的路面伸向小小的村道。」〔註53〕連鄉間小路都鋪上柏油，即使閉塞的美濃，也抵擋不住文明的潮流。另一個行業，土地仲介則使作者反感，〈烏蜂〉裡的土地仲介是個不肖子，將自家的土地拿去抵押貸款花用，逼死母親，後來竟當起仲介，遊走在代書店裡，作者將他比成「烏蜂」，是蜜蜂群中白吃白喝的無用者，令人厭惡。這種職業在鍾理和〈雨〉中即已出現，同樣是不討喜的人物，因為土地與農民關係密切，但在他們眼中，土地只是商品，用來賺錢的，故在小說裡，總把他們描寫成負面人物。

六〇年代開始，美濃進行農地重劃，以利政府推動農業生產的機械化。〔註54〕到了七〇年代，農業機械化初期以整地機械化開始，鐵牛取代了水牛，〔註55〕鍾鐵民〈雨後〉即以此為故事背景，此篇寫於一九七二年，是在地書寫中，第一篇寫到鐵牛的作品。因土地改革、農業機械化的政策下，農業發展迅速，農民收入逐漸好轉，然而，政府卻將重心移往工業，導致人口外移，農村經濟開始走下坡。

七〇年代，務農成為沒出息的行業，於是家長開始鼓勵孩子努力讀書，只要考上大學，就能脫離農村，進入都市。升學成為轉換行業唯一的方式，鍾鐵民進入教職後，觀察到這些農村青年，對於升學沒有興趣，他們情願進工

〔註51〕　《美濃鎮誌》，頁 634。
〔註52〕　《鍾鐵民全集 2》，頁 229。
〔註53〕　《鍾鐵民全集 2》，頁 229。
〔註54〕　《美濃鎮誌》，頁 626～627。
〔註55〕　《美濃鎮誌》，頁 634。

廠做工人，也不想在此浪費時間，如〈河鯉〉、〈祈福〉、〈秋意〉、〈余忠雄的春天〉皆反映了農村的教育問題。

七〇年代末，吳錦發發表了〈大鯉魚〉、〈堤〉、〈出征〉，背景皆爲對農業無望，年輕人不願繼續務農，如〈出征〉，描述主角父親看破農業，情願到阿拉伯工作，他對種田非常失望，認爲務農浪費了他最美好的歲月，因此趁還年輕，他要到外面闖一闖，雖然他對種田有割捨不斷的情感，但他仍選擇出征。〈堤〉一文還涉及到河川污染的問題，工商業侵入美濃，造紙廠在此收購土地興建工廠，爲了自己的利益，將廢水排入美濃河，將原本美麗的河川污染，而主角的父親想賣土地給紙廠，成爲污染的幫凶。

六〇、七〇年代的美濃變動極大，從純農業社會逐漸走向工商業，居民因經濟好轉，開始懂得追求物質享受，柏油路、摩托車、服務業、電影院、電視逐漸在美濃出現，人民的觀念亦開始改變，從保守、單純漸漸變爲開放、複雜，過去純樸的農村已不復見。因此鍾鐵民從一九七五年起，發表了多篇與童年、美濃相關的散文，回憶歡樂的童年往事，如〈王爺壇的皮影戲〉、〈通向學校的長路〉、〈計程車阿振〉，藉由作者的回憶，感受出時代的轉變；〈伯公壇〉、〈美濃的印象〉則是介紹美濃的風土民情。

四、八〇、九〇年代──農村凋蔽與反水庫運動

農業從七〇年代後，即開始逐漸式微，導致人口大量外移，在農產品價格持續低迷的情況下，農民逐漸捨棄傳統稻作，改種其他作物，並積極發展養豬副業，然而這些事業充滿投機風險，常常血本無歸。到了八〇年代，這種情形更爲嚴重，此時的美濃，處在開庄以來的低潮期。因此農村的困境成爲作家關懷的主題，如鍾鐵民〈約克夏的黃昏〉、〈鄉愁〉、〈洪流〉、〈女人與甘蔗〉、吳錦發〈豬〉等小說，皆以此爲寫作背景。

鍾鐵民〈約克夏的黃昏〉以約克夏種豬爲主角，透過牠的自述，娓娓道出美濃養豬從興盛到沒落的過程；〈鄉愁〉描述主角要暫時離開家鄉，到都市與兒子同住，內心感到失落與不安，捨不得離開居住已久的老夥房；〈洪流〉描寫洪水肆虐農村的景象，主角全家躲在新建的豬舍，豬舍比人住的房屋還要堅固，地基高，不怕淹水，才不會造成豬隻的損失，而農村淹水的問題始終找不到解決辦法，年年整治，年年淹水；〈女人與甘蔗〉則是凸顯供需失衡的老問題，甘蔗價格高時，農民搶著種植，希望能發點小財，然而等到可以

出售時才發現，大家都種這麼多，價格馬上崩盤，只好自己顧人採自己賣，多少賺點肥料錢。吳錦發〈豬〉延續著〈烤乳豬的方法〉的時代背景，被放生的小豬長大後，有了野性，再將牠抓回來圈養不容易，甚至敵視人類。〈鄉愁〉與〈洪流〉還點出了人口外移的情形，年輕人到都市工作，即使到加工區做工，賺的錢都比務農還高，於是留下父母守著家園，年輕的、有能力的全到都市去了。散文則有鍾鐵民〈養豬戶何去何從〉、〈農業的輓歌〉，批評政府的農業政策，豬肉、農產品價格低迷不振，卻沒有方法可以幫助農民，放任農民自生自滅，讓農村遭受重大打擊。

　　九〇年代的美濃，年輕人不願從事農業，且國人飲食西式化，對白米的需求減少，以致許多田地休耕，在無人耕種的情況下，土地成了炒作的商品，農民務農一輩子，都無法賺到那麼多錢，賣一塊田可以一夕致富，不少農民極為動心，甚至付諸行動，如〈阿公的情人〉，阿公受到女性友人的影響，將視為生命的田賣掉買其他農地，再轉手賺差價，認為人要懂得變通，死守著土地是賺不了錢的，土地像商品要靈活運用，老了才能過過舒服的日子。〈三伯公傳奇〉同樣遇到土地是否要賣的問題，外地財團收購土地，靠山的山田突然水漲船高，主角阿喜十分心動，但妻子反對，那是養活他們一家的土地，怎麼可以賣給財團，然而現實是，孩子們全在都市工作，無人能繼承家業務農，他們認為土地是累贅，阿喜就說若孩子們知道這些土地如此值錢，一定馬上回來搶著要，與其將來讓他們賣，還不如自己賣了先享受，自己先做「三伯公」。〈阿月〉則是探討土地徵收問題，是要配合徵收興建公共建設，還是要反抗，因為失去了這筆土地，她如同失去了根，然而看到兒子騎機車往返高雄，覺得內心不安，又怕重演丈夫車禍死亡的惡夢，最後，她無奈地決定讓公所徵收，以徵收金為兒子買汽車。〈丁有傳最後的一個願望〉與其他篇章不同，是主角想要買土地，他的死對頭因病要賣地，那是夢寐以求的水源頭土地，付了訂金以後，竟遭全家人反對，要他去解約，周遭朋友也笑他，年紀這麼大了還要買田耕種，自找苦吃，違約訂金會被沒收，讓他感到懊惱又不甘心，最後是對方先解約，除了還給他訂金，還賠一倍的違約金，因為土地被外面的財團購買，最後一個願望再也無法實現了。〈蘿蔔嫂〉則是描寫蘿蔔嫂被孩子們強迫不種稻、不種菸後，平時忙慣的蘿蔔嫂一時之間不知道要做什麼，吵著要去加工區幫親戚煮飯，賺取一、兩萬的工資。

　　〈阿公的情人〉、〈三伯公傳奇〉、〈丁有傳最後的一個願望〉、〈蘿蔔嫂〉
四篇凸顯了農村的一個問題，即人口老化，四篇作品中，留在鄉下的都是上
了年紀的老農，農村缺乏年輕人投入農業生產；六〇、七〇年代的作品，如〈谷
地〉、〈田園之夏〉、〈雨後〉等，皆有年輕人回鄉繼承父親的事業，他們想辦
法擴大經營，希望能重振家庭經濟。然而，他們充滿熱情衝勁的內心，卻一
次次遭受重大打擊，對農業感到相當失望，農業的收入已經無法滿足現代化
的需求，致使父母強逼孩子到都市工作，年輕人亦不願回鄉，農田漸漸荒廢。

　　當一九九二年美濃水庫傳出興建風聲後，美濃土地隨即被財團收購，尤
其是靠近壩址的土地，這些財團在美濃買土地，希望能在美濃水庫興建案中
大賺一筆。因為土地價格被不斷炒作，引起美濃人反感，再加上得知水庫對
美濃的威脅，影響了九〇年代書寫的另一個主題，即是反水庫運動。鍾鐵民、
吳錦發、鍾永豐、林生祥、鍾鐵鈞皆有以反水庫為背景的作品，反水庫的作
品以散文為主，作家們透過文章大聲疾呼，要喚醒美濃人的危機意識，小說
方面有鍾鐵民的〈蘿蔔嫂〉，未完成小說〈家園〉，歌詞有《過庄尋聊》、《我
等就來唱山歌》。〈蘿蔔嫂〉除了反映農業的式微外，還有反水庫的主題在其
中，主角蕃薯哥幫反水庫的鎮長助選，整天都在服務處跑腿，惹得妻子不悅，
認為他很傻，但他認為必須為子孫保留家鄉這美麗的淨土，將來孩子們累了，
才有「家」可以回。〈家園〉雖未完成，但作者欲以小說記錄美濃反水庫運動
的整個過程，讓這場著名的社會運動得以流傳給後代子孫。

　　《過庄尋聊》中〈老山歌、反水庫之歌〉呼籲美濃人團結反水庫。《我等
就來唱山歌》則是記錄美濃反水庫的艱辛歷程，專輯除最後一首為純音樂外，
共有八首歌，〈下淡水河寫著我等介族譜〉、〈夜行巴士〉、〈我等就來唱山歌〉、
〈山歌唱來解心煩〉、〈水庫係築得屎嘛食得〉、〈秀仔歸來〉、〈同志，好好喂
睡〉、〈好男好女反水庫〉，鍾永豐從美濃建庄的艱辛歷史開始，喚醒美濃人對
家鄉的情感，這裡是祖先篳路藍縷，好不容易才開墾出來的地方，歌詞裡引
了美濃開庄伯公的碑文，加強其中的歷史感。接著則是一連串的抗議活動，
包括搭乘〈夜行巴士〉到立法院抗議，參加抗議的人很多都是第一次到臺北，
看到四周高樓大廈，車水馬龍，這些鄉親內心十分害怕，領導者以〈我等就
來唱山歌〉來減輕他們的緊張情緒，再以〈山歌唱來解心煩〉凝聚大家的心，
〈水庫係築得屎嘛食得〉簡單一句話，說明美濃人反對水庫心聲。美濃水庫
的威脅，是由一群年輕人發現的，他們回鄉積極參與抗爭運動，〈秀仔歸來〉

述說著他們返鄉的心裡煎熬，家人朋友的不理解，但只有他們知道爲何要返鄉，他們對故鄉有一份責任感。〈同志，好好餵睡〉說明抗爭運動不是一天兩天能成功的，這是一場持久戰，要鄉親好好休息，堅定信念。最後，〈好男好女反水庫〉對應著「好山好水留子孫」，希望能將美濃的好山好水保留下來。

　　除了反映農村問題外，八○、九○年作家對於美濃的文化開始關心，他們以散文記錄家鄉的特色，如鍾鐵民〈清晨溪邊浣衣忙〉、〈月光山下・美濃〉、〈美得濃莊——高雄縣境內唯一客家大鎮美濃〉、〈鍾理和文學的原鄉〉、〈我寫我的家鄉——美濃〉，吳錦發「美濃風物誌」散文、〈美濃藍衫〉等。他們在作品中介紹美濃的自然景觀、人文特色等，透過文學行銷美濃。

　　在時代劇烈變動中，自然環境、生活方式與過去截然不同，故作家們不禁懷念過去，鍾鐵民散文記錄童年農村生活的記憶：如〈大舅的牛〉、〈山豬〉、〈斑鳩〉、〈青蛙〉、〈蝸牛〉、〈土狗與伯勞〉、〈大蕃薯〉、〈大閹雞〉、〈蛇〉、〈剃頭紀事〉、〈下馬喝水〉、〈火燒門前紙〉、〈三合院的歲月〉、〈掛紙〉、〈八月不聞禾蝦香〉、〈鹹魚蕃薯飯〉、〈暑天心情〉、〈颱風心情〉、〈火要人點著〉、〈看戲的日子〉、〈椰子〉、〈蕸菜？好吃！〉、〈木瓜樹下好歇涼〉、〈台灣水牛〉等，描述童年生活的趣事與習俗，以今昔對比爲表現手法；吳錦發則是以小說〈靜默的河川〉、〈蛇〉、〈春秋茶室〉、〈秋菊〉、〈閣樓〉描寫青春期的生活，包括對美濃河的童年記憶及對異性的渴望；劉洪貞的《媽媽的扁擔》、《未上好的袖子》、《紙傘美友情濃》、《坐看雲起時》、《微溫的蔥油餅》等散文集，收集了這段時期發表的作品，其中有對母親的思念、故鄉的記憶、童年的回憶等。

　　八○年代農村經濟蕭條，農民爲了能多賺點錢，不惜冒著極高的風險投資經濟作物與副業，在經過不斷打擊後，他們喪失了對農業的信心，年輕人湧向都市，留下年邁的父母守著田園。九○年代，因爲反水庫運動，帶起美濃人對地方的關心，亦將年輕人帶回美濃，他們關心農業出路，推動農業轉型，並進行社區總體營造，讓美濃獲得重生的契機。

五、二○○○年以後——關心農業未來與青年歸鄉

　　近年來，因交通改善，國道十號開通後，美濃到高雄的行車時間縮短，讓美濃發展極爲快速，許多都市人將美濃視爲度假勝地，在此置產，於是新式樓房在田野中一間間興建，取代了過去的夥房、菸樓，成爲美濃的新地景。連鎖便利超商開始進駐，美濃亦開始全球化，此時，作家開始關心要如何在

發展之餘，仍保有當地文化。不管美濃怎麼改變，人始終無法與土地切割，最後還是土地可靠，可以提供生活所需。

作家們對於美濃的發展有著複雜心情，鍾鐵民〈荒村〉描述隨著文明逐漸入侵，連偏僻的聚落都交通便利，電線、電視等文明產物改變了聚落生態，年輕人不願留在家鄉，居民一家家搬往都市，於是原本熱鬧的村落，開始荒廢，最後連主角都要離開，此地就成了荒村。〈阿耀的作業〉與水源地保護有關，為了鼓勵豬農離牧，政府祭出獎勵措施，只要豬農願意將豬舍拆除，就可獲得補助，對於此項措施，豬農認為是遲來的政策，政府該為幾十年來犧牲農業的政策負責，這些補助是他們應得的。

隨著反水庫運動成功後，越來越多青年返鄉，他們關心家鄉事務與農業發展，《菊花夜行軍》敘述青年返鄉種花的心路歷程，第一首〈縣道184〉敘述這條道路，將美濃的自然資源與青年全部吸走，它是美濃對外的重要聯絡道路，也是資本主義掠奪的通道，它帶來文明，亦帶走資源。在被帶走的青年中，有人在都市生活順利，有人則不適應，於是返鄉成為他們的希望，主角阿成即是其中之一，他騎著〈風神125〉機車，懷著忐忑的心回鄉，一路上想起離家前母親的叮嚀，然而在都市生活並不容易，於是他決定回家務農。〈愁上愁下〉將一位母親的心情表達出來，嫁給人當媳婦，受盡委屈無處申訴，好不容易孩子長大了，卻還要煩惱他的婚事，因為他回家耕田，被視為沒出息，沒有好人家的姑娘願意嫁給他，「愁上愁下」，凸顯客家婦女大半生都在憂愁中度過。〈兩代人〉與前一首類似，從父親與母親的角度出發，父親期盼兒子在都市能有成就，而母親則希望兒子趕快娶媳婦。〈阿成想耕田〉由兒子的角度出發，他對於農業仍抱持著信心，他想回家耕田，然而看到父母失望的神情，讓他很難過，不過對於返鄉耕田的決定，他並不後悔。既然種稻子賺不了錢，他改種菊花，〈菊花夜行軍〉即描寫他抱著破釜沈舟的心孤注一擲，貸款種了五分半的菊花，他內心緊張，擔心花價崩盤，血本無歸。因為阿成回鄉務農而娶不到妻子，只好下南洋娶外籍新娘，〈阿成下南洋〉即說明農村青年娶不到老婆的處境，外籍新娘成為他們結婚的主要對象，只好調侃自己，回娘家可以當成是度假。嫁來臺灣的外籍新娘，內心充滿不安，〈阿芬攬人〉敘述新移民阿芬懷孕搭機來臺的過程，在飛機上，對於未知的地方感到惶恐，還好肚子裡的寶寶帶給她希望，只要待久了，就能〈日久他鄉是故鄉〉，成為臺灣的一份子。務農是辛苦又沒錢的工作，臺灣女性不願嫁給農夫，迫使他

們向外尋找，於是美濃外籍新娘越來越多，尤其以印尼籍最多，爲了讓她們來臺後，能快速融入當地生活，美濃青年爲她們開設識字班，減輕她們內心的不安，協助她們跨出社會邊緣。

　　到都市打拼的青年，生活並不好過，鍾永豐《臨暗》專輯，即描述著這些遊子在外的生活。作者將關懷視角，從農村拉到都市，從農民轉爲勞工。〈臨暗〉是一天之中，最令人想家的時段，是萬物回巢的時間點，而他卻不行，此種孤獨感令他想起媽媽叫喚回家洗澡的聲音，母親煎魚的味道，然而現在只能一個人在都市生活，內心充滿了苦悶。〈都市開基祖〉描述三代人的轉業歷程，第一代因政府三七五減租的政策，讓他們免於被地主剝削，「以農立家」成爲最安穩的途徑；第二代的父親不想留在家裡務農，渴望出外打拼，即使當學徒也願意，然而偏偏是長子，必須留下來照顧弟妹，離農成爲空想，此首歌詞凸顯了阿公與阿爸就業上的世代差異：阿公「唯農是從」是光明的「當晝頭」，到了阿爸是農業走向衰敗的「暗晡頭」；此外，時代變遷造就兩代不同的政治意識，阿公受惠土地改革的成效，成爲國民黨的支持者，而阿爸則成爲農業剩餘轉向工業的犧牲品，讓他轉而支持民進黨。〔註56〕至於第三代，成功離農到都市發展，都市的工作並沒有想像那麼輕鬆，微薄的薪水負擔不起生活開銷，祭拜「開基祖」買不起三牲，只能以罐頭、泡麵當貢品，希望祖先不要嫌棄，能繼續保佑子孫。〈頭路〉描述不斷轉業的勞動者，剛到都市，充滿了希望，然而隨著工作不順利，原本的抱負全沒了，因工作難找，故不敢向老闆提出加薪的要求，只能將不滿往肚裡吞，凸顯了勞工被動的無奈處境。工作是〈三班制〉，工人在工廠日復一日相同的工作型態，從有感覺訓練到沒知覺，同事之間無話可說，人際關係淡薄，這是資本家所需要的勞工型態。〈輾來輾去〉與〈緊來緊賤〉則敘述夜晚的難捱，滿腔熱血無處發洩，想交女朋友，卻沒有房子與車子，還有工作不穩定，根本沒資格，於是只能去租色情片，過過乾癮。〈古錐仔〉與主角同爲底層勞工，他常抱怨這種生活會將人逼瘋，或許哪一天就做出能轟動全國的社會事件。〈有頭有路〉輕訴他在都市像鬼魂一般，到處漂泊，沒有可以安定下來的地方。〈大水樵〉與〈痛苦像井〉則是對女友的懷戀，兩人過去甜蜜的生活，然而他卻因爲工作的關係，必須離開她，且兩人漸行漸遠，很難再相聚。〈路還要行〉說明生活仍要過下

〔註56〕　王欣瑜：〈跟我們的土地躧歌：林生祥與鍾永豐的音樂文本與社會實踐〉，頁102。

去，不管多辛苦，也要撐下來，以此勉勵自己、親人與女友。最後為〈細妹，汝看〉，將女友的美好與故鄉做連結，將希望寄託於與女朋友共譜的未來。

《臨暗》關心都市勞工的生活，《種樹》則又回到農村，〈種樹〉透露出人與自然融合的情境，前兩段以人為主，離鄉與歸鄉者都會憑樹仰望並回看；後兩段寫穿梭樹木間的物種生命，傳遞眾生平等，眾生都需要樹才能存活。〈倕介卡肖〉介紹幾位不突出的美濃朋友，他們賺不了錢、做不了大事，遇事一派樂天。〔註 57〕〈蒔禾歌〉以傳統曲調寫成，將一月至四月農事重點寫出，呈現了農忙時候的景象。〈阿姆，倕等來跳舞〉描寫客家婦女所負的沈重擔子，鍾永豐以自己的母親為描寫對象，敘述母親從早忙到晚，從年輕煩惱到老，他希望母親將所有的憂愁、煩惱放下。〈撤倕等介土地糶米〉呈現土地與農業、農村、農民並存的姿態。〔註 58〕〈有機〉敘述農業邁入有機階段所面臨的困境與質疑，在認證制度未健全下，如何認證有機是很大的課題，此外，要提防老一輩偷偷灑農藥，還要遭人嘲笑是傻瓜。〈目苦看田〉則以長篇敘事詩的形式，描繪了上一代面臨全球化衝擊，仍執著於農業的情形。〔註 59〕〈邏田〉改自傳統老山歌，具有農民傳承的意味，上一代人巡視農田，顯出老態，回想過去如何克服困難，到最後一段由下一代接下耕田的擔子。〈後生，打幫〉從楊儒門白米炸彈事件，帶向加入 WTO 的問題，對農業造成劇烈衝擊，政府卻無任何積極措施。〈分美濃介情歌〉透露出返鄉遊子對家鄉的情感羈絆，流露出濃厚的鄉愁。

《野生》是以「女性」為書寫對象，鍾永豐以自家人為樣本，關心女性在社會上扮演的角色。〈野生〉寫到傳統家庭重男輕女的觀念，生男與生女有不同待遇，家族對男孩提供無限的資源，而女兒呢，則認為是多餘的，任其自生自滅。〈分倕跈〉以兒童的眼光描繪小女孩探索家庭以外空間的渴望，想與哥哥們一同遊玩、冒險，不限於女孩子的遊戲。〈莫噭〉以客家童謠的方式，描寫男孩與女孩童言童語的互相安慰。〈分家〉描寫大家庭分裂為小家庭的過程，傳統上分家只分給男性，女性即使對家庭貢獻很大，仍無法參與分家，

〔註 57〕 王欣瑜：〈跟我們的土地糶歌：林生祥與鍾永豐的音樂文本與社會實踐〉，頁147。

〔註 58〕 王欣瑜：〈跟我們的土地糶歌：林生祥與鍾永豐的音樂文本與社會實踐〉，頁148。

〔註 59〕 王欣瑜：〈跟我們的土地糶歌：林生祥與鍾永豐的音樂文本與社會實踐〉，頁144。

只能眼睜睜看著家族四分五裂，內心感到痛苦。〈姆媽莫驚驚膽膽大〉接續在〈分家〉之後，分家雖然吵得不愉快，但生活仍是要繼續過，女性不再為分家煩惱，這首歌描寫母親開無牌車要將豬隻載去賣，因為無牌內心害怕被抓，故子女鼓勵她「莫驚驚膽膽大」。〈歐巴〉「歐巴」在美濃指姑姑，與其他地方用法不同，此歌描繪客家女性無根的時代漂泊，從原生家庭飄到外地生活，最後在娘家與夫家間擺盪。〈轉妹家〉以臨終前的姑婆為主角，記下女性最終的依歸，臨死前仍希望能回到原生家庭。〈南方〉、〈木棉花〉、〈問南方〉三首歌的主題為南方，在北部的遊子想念南方的一切，想念山、椰子樹、木棉花、河流、田野，歌詞流露濃濃的鄉愁。

　　最後為《我庄》，專輯記錄了我庄的變化，第一首〈我庄〉描寫過去農業時代的我庄，四周景色優美，物產豐富，庄民依照四季有不同的生活重點。接著兩首與教育有關，〈課本〉描述升學教育讓孩子脫離現實生活，他們不懂自己家庭、族群的歷史文化，為了升學，孩子被迫死背課本，禁說客語使族群文化逐漸流失；〈讀書〉則是描述青年為了升學，一個個離開我庄，書讀得越多，離得越快、越遠。〈草〉描寫農民對雜草的痛恨，他們花了一輩子的時間在與草鬥爭，農藥發明後，人類終於佔上風，然而也付出生態被毒害的代價。〈仙人遊庄〉以我庄四個傳奇人物為故事主角，敘述他們行動的特色，因智能障礙，讓他們每天都過得很快活，沒有生活上的煩惱。市場的普及帶來了遠方的產品，隨著公路及大眾運輸工具的增加，地方觀念被削弱了。取而代之的是標準化的品味與時尚的散播。〔註60〕連鎖商店〈Seven-eleven〉出現在我庄即是最好的例子，過去農業時代晚上八、九點後，農村即少有人在路上走動，然而二十四小時營業的便利商店，改變了這種生活習慣，此處如同一個小型政府，繳稅、繳帳單都可在此進行，生活所需在此都可以買到，成了「新故鄉」。此外，大眾消費形成了人們實現生活意義的根據，以及他們與世界關係的主要脈絡，〔註61〕便利商店取代伯公壇成為年輕人新的交際場所。〈阿欽選鄉長〉以諷刺的手法寫臺灣的選舉文化，抹黑、買票等手段同樣出現在我庄的地方選舉上，為了騙取選票不惜用盡一切方法。〈秀貞介菜園〉寫出在紛擾的社會中，每天生活緊張，許多精神疾病如憂鬱症、躁鬱症等一一出現，還是回歸土地最妥當，利用伙房的土地種菜，盛產時吃不完，還可

〔註60〕　《文化地理學》，頁149。
〔註61〕　《文化地理學》，頁181。

送給親朋好友，不管外面時局怎麼變，只要認真耕種，不怕會沒有食物可吃。最後一首〈化胎〉，從土地回歸到家庭，母親的料理湧上心頭，想念母親的味道，夢裡母親來找自己，兩人有說有笑，家庭回憶是一個既普遍又特殊的觀念；它框定、改變並重塑了日常回憶的意象。〔註62〕由家庭記憶，產生回歸南方，回去故鄉的渴望，與《野生》最後三首呼應，表現遊子對故鄉的思念。

〔註62〕 《論集體記憶》，頁109。

第三章　自然環境的描繪

　　地理學和文學都是有關地方與空間的書寫。兩者都是表意作用過程，也就是在社會媒介中賦予地方意義的過程。〔註1〕文學不能解讀為只是描繪這些區域和地方，很多時候，文學協助創造了這些地方，在塑造人群的地理想像方面，扮演著核心要角。而文學不因其主觀性而有缺陷；相反地，更可以表達地方與空間的社會意義。〔註2〕亦即藉由美濃作家之筆所描繪出的美濃地理環境，已由客觀存在，轉為具有人文意涵的地景，並賦予這些地景新的空間意義。

　　乾隆五十一年（一七八〇年）林爽文之亂，叛軍頭目司馬球糾集殘眾，於乾隆五十二年（一七八一年）三月由旗山進攻美濃。〔註3〕黃衷《邀功紀略》記錄了當時美濃的自然環境與戰略地位：

> 臺南以瀰濃為始，枋寮為終，瀰濃則前有水後有山，可以保枋寮，則聚賊之藪，而大崑麓，下埔頭及六根等處，又為八面受敵之地，似難設法堵禦，其實不然，蓋視其人運籌為如何耳。

> 至於瀰濃一處，接連竹頭背、九芎林兩庄，後有巍山高聳，前有湖水滿江，臺南一帶，獨此稱為盛地，若無所患者也。……〔註4〕

〔註1〕　《文化地理學》，頁59。
〔註2〕　《文化地理學》，頁58～59。
〔註3〕　見鍾壬壽編著：《六堆客家鄉土誌》，屏東：常青出版社，1973年9月，頁95。
〔註4〕　黃衷：《邀功紀略》，手抄本。

上述兩段為客觀記錄，第一段文字點出了美濃在戰略上的重要地位，是因前有水後有山，故可當作防禦的重地。第二段盛讚美濃的自然景色，巍山是指北面的美濃山系；湖水指的是中圳埤與各河流、水圳，讓美濃成為物產豐饒之地，成為臺南一帶獨有的盛地。從黃裦的記錄中，可看出美濃地理環境的特殊性，在當時成為重要的防禦地點，而這種獨特的自然環境，一直以來令美濃人引以為傲，美濃作家亦喜歡在作品中，表現這些自然環境的特殊性，不再如黃裦僅作客觀的記錄，而是賦予更深層的人文意涵。

　　以下筆者將美濃的自然環境分為山景、水文、氣候與生態等四部分，探討文學作品如何呈現地理環境，而自然環境在美濃人生活上，具有哪些集體記憶？作家因居住位置不同，對於自然環境的觀察與描述各有所長，故筆者以地圖標示作家分佈地點，再結合他們的作品，探討文學如何結合地景與集體記憶，讓自然不再只是單純的存在。

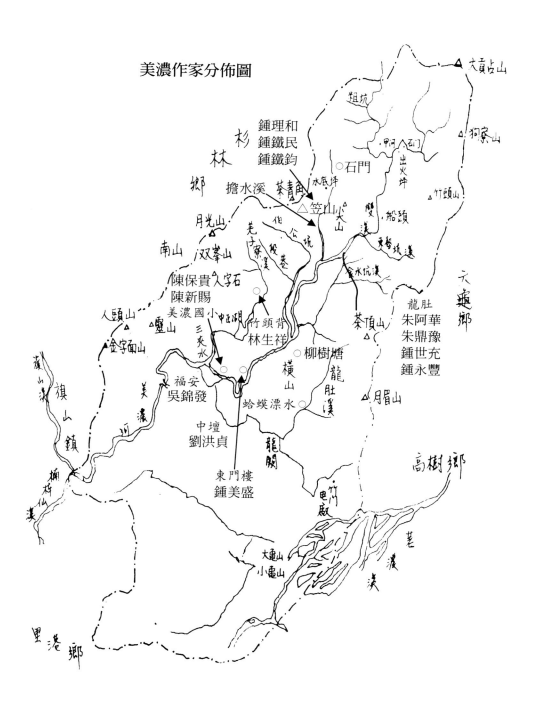

美濃作家分佈圖

地圖出處：《美濃鎮誌》，頁 207。

第一節　美濃丘陵的族群記憶

清代方志對現今美濃地區的丘陵描繪最爲詳細者，首推《重修鳳山縣志》。該書對美濃山勢的描述如下：

> 「外支自柴梳山，挺秀雄峙，（與諸羅邦蔚山、火山相連。）委折而下爲石仔崙。（山連瀰濃山。）轉折巇伏爲瀰濃山。其東爲寨仔腳山，接臺旂尾山分界。」；「石仔崙，在港西里，縣東北六十里。下聯瀰濃，上接柴梳山，諸峰挺峙」；「瀰濃山，在港西里，縣東六十里，近生番界，不甚大」。〔註5〕

根據簡炯仁先生考證，柴梳山爲今六龜區十八羅漢山，以山形似柴梳而得名；石仔崙應位於美濃境內，疑似北邊的竹頭山；瀰濃山爲美濃的月光山。〔註6〕

美濃區位於高雄市之東北部，屏東平原之北部，形狀成坐蛙形。東鄰六龜區，東南鄰高樹鄉，南鄰里港鄉，西鄰旗山區，北鄰杉林區。地勢以北部、東北部、以及東部等地區較高。〔註7〕地理上三面環山，一面與旗山相通，本文將分作美濃山系、龍肚山系兩大部分，探討除了客觀山景的描寫外，作家們如何賦予美濃丘陵深層的族群記憶，讓山景不再純粹客觀，還具有人文色彩。

一、美濃山系

美濃有句諺語「走上走下，不如美濃山下」，意指不管走到哪裡，最美的地方，還是美濃山下。由旗山往美濃走，映入眼簾的是一排山形尖尖的丘陵，一直連到深處的中央山脈，即美濃山系，俗稱「美濃山下」。黃袞《行軍日誌》裡「後有巍山高聳」，指的就是這一系列丘陵。乾隆元年（一七三六年）武洛庄右堆統領林豐山、林桂山兄弟，帶領先民入墾靈山、月光山、雙峰山山麓，建立開庄伯公壇於靈山山腳下，是美濃先民最早落腳之處，〔註8〕故此山系爲美濃人族群記憶的發源，亦爲文學家最常書寫的地景。

〔註5〕　見王瑛曾：《重修鳳山縣志》卷一輿地志（疆界），臺灣研究叢刊第四九種，臺灣銀行經濟研究室，頁26。
〔註6〕　見簡炯仁：《高雄縣旗山地區的開發與族群關係》，頁261～263。
〔註7〕　見《美濃鎮誌》，頁206。
〔註8〕　見《美濃鎮誌》，頁2。

　　整個「美濃山系」之走向為東北西南向，[註9] 起自旗山區楠梓仙溪畔，綿延十餘公里至雙溪，是美濃人的屏障依靠，也是引領遊子回家的指標。如鍾鐵民〈返鄉記〉所寫，當遊子由外地回來時，看到這條山系時的感受：

> 田畝間開始有了疏疏落落的房屋。放眼望去，盡是稻田和一處處竹叢。遠處高山如帶，高高低低的山峰四周圍繞著，連一個缺口都找不到。[註10]

主角回到久違的故鄉，從田畝、房屋、稻田、竹叢到遠處的高山，最後視線停在那一座座連綿不斷的山，「連一個缺口都找不到」點出美濃地形的特徵，以美濃丘陵喚醒他的記憶，勾起主角濃濃的鄉愁。又如〈月光下的小鎮〉中的描寫：

> 田野的盡頭處，是東西橫亙的高大山脈，聳立在鎮的北邊，一座座山峰有月光山、雙峰山、靈山等，西邊山脈盡處，就是號稱香蕉王國的旗山鎮了。[註11]

〈月光下的小鎮〉是一篇以美濃為背景的小說，主要是介紹美濃給讀者認識，因此對於當地的地理環境，有詳細的描寫。在山景的部分，絕不能錯過美濃山系，因這條連綿的丘陵，是美濃最引以為傲的地景，足以代表美濃。文中將重要山頭點出來，月光山、雙峰山、靈山等，各自在族群記憶中佔有重要地位。

　　建構記憶的主要方式之一，就是透過地方的生產，[註12] 地方是集體記憶的所在。林生祥的〈美濃山下〉[註13] 歌辭，即敘說美濃人對「美濃山下」的集體記憶：

> 一山來連一片山　　美濃山下好山光
> 田坵一坵過一坵　　美濃山下好所在
> 義民帶領來開庄　　土地伯公來保佑
> 祖公辛苦來做田　　出汗流血無相關
> 美濃山下好地方　　世世代代要來傳

[註9]　見《美濃鎮誌》，頁 206。
[註10]　《鍾鐵民全集 4》，頁 178～179。
[註11]　《鍾鐵民全集 3》，頁 204。
[註12]　《地方：記憶、想像與認同》，頁 138。
[註13]　收錄於關子音樂坑：《過庄尋聊》，獨立發行，1997.10。

首二句點明了美濃山系的特色，一山連一山，這一帶是美濃最美的地方。接著是豐饒的土地，祖先到這裡來開墾，需要子子孫孫永遠流傳下去。這一段歌詞，十句中「美濃山下」就出現了三次，以「好山光」、「好所在」、「好地方」來加強此地的美好環境，這個地景幾乎已成了美濃的代名詞，族群記憶所在。鍾永豐〈下淡水河寫著我等介族譜〉〔註14〕則是說明美濃祖先開發的辛苦過程：

> 阿太介阿太太介時節（曾祖母的曾曾祖母時節）
> 下淡水河撩刁起雄（下淡水河頑皮使惡）
> 武洛庄水打水抨（武洛庄水打水沖）
> 𠊎等介祖先趖上毋趖下（我們的祖先到處奔波）
> 尋啊到美濃山下（找到美濃山下）
> 奄打林築柵撿石做堋（他們伐林做柵撿石做堤）
> 將厥片殘山剩水（將這片殘山剩水）
> 變啊做好山好水（變做好山好水）
> 奄緊手緊腳做細食粗（他們手腳忙碌做細活吃粗飯）
> 結果田坵——（結果田地——）
> 田坵滿園青溜（田地滿園青溜）

因武洛生活環境差，故祖先看中美濃這塊新天地，並選定美濃山下為落腳處，在此地建了開庄伯公，從此胝手胼足地努力開發，讓子孫能永遠生活於此。歌詞以「撩刁起雄」形容下淡水河的不平靜，「撩刁」指有點調皮、愛搗蛋，「起雄」一般指對男性因生理因素而情緒不穩、易怒，說明下淡水河水勢的難以捉摸，大小氾濫不斷，才會促使先民移墾美濃。「美濃山下」是先民最先到達之地，是開發史的起源，集體記憶的發源地。他們將「殘山剩水」變成「好山好水」，因為好山好水，美濃人才得以在此安居樂業，此種生活得來不易，才更需要珍惜。

因祖先開發不易，故當家鄉遇到危機時，美濃人挺身而出保護家鄉，鍾永豐〈山歌唱來解心煩〉〔註15〕中即表達美濃人強烈的家鄉意識：

> 一山來連一片山（一山來連一片山）
> 山山相連美濃山（山山相連美濃山）

〔註14〕 收錄於交工樂隊：《我等就來唱山歌》，臺北：大大樹音樂圖像，1999.3。
〔註15〕 收錄於《我等就來唱山歌》。

一手牽來又一手（一手牽來又一手）

手手相牽萬丈山（手手相牽萬丈山）

此首歌創作的背景是美濃反水庫，鄉親到立法院抗議，旅途上為了鼓舞鄉親的士氣而寫的。歌詞的第二段，以美濃山下為精神象徵，美濃山下一山連一山，保護美濃不被敵人所侵，而此時鄉親為了保護美濃不被水庫毀滅，也要如同美濃山系一樣，大家心連心，手牽手，共同為美濃奮戰。整首歌以鍾永豐擅長的七言絕句形式創作，第二段二十八個字中，「山」字就有六個，前兩句密集出現「山」字，營造出連綿不斷的意象，後兩句連續出現四個「手」，同樣營造出手牽手不間斷的意象，只要同心協力，就能像萬丈山，抵禦敵人並保護家園。

　　由上述可知，美濃山下是美濃人的精神堡壘，大家的共同記憶，不管是離開美濃或回到美濃，總是無法忘記這一列丘陵，故美濃山下是美濃最具代表性的地景，與此地的文化密不可分。

　　對於具有地方感的在地人來說，家鄉是個有親切感、安全感、混合記憶、生活和情感的地方，〔註 16〕是人們主觀和情感上的依附之所。〔註 17〕因此，每位作家因其居住位置不同，對不同丘陵有不同感受，故接下來本文就作家作品中所描寫丘陵，由東向西探討，依序為尖山、笠山、人字石、月光山、雙峰、金字面，欲梳理出個別丘陵在作家記憶中的角色。

（一）尖山與笠山

　　最裡面的丘陵為尖山，海拔四百零一公尺，尖山最早出現在《重修鳳山縣志》的〔縣境北界圖〕及〔乾隆廿五年臺灣番界圖〕中，然僅在敘述「尖山溪」時一筆帶過；不過在《鳳山縣采訪冊》中，則對此山及附近地形有詳細記載：「尖山，在港西里，縣東北六十八里，巨瀑懸崖，東行合觸口山泉，下注尖山溪，東與網山、柴梳山相輝映。其南為石仔崙、九芎林諸山，東北為龍交灣山，人跡罕到。」〔註 18〕尖山亦稱廟後山、大雄山，為一座「巨瀑懸崖」，形勢雄偉的山。〔註 19〕尖山在清代方志中，佔有重要地位，這裡曾是

〔註 16〕范銘如：〈後山與前哨：東部和離島書寫〉，《第六屆臺灣文化國際學術研討會論文集II》，2009.9.4～6，頁 172。

〔註 17〕見《地方：記憶、想像與認同》，頁 15。

〔註 18〕盧德嘉：《鳳山縣采訪冊》（乙部），地輿（二）諸山，臺灣文獻叢刊第七三種，臺灣銀行經濟研究室，頁 37。

〔註 19〕見簡炯仁：《高雄縣旗山地區的開發與族群關係》，頁 83。

平埔族「武洛社」的聚落，甚至還代稱美濃。美濃平原聚落的開發始於乾隆以後，因此《重修鳳山縣志》才有提及「瀰濃山」、「瀰濃溪」，在此之前，漢人一概將美濃平原北部的尖山，以及整個美濃平原統稱爲「尖山仔」。〔註20〕尖山在美濃開發史上名聲響亮，不過在文學上，關於尖山的書寫，僅鍾理和〈笠山農場〉有提及，作者是如此描述：

> 轉過笠山之東，和笠山隔了條河的對面山的半腹邊有一所山寺，畫
> 棟雕簷，非常瀟灑雄壯。後面的山峰，峭壁屹立，狀似魚鰭，和笠
> 山隔江對峙。〔註21〕

文中所提山寺，小說名爲飛山寺，現實爲朝元禪寺，於一九一六年興建，一九一八年竣工，主祀釋迦牟尼佛。作者生動的描述尖山形狀，「峭壁屹立，狀似魚鰭」，與《重修鳳山縣志》「巨瀑懸崖」相似，這也是人們對尖山的印象。隔著磨刀河與尖山相望的笠山，反而在文學上佔有較重要的地位。

笠山，海拔約一、二百公尺，特別之處在於它爲私有土地，曾多次易手，後來爲鍾理和父親買下，並開發爲農場。鍾理和〈笠山農場〉即以此爲故事背景，讓笠山更富含人文氣息與家族記憶。

小說在第二章說明笠山的買賣歷史，證明這裡是私人土地，而非國有地，來說服劉少興投資：

> 劉少興之買下笠山，完全是出於一個非常偶然的機會。在這之前，
> 這塊面積二百甲的山地，即已有過兩個主人。初代的主人是一個由
> 日人經營的拓殖會社，然後轉入于曇花一現的當時所有人——南海
> 會社之手。〔註22〕

前兩代主人買下笠山進行拓殖，但仍保持山林的原貌，並無太大開墾動作。現在笠山又要轉賣，要如何讓劉少興同意買下，就得讓他對此地有興趣，最好的方式就是帶他進山一遊，體會此地的自然美景：

> 他們抄便道進山。穿過一個像拱門的窄窄的洞道，沿著坡腳轉出一
> 個山嘴，前面望過去是一個峽谷，像一隻長方形的盒子，四面環山，
> 田壟一直伸展到四面的山麓。

笠山位於美濃東北角，交通不便，要進笠山若不涉水，就只能走便道，此便

〔註20〕 見簡炯仁：《高雄縣旗山地區的開發與族群關係》，頁84。
〔註21〕 新版《鍾理和全集4》，頁24。
〔註22〕 新版《鍾理和全集4》，頁22。

道是沿著山谷築成，進到山裡，別有洞天，有田壟延伸至山麓，然四周被山所包圍，顯示此處地形封閉。而命名可看出居民與劉少興的不同想法：

> 「我看不出和別的山有什麼不同。」

> 「別的山全是國有林，祇有這是民有地。」

> 劉阿五說。又指門口那支渾圓的小山頭問劉少興：像不像一頂笠子？

> 然後告訴他：人們就管它叫笠山。

> 「為什麼不叫鐘山呢？我看倒像是一口鐘。」

> 劉少興又望了望說。〔註23〕

居民稱此山為「笠山」，是因其形狀似斗笠，美濃人世代務農，故以「笠山」名之，顯示出農民的勤奮，並紮根於土地。而劉少興認為是一口鐘，鐘是寺廟或宮廷才會有的器物，非日常生活用品，廟及宮廷是具有權威的場所，反映出劉少興的傳統封建思想，表面上開放，實際上卻保守的性格。

笠山屬中央山脈，往東面看，只看得到一座座高山，《重修鳳山縣志》曰：「人跡罕到」，這種身處深山的感覺，讓主角劉致平難以適應：

> 看上去，那層巒疊嶂和一望無際莽莽蒼蒼的大菅林，似乎即衝著他
> 的鼻子擺在那裡，使他有喘不過氣來的感覺。而那有壓倒之勢的永
> 恆的沉默和荒涼的深邃，尤其使他感到不舒服。〔註24〕

從金字面山一路到笠山、尖山，才真正感受到中央山脈的深邃，放眼望去，除了山與森林，沒有其他建築；「永恆的沈默」、「荒涼的深邃」顯示出那裡人跡罕至，那種靜謐壓得主角喘不過氣。這種地方很適合老年退休或隱居者居住，但主角是二十出頭的年輕小伙子，正處於企圖心旺盛的年紀，想到都市發展，卻不順利，想逃離深山，最後卻回歸山林。鍾理和引了一則傳說加強笠山的神秘感：

> 從前他們逃日軍時，逃到別的地方去的人都被搜查出來，單有逃進
> 笠山來躲的一批人保了安全。笠山每天牽起很厚很厚的白霧，讓日
> 本軍看不見什麼。我爹說，笠山是有靈氣的。〔註25〕

笠山因有從雙溪吹出的風，氣溫已比平地低，再加上位處深山，容易起霧，

〔註23〕 新版《鍾理和全集4》，頁24。
〔註24〕 新版《鍾理和全集4》，頁34。
〔註25〕 新版《鍾理和全集4》，頁135。

昔日科學不發達，總將霧氣看成是山的靈氣，這則笠山保護鄉人的傳說，強
調了笠山的特殊性，也因此買下這座山是很幸運的，只要好好經營，絕對不
會令人失望。鍾理和在作品中，不斷強調笠山的原始性，他喜歡的是不曾開
發的笠山，故在小說中，對於原始森林的描述，皆充滿生氣，反而對農場主
人的開發，抱持不以為然的態度，因此當農場經營失敗後，笠山的新主人，
仍以復育原生林為經營模式，這也是作者認為的最好方式。而鍾理和對於自
然的崇尚，亦影響美濃現代文學作家的書寫，對於人為的破壞，提出反對的
意見。

笠山與尖山，兩座山尖峰狀相似，故當地人亦稱笠山為尖山，如鍾鐵民
在散文〈《笠山農場》之後〉曾描述笠山的地理環境，他即將笠山當成尖山：

> 笠山是農場最外面起點處的一座山頭，遠看很像一頂農夫所戴的草
> 笠，也像一個廟堂敲打的大銅鐘，小說中稱它為笠山，當地人則都
> 稱它作尖山。尖山所在的位置在美濃平原東北邊緣，現在黃蝶翠谷
> 的入口處。前面是一片河谷小平原，右邊水底坪溪由農場深處蜿蜒
> 流出，與黃蝶翠谷流出的雙溪匯合。〔註26〕

在美濃，只要說尖山，大概就是指大雄山與笠山，兩山隔水而立，共同成為
〈笠山農場〉的背景，笠山因小說而聞名，被賦予人文色彩，為文學創造地
景的佳例。〈笠山農場〉以鍾家開發笠山為故事主軸，笠山對於鍾家而言，是
充滿家族記憶的地方，鍾理和之後，鍾鐵民、鍾鐵鈞皆從事文學創作，使笠
山成為美濃現代文學的發源地。

（二）人字石山

接著往西走，在竹頭背，即可看到一座特別的丘陵，海拔三百五十八公
尺，南面山腰處有部分寸草不生，並呈現出「人」字，即美濃著名的「人字
石山」。

關於人字山的書寫，主要著重在它的傳說，尤其關於人字形成的傳說，
為作家最感興趣的主題，鍾理和〈薄芒〉一文，是最早記錄人字石山傳說的
作品：

> 竹頭莊東北兩面圍於山，連互湧著鋸齒型的無限的崗巒。這些都
> 是岩石兀突的瘦山，照例是有似猛獸的奇形怪狀的岩石爬滿山

〔註26〕《鍾鐵民全集5》，頁399～400。

脈。其中，獨有一峰屹立著一塊巉岸的蒼老石壁。在那崢嶸的裸
石壁上面，那如受過火燒的焦黃的菅草，卻古怪地特別留著一個
很大的人型字，而叢生在周圍。此村人稱之爲人字石峰。村裡的
老者說，如果有那麼一天，菅草把人字長滿了，那就是天災異變
將降臨我們村裡的時候，即生人的厄期，所以我們須時時行善除
殃！〔註27〕

鍾理和先將鏡頭拉遠，從美濃山系開始寫，將美濃山下「連亙湧著鋸齒型」、
「岩石兀突的瘦山」等特色描繪生動，說明其地質佈滿岩石、土壤貧瘠。接
著將焦點集中於「人字石峰」，在崢嶸的石壁上，神奇的留下一個人字沒長菅
草，此即著名的人字石，無人知道它是如何形成的。但村人間流傳著一則傳
說，即若人字長滿草，就會有災難降臨。因山壁上有人字，此地才適合人居，
然而若長滿了草，表示村子即將遭到災難，嚴重時甚至會滅村，這是一則天
災異變的預警。而這則傳說，讓人字石山蒙上一層神秘色彩。

　　因人字石的特殊造型，無法解釋的「人」字，讓作家有許多的想像空間。
除了鍾理和外，鍾鐵民以此山爲名，寫了一篇〈人字石〉小說，他對於人字
石的形成，另有不同的敘述。故事以山腰「人」字的形成，反映主角的心境
轉變：

田野間吹來的風那麼涼快，放眼是大片的翠綠稻田，遠遠北邊的山
壁上，一個由巨岩形成的「人」字，在陽光下顯得特別清晰，筆畫
虯勁是他自小抬頭就能從窗戶遠眺的美景，他的不痛快的感覺慢慢
化解了。〔註28〕

青梅竹馬的玩伴將攜男友來訪，挑起主角內心的不快，但當他由翠綠田野看
向遠方的人字山時，被那座山吸引，並慢慢的將不快化解，其中關鍵在於
「人」。作者藉由祖孫二人的討論，除了說明人字石山的神奇歷史，也暗喻主
角內心與「人」字的形成相似：

「對了，那是人字。可是它以前可不是人字呢。」公公繼續對那全
神貫注的孫子說：「我們祖先剛遷徙到這地方開墾時，聽說那本來是
一個火字，山峰頂上面冒著烈火，火光燒得天地一片通紅，田園都
要被烤焦了。大家不斷祈求上天，終於有一天雷雨閃電，大雷劈掉

〔註27〕新版《鍾理和全集3》，頁10。
〔註28〕《鍾鐵民全集4》，頁19。

了火字的兩點，剩下人字，從此上面就不再噴火，我們也才能在這兒安住下來。這個人字石山就是這樣形成的。」〔註29〕

人字石上面的「人」字，原本爲「火」字，後被雷公打掉兩點才成人字，主角接到昔日女友偕男友來訪的信時，那種不悅的心境，與那種不得不去接待的複雜心情，沒有比「火」字更傳神的，然而等情緒平靜後，還不是要像一切做「人」的規矩來面對一切。〔註30〕作者以「人字石」爲題，充分利用傳說來象徵要成爲人，必須要去掉火才行。本篇的人字石山具有族群開發記憶，因爲火滅了，人們才能在此安居樂業，鍾鐵民在〈月光下的小鎮〉中，再次加強此一說法：

外婆家夥房後門外有一片稻田，遠處稻田的盡頭就是連綿的美濃山脈。東邊金字面半山腰陡立的壁上，可以清楚看到一個由岩石形成的巨大的「人」字，綠樹黑石輪廓分明，看上去，筆勢蒼勁有力，好像是天神有意在這裡炫耀他的書法，眞是鬼斧神工。到美濃去的人，從中圳湖北望，就可以看到了。〔註31〕

文章先描述人字石的外觀，就像天神在此展現書法功力，留下筆勢蒼勁的「人」字，點出它在美濃地理景觀上的特殊造型，容易讓人記憶深刻。接著，作者將人字石的傳說與美濃開發做連結：

媽媽說，「人」字石的上面原來還有兩點。那就是「火」字了。

據說以前山峰頂上總是烈火沖天，烤得附近甚麼都不能生長，美濃人的祖先們剛遷來的時候，爲此痛苦得不得了。後來一個地理先生說，這都是那個山上的「火」字在作祟。〔註32〕

大雨終於過去，天晴氣爽，祖先們從屋裡走出來，他們發現山上的火熄滅了，再仔細一看，山上火字的兩點被大雷劈掉了，只剩下一個巨大的「人」字。五穀長出來了，人口增長得很快，因爲這裡已適合人類居住了。〔註33〕

上述兩段文字與〈人字石〉屬同一則傳說，敍說先民能在美濃居住的故事。

〔註29〕 《鍾鐵民全集4》，頁22。
〔註30〕 見彭瑞金：〈從蒔田到家園——鍾鐵民小說的起點與終點〉，收於《鍾鐵民全集1·小說卷導讀》，頁35。
〔註31〕 《鍾鐵民全集3》，頁226。
〔註32〕 《鍾鐵民全集3》，頁226～227。
〔註33〕 《鍾鐵民全集3》，頁227。

在這兩篇作品中，可發現一個現象，即此傳說為長輩傳授給晚輩，〈人字石〉為祖父講給孫子聽，〈月光下的小鎮〉則是母親講給兒子聽，充滿傳承的意涵。因地景並非個人自產；地景反映了某個社會——文化——的信仰、實踐和技術。〔註34〕美濃是上天的恩賜，祖先努力開墾，才能讓此地物產豐富，從「火」變成「人」，亦間接說明了客家人重視人文的風氣。

　　關於人字石山的兩種傳說，並沒有紀錄在《美濃鎮誌》或其他相關文獻中，應屬作者為故事需要而自創的。鍾理和的傳說加強了當地居民的信仰忠誠度，使得居民願意奉公到善堂幫忙；鍾鐵民的傳說則是說明了美濃之所以人文薈萃，全是上天給予的恩賜，具有濃厚的族群記憶，故後代子孫必須永遠守護。

（三）月光山

　　繼續往西走，就是擁有浪漫之名的月光山。《重修鳳山縣志》對此丘陵是如此描述：「彌濃山，在港西里，現東北六十里，近生番界，不甚大」。月光山是美濃山系的最高峰，海拔高度為六百四十九公尺，為本區內第二高峰。美濃丘陵山形大致為尖峰狀，但月光山卻有別於兩邊丘陵，山頂呈弧狀如初月形，在夜晚更給人增添浪漫之情。

　　由於美濃平原三面臨山，中間有美濃溪穿越，建庄之初便在背山面水，取山之南、河之北的「陽地」庄場，另依平原背環的「月光山」下，建立中心庄（今美濃中心商業區）。〔註35〕故此丘陵成為美濃人精神上的指標山，在族群記憶中佔有重要地位，社區刊物即以此命名為《月光山》雜誌。〔註36〕在文學上，傳統文學與現代文學，皆有對月光山的書寫。首先是傳統文學部分：

　　　〈月光山頌〉（調寄美濃老調）張琴龍

　　　　月光山下好兒郎，自古文風重遠揚。

　　　　國手聞名全世界，一球威震太平洋。

此詩以月光山作為背景，主要在頌揚人才傑出，從文風到體育皆受人矚目，間接道出月光山是好山，美濃有地靈人傑之好風水。

〔註34〕見《文化地理學》，頁18。

〔註35〕《美濃鎮誌》，頁152。

〔註36〕《月光山》：1982年3月29日創刊，成員是發行人邱智祥、社長林茂芳、主編鍾昆宏。為國內歷史悠久的社區報紙，完整記錄美濃歲月點滴，典藏豐富客家文化。

〈東方寮月光山登山記感言〉古信來

　　月光山下結擅場，奉祀伯公婆馨香；

　　林業李嘉治發起，永懷昌上師功揚。

　　奉祀伯公並伯婆，登山入口會登科；

　　健康老幼煥華待，人傑地靈造福多。

此詩將登月光山所見伯公壇視為一特色，此處不僅供奉伯公，還供奉的伯婆，因月光山是美濃最早開墾地之一，故建造在此處的伯公，保佑庄人平安讓美濃地靈人傑。

　　接著是現代文學部分，鍾鐵民小說〈家園〉，對月光山是這樣描寫的：

　　左邊有高高的月光山山脈，後面依靠著玉山山脈的群峰，在古老的
　　年代，既沒有道路更沒有橋樑與外界連接，瀰力鄉到了雨季幾乎是
　　完全封閉的。〔註37〕

此處主要在寫以月光山為主的美濃山系，與東邊的玉山山脈，形成一種阻隔，讓瀰力鄉與世隔絕。特別點名月光山，是因它的高度，讓人無法輕易越過，突顯出早期因地形導致交通不便，民風封閉，間接使得客家文化得以完整保存。

　　當美濃遭遇水庫威脅時，呼籲鄉親出來抗議，亦以月光山做為精神指標，如陳冠宇和林生祥合撰的〈反水庫之歌〉〔註38〕，以美濃代表山來呼喊美濃人團結反水庫：

　　颱風啊要啊來起大風囉（颱風要來起大風囉）

　　月光山下喂人喔（月光山下的人喔）

　　還是站得好好　不會分伊嚇倒（還是站得好好　不會讓它嚇倒）

　　官爺喔要呀來起水壩喔（官爺要來蓋水壩喔）

　　美濃山下喂人喔（美濃山下的人喔）

　　還是站得好好　不會分伊來做（還是站得好好　不會讓他來做）

歌詞先以颱風比喻天災來臨時，月光山下的人會站穩，抵抗天災；接著若政府要在美濃建水庫，美濃山下的人同樣能站穩，抵抗政府，保護家鄉，作者以月光山、美濃山下代表美濃的精神，祖先在此立庄，辛勤開墾，才有這片好山好水，具有族群記憶，故不容水庫來毀滅。月光山、美濃山下成為象徵美濃的符碼，提醒美濃人不可向政府低頭。

〔註37〕《鍾鐵民全集4》，頁350～351。

〔註38〕收錄於《過庄尋聊》。

　　此外，鍾永豐與林生祥爲反水庫合寫的〈好男好女反水庫〉〔註 39〕，則以擬人化的手法描寫月光山：

　　　月光探頭看著茖濃溪（月光山探頭看著茖濃溪）
　　　太武伸手攬著南台灣（太武山張手攬抱南台灣）

月光山溫柔的探看著茖濃溪，而太武山則是伸手攬抱著南臺灣，一靜一動，默默地守護這塊大地，不讓建水庫來破壞。

（四）雙峰山

　　繼續往旗山走，接著是雙峰山。雙峰山與靈山、月光山同爲美濃最早開墾之地。因其在傳統造型上有「筆架山」意象，使它成爲平原上風水的主峰。〔註 40〕客家人傳統上對於讀書很重視，「筆架」的形狀象徵文風興盛，所以在居民心中有著重要的地位。此外，美濃的東門樓，面向南大武山，背倚月光、雙峰山，相傳與美濃的文風興盛大有關係。因其傳統風水上的象徵意義，於是受到傳統詩人的重視，這些詩人曾以〈門對雙峰春景好〉爲題，寫了一系列的詩作。

　　〈門對雙峰春景好〉朱鼎豫
　　　秀麗雙峰面，形如筆架台；流丹輝室上，淑氣入簾來。
　　　雨纖懸天幬，風和拂地埃；憑欄舒醉眼，疑是訪蓬萊。

　　　門對雙峰上，芳辰放眼遙。風光侵陋室，黛色接雲霄。
　　　好似楊妃乳，渾如西子腰。無藏天造物，騷客亦魂銷。

　　〈門前雙峰春景好〉李春生
　　　雙峰春色裡，排闥送青來；草木迎門笑，風光畫筆開。
　　　看花尋石角，弄柳傍山隈；幽處安居好，桃源景莫猜。

　　〈門前雙峰春景好〉鍾世充
　　　門前雙峰景，春雲靄谷華；林園清至潔，几席淨無瑕。
　　　禮友談文物，攜孫捉柳花；猶然騰瑞氣，特色出君家。

第一首詩人在首兩句中，描寫了門前能見之雙峰如同筆架臺，此形象符合傳統風水上的雙峰山。接著描寫雙峰山在雨後清風下，更是不可捉摸，恍若仙境。第二首先描寫春天充滿生氣的雙峰山景色，在房子即可看到山色與天色

〔註 39〕收錄於《我等就來唱山歌》。
〔註 40〕《美濃鎮誌》，頁 152。

相連接，而後以楊貴妃、西施的身材比喻雙峰，點出雙峰山的美景。第三首引「排闥送青來」〔註 41〕的典故，描繪春雨過後的雙峰山，草木以笑迎人，山水皆有情，映襯山居之好。第四首以生活常態融入，看著雙峰山春天的美景，享受含飴弄孫的生活。

又一首寫到「門前雙峰對，春來萬象迎。才高懷詠絮，音好聽啼鶯。石角奇山水，嶠坑隱姓名。倚欄天月色，風景勝皇城。」〔註 42〕詩人詠歎雙峰山春天的美景，甚至較諸皇宮勝，宛如詩人理想之「桃花源」。

雙峰山的描述以傳統文學為主，現代文學作家並沒有特別的書寫，僅在介紹美濃時，一筆帶過，主要是因現代文學作家的生活場所不在此，在他們的記憶中，與雙峰山並沒有很深的感情存在，導致在作品中沒有特別的書寫。

（五）金字面山

最後，向西最靠旗山的為金字面山，金字面山於美濃是頗具特色的奇峰，海拔約三百六十四公尺，從東南側眺望，險峻的金字塔似等三角山峰；由淡青灰色細粒砂岩組成，砂岩是塊狀，具有不規則的節理，常形成陡崖或深谷，〔註 43〕萬丈絕壁草木不生。故名稱由來和地形相關，客家話「金字面」有兩種說法，一是從字面解釋，「金」在客語中有光禿禿之意，金字面山絕壁寸草不生，正面山壁「金金」，光禿禿的；另一是描述這面山在陽光下反射如金面的感覺，即指呈現黃橙種色，而非真有金字在上面，與「人字石山」的命名不同。

吳錦發出生於美濃福安，即位於金字面山腳下，因此，反映在作品裡，就成為家鄉的標記，其〈迷路〉一文點出了這座山在記憶中的重要性：

> 他哭累了，坐在廟庭上發愣，突然想起父親曾向他說過：萬一在外
> 面走失了，就朝著金字山的方向走，金字山是一座氣勢雄偉的山，
> 山形特殊，站在鎮內任何一個角落都看得到它的英姿；他家就位於
> 金字山的山腳下。〔註 44〕

金字山是回家的指標，是家的象徵，只要朝著這座山走，不管在哪裡，都能找到回家的路。因此，即使主角年紀小，仍記得朝金字山走。此深烙在腦海的記憶，長大離家後，也無法忘記：

〔註 41〕 出自王安石的七絕〈書湖陰先生壁〉是贊頌春雨的千古絕唱。
〔註 42〕 見邱春美著：《六堆客家古典文學研究》，頁 132。
〔註 43〕 《美濃鎮誌》，頁 208。
〔註 44〕 吳錦發：《流沙之坑》，臺中：晨星出版社，1997.11，頁 89。

> 現在家在那一個方向？家鄉在四十多公里外，黑夜裡也看不到金字
> 山，自從十七歲離開家鄉，他就再也回不去那心靈的故鄉了；在都
> 會裡的這個家，離地二十層樓高，前後左右沒有翠綠的山巒和河流，
> 一家人疊著一家人，隔著十幾公分的水泥夾層，彼此在彼此的旁邊
> 或頭上做愛、放屎，有時他難免要想到豬或者其他的動物。〔註45〕

十七歲後，金字山成了鄉愁，因離家四十多公里，看不到金字山而迷路，不
只是現實的迷路，心靈上的孤獨感，讓他更想念家鄉。在城市裡，他找不到
歸屬感，尤其是夜裡，看著別人回「家」，自己回的卻不是能安慰心靈的家。
黑夜、距離四十多公里，當然看不到金字山，但更深層的意思是他對家的依
戀，因此沒有家不僅意味了缺少了一般稱為家的東西，更重要的是缺少了歸
屬感。〔註46〕「家」不但是地方，還是個理想，是在空間上建構而成的意識
形態，通常與住宅相關。在最基本的層次上，無家可歸的意思是指缺乏住宅。
不過，也意味著「移置」——這是一種存在上的匱乏，〔註47〕他找不到自我
的存在，在都市裡，除了工作、愛慾之外，完全失去了存在的價值，沒有生
活的意義。因此他感到徬徨、迷惑，進而在都市裡迷路了。

　　「歸屬感」對人類而言至關重要，因人群並不只是能定出自己的位置，
更藉由地方感來界定自我。〔註48〕因此，金字山在作者心裡是故鄉美濃的象
徵，擁有族群的記憶，也是他界定自我的重要依據。金字山是美濃山系中，
屬於美濃最靠外面的丘陵，離開金字山，就等於離開美濃，所以，它成為最
具鄉愁的代表丘陵。

二、龍肚山系

　　除了美濃山系外，另一個孕育文風鼎盛的地區為龍肚，附近山脈亦有其
特殊性，常成為作品的故事背景，其中文學作品描寫的丘陵有茶頂山、龜山、
龍山。龍肚的丘陵雖然沒有美濃山系著名，但在龍肚的開發史上，有深刻的
族群記憶。

〔註45〕　吳錦發：《流沙之坑》，頁90。
〔註46〕　《地方：記憶、想像與認同》，頁177。
〔註47〕　《地方：記憶、想像與認同》，頁185。
〔註48〕　《文化地理學》，頁136。

（一）茶頂山

首先為茶頂山，位於龍肚東方，海拔高度有四百五十七公尺，[註49]是美濃第三高丘陵。在〈龍莊古紀〉[註50]中記載：「龍肚之北有一山巒，疊秀雄峰，崇隆起伏；谷澗清泉，長流不息，是結龍肚之祖山，其名曰茶頂山。」描述了茶頂山的山勢，層巒疊秀，河流皆發源於此，故有龍肚祖山之稱。詩人朱鼎豫為龍肚人，一生住在茶頂山下，故相關作品亦最多，本文列舉兩首：

〈茶頂晴嵐〉

龍莊發祖小崑崙，頂有茶香動客魂。

地脈遠來千疊秀，山形高據一方尊。

雲開黛色青搖眼，雨霽嵐光綠到門。

幾度登臨憑眺望，諸峰羅列作兒孫。

本詩以〈龍莊古紀〉的記錄為本，先說明茶頂山為龍莊祖山，再解釋其命名由來，典故同樣出自〈龍莊古紀〉：「……由廟及山巔不過兩武之程，庄中父老云，其最高峰處有紅茶一株，生無定所，非邂逅而不逢。然偶爾而遇，任情採摘，為以待客，不啻龍團雀舌之珍茗也。後來不明其咎，數十年以來未嘗所見矣，深為可惜。因之以山為其名焉。」[註51]茶頂山命名來自於山頂的紅茶樹，神秘又無行蹤，更添加其神話色彩，似乎為仙人所種，以招待上山民眾。接著描寫山勢，因其高，雲霧易圍繞在其周邊，更顯出它的神秘。由山頂看出去，其他丘陵就像兒孫一般矮小，點出了茶頂山的高度。

第二首亦為描寫茶頂山風光：

〈春日遊茶頂山〉

約伴上茶頂，滿山春色奇。龍崗朝北闕，龜嶺會南岐。

景緻乾坤好，風光遠近宜。登高峰頂上，何異訪天墀。

此詩同樣點出茶頂山的高聳，登上山頂，就像造訪天庭一般，還可看到龍崗與龜嶺，一南一北守護著龍肚。即下文將分析的龍山與龜山，視野極佳。

除了古典詩外，現代文學作家對於茶頂山，同樣有尋幽探訪的興趣，吳錦發在〈秋菊〉中，曾描寫到茶頂山：

〔註49〕《美濃鎮誌》，頁 206。

〔註50〕由龍肚仕紳鍾福清手撰〈龍肚莊水圳事由紀略〉，後經其公子鍾世充補記水圳紀略，再加入〈龍肚庄事由記略〉及〈附錄龍肚各有之異事記〉，由鍾世充題字〈龍莊古紀〉，見《大家來寫龍肚庄誌》，頁 52。

〔註51〕《美濃鎮誌》，頁 1220。

> 茶頂山是我們家鄉第三高的山，海拔大約有五百公尺左右，因爲山
> 頂上是一片茶園而得名。〔註52〕

文中主角與秋菊約會，提議爬山，最先想到的就是茶頂山，雖有五百公尺高，
但上山的路卻不難走，且遊客少，環境清幽，成爲兩人遊玩的首選。他們邊
走邊玩，並在山頂宮廟吃午膳，由山頂居高臨下，美濃平原盡收眼底。茶頂
山之旅程爲兩人甜蜜的回憶，令主角回味不已。

　　茶頂山除了成爲〈秋菊〉男女主角感情發展的關鍵外，在鍾鐵民〈家園〉
中，本山亦扮演重要角色：

> 南盤頂與茶頂山在東靈山脈中前後並峙，從涂家後院看過去，左邊
> 田野的盡頭處便是連綿的東靈山山脈，茶頂山在前南盤頂在後，是
> 整個山脈中最高的兩座山峰。〔註53〕

作者首先鋪敘茶頂山的高度，從主角家即可看見，與南盤頂同爲東靈山脈中
最高的兩座山，不過茶頂山的位置在前，又比南盤頂佔優勢。文中年輕人想
設電臺時，第一個想到的就是茶頂山，它夠高，且前方無障礙，能將電臺訊
號傳到村莊各處。他們不選第二高的月光山爲發射站，而選擇茶頂山，主要
是地理位置的考量，茶頂山位於美濃東邊的邊緣處，位置偏僻，不易被警方
發現；此外，因茶頂山在東邊角落，訊號向西發射即可涵蓋整個美濃平原，
既隱蔽又夠高，是最佳發射地點。他們將發射器材運送到山頂，在救難站裡
架設，爬山的路程雖然辛苦，但一路風景秀麗，讓一行人心情愉快。與〈秋
菊〉相同，他們也在山頂的宮廟休息吃點心。茶頂山在〈家園〉中，扮演了
傳達訊息與延續文化的角色，從這裡將客家文化傳給庄民，亦從此處將水庫
興建的消息揭發。

　　劉洪貞〈茶頂山之歌〉則純粹爲登山遊玩的作品：

> 當我們來到山頂，偶一回頭，乍見東方山頂有一輪鮮明亮麗的橘紅
> 朝陽已露出那柔柔的笑臉。由於環山都有白白的薄霧，像極了未掀
> 頭紗，含羞帶怯的新娘子，充滿了朦朧之美。駐足這兒，遠眺四處，
> 山巒中有紅瓦白牆的小村莊、有偌大的水湖、有蜿蜒如彩帶，一眼
> 望不盡的河流、有平坦綠茸茸的阡陌，還有洋溢著清涼的新鮮空氣，

〔註52〕 吳錦發：《秋菊》，臺中：晨星出版社，1990.2，頁89。
〔註53〕 《鍾鐵民全集4》，頁402。

以及雲深不知處的遙遠地方……所有美麗的事物都盡收眼底，是那

麼美好，是那樣的珍貴。〔註54〕

文中描寫從茶頂山俯瞰美濃平原的景色，周圍山峰籠罩在薄霧中，有朦朧之美；而遠處則是村莊、中正湖、河流、田野等美景，看到這些景色，讓作者十分愉快，離鄉雖久，記憶中的家鄉卻依然美麗。透過在茶頂山的遠眺，以不同角度觀察故鄉，喚起作者的鄉情。

　　由上述可知，茶頂山在文學作品中是以較輕鬆的姿態出現，它沒有濃厚的鄉愁，無沈重的開庄歷史，在族群記憶中，較具有神秘色彩。因茶頂山位置距離市中心較遠，與美濃人的生活關係較少，故作家寫到它時，主要是以遊玩為主，描述其美景。

（二）龍山與龜山

　　龍肚的丘陵除了茶頂山外，還有龍山與大小龜山，此三座丘陵與龍肚的開發關係密切。大龜山海拔約一百三十三公尺，小龜山約六十三公尺。南臨荖濃溪。龍山又稱蛇山、橫山，海拔約數十公尺至一百五十公尺之間，〔註55〕隔開了瀰濃庄與龍肚庄。龍在傳統社會裡為帝王的象徵，龍形山脈所在地風水極佳，成為詩人喜愛吟詠的對象。陳保貴寫有〈龍岡觀雲〉七首，取其一：

　〈龍岡觀雲（茶頂山）〉

　　蜿蜒出自東，形式與龍同。五風方舒翼，穴龜欲吐虹。

　　憑他雲變幻，依我意潛通。造化原無極，凝眸樂境中。

詩人從茶頂山往下看，首先描繪龍山的山形，從東方開始延伸，說明山脈走勢；龜山則在南方荖濃溪畔，雲霧在其中變化，更顯出兩座山神靈活現，令人讚嘆上天造物之巧。

　　龍肚詩人朱鼎豫亦有〈龍崗觀雲〉詩作，本文列舉二首為代表：

　〈龍崗觀雲〉（之一）

　　龍地如龍臥，奇觀內外聞。嵐光龜嶺合，翠色馬頭分。

　　清曉籠朝露，黃昏罩暮雲。鄉心無限感，遊子思紛紛。

　〈龍崗觀雲〉（之二）

〔註54〕 劉洪貞：《微溫的蔥油餅》，臺北：正中書局股份有限公司，2008.6，頁179～180。

〔註55〕 見《美濃鎮誌》，頁206。

　　形奇眞秀絕，儼若臥龍崗。諸葛躬耕地，子陵獨釣場。

　　六龜山聳翠，五鳳嶺含光。極目層巒外，餘暉罩夕陽。

第一首詩人亦從龍山的地形開始描寫，接著描述雲氣在龜山繚繞的景色，龍山與龜山的美景，讓遊子升起思鄉之情。第二首同樣讚美龍山，其形似臥龍崗，適合隱者居住。因緊鄰荖濃溪，視野極爲廣闊，景色優美。

　　接著爲描寫龜山的詩作，有〈龜山晚眺〉與〈龜頭秋漲〉二首：

〈龜山晚眺〉陳保貴

　　勝地誰將厝此中，信由造化巧無窮；

　　雖甘隱跡荒涼境，忍使經霜淡水東。

　　山似龜形孰可匹，堆如螺髻那相同；

　　正當夕照流連好，再望獅蛇現碧空。

龜山顧名思義，其形似龜，沒有其他形像可以比擬，詩人到此遊玩，不禁讚嘆龜山之美，它雖然遠離人群，且忍受寒冷與荖濃溪的沖刷，然而它依舊佇立在溪畔保護美濃。尾聯遠眺極目所至之景「獅蛇現碧空」，獅指獅形頂；蛇爲蛇山，亦即龍山，皆爲龍肚特殊山頭。朱鼎豫〈龜頭秋漲〉則描寫了雨季河水漲滿的龜山景致：

〈龜頭秋漲〉朱鼎豫

　　一望滔滔水箭流，行人欲濟苦無舟。

　　水通東港分潮汐，雨入南天漏夏秋。

　　兩岸葦蘆飛白鷺，滿河波浪泊黃牛。

　　龜山大小成雙桂，日有漁樵唱溯遊。

此詩爲「龍肚八景」之一，內容敘述從龜山看荖濃溪的洶湧河水，雨季時河面黃水滾滾，行人無法通行。接著以「兩岸葦蘆飛白鷺，滿河波浪泊黃牛」描寫浩大的水勢，驚動了兩岸休憩的鷺鷥，河面波浪如停滿了黃牛般，聲勢驚人，兩句對仗工整，「飛」與「泊」製造出河水的動感。在如此波濤洶湧下，大小龜山在岸邊靜靜守護美濃，每天都有漁樵來採集生活所需，生活平靜，完全感受不到荖濃溪的洶湧。能有如此的生活，與龍山、龜山守護美濃的傳說有關，此傳說在美濃流傳很廣，《美濃鎮誌》裡記載相關傳說，其中還有閩客族群情結在其中，在族群記憶中，大小龜是讓美濃不受河水氾濫之苦的守護神。鍾鐵民〈月光下的小鎮〉則運用了這則傳說，敘述龍肚開庄過程：

> 原來從美濃本莊到龍肚莊中間有一條蜿蜒的小山脈橫亙著，遠遠望
> 去真是一條活靈活現的巨蛇。當地人稱為龍山。龍山的盡頭靠近荖
> 濃溪河畔處，有兩座孤立的山頭，像極了兩隻大龜，自然就是龜山
> 了。〔註56〕

作者首先說描述龍山與龜山的地形，龍肚三座著名山頭，皆以動物命名，且
充滿神話色彩。早年荖濃溪常氾濫，南岸的居民常受淹水之苦，然每當淹水
時往北岸看，皆可見到河中有兩隻烏龜擋住水，保護了北岸的美濃，此即大
小龜山的山神，是美濃的保護神，卻讓南岸居民恨之入骨，想辦法要除掉牠
們。剛好龍肚居民想要開路，他們就派人到龍肚，想搶先破壞這裡的神氣。
鍾鐵民著重在開路這點，避開《美濃鎮誌》中的族群問題：

> 早期先民為了要打通道路，動員了很多人去橫斬龍山。據說龍山挖
> 掘工作總無法進行，因為第一次挖掘下來的土石，第二天又回到原
> 來的地方，缺口經過一個晚上又補滿了。這種奇怪的現象使先民們
> 驚懼，不知道怎麼辦才好。
>
> 有一個乞丐一直睡在龍山底下，有一天夜裡他看見一條大蛇和一隻
> 大龜聊天，談起人們開路的事，都嗤笑他們白費力氣。「除了鋸子，
> 我甚麼都不怕。」蛇說。「除了斧頭，我也甚麼都不怕。」龜說。
>
> 第二天，乞丐把夜間所看到的告訴挖路的人們，於是找來鋸子和斧
> 頭埋在山底，說也奇怪，再挖下去，地底忽然冒出紅色泉水，一連
> 流了幾天幾夜！
>
> 「路是開通了，但是也破壞了龜和蛇的靈氣了，不是很不值得嗎？」
>
> 龍山挖開的地方，當地人稱為「龍缺里」〔註57〕，據說美濃的靈氣
> 就從這個缺口流失了。〔註58〕

當大多數人僅覺得傳說有趣之時，作者則提出反思，藉由文中阿公的口，告
訴孫子為了開路而破壞環境，將原有山脈截斷，風水與自然皆被破壞，而且
是自己人破壞的，人們只見眼前利益，斷了後世子孫福氣，這種作法是否值
得。

〔註56〕 《鍾鐵民全集3》，頁242。
〔註57〕 龍缺里，亦作「龍關里」。
〔註58〕 《鍾鐵民全集3》，頁242。

　　除了上述的故事外，另有不同的劇情，傳聞中國有位國師發現龍肚地形非常特殊，有「龍」形、有「龜」形、還有「獅」形，預言未來必定會出皇帝。於是朝廷派大將來此，想破壞龍、龜、獅的靈氣。但怎麼挖都無法挖斷，後來有個手下告訴大將，他在夢中聽到龍神與龜神的對話，龍怕鋸子，龜怕天上的雷公。最後，龍與龜的靈氣都被破壞了。〔註59〕兩則傳說龍或蛇皆怕鋸子，龜的部分則不同，一怕斧頭，一怕雷公。鍾鐵民運用怕斧頭的傳說，而鍾永豐〈讀書〉〔註60〕則用了怕雷公的傳說：

　　　　緊讀緊遠　緊讀緊遠（越讀越遠　越讀越遠）

　　　　遠過牛埔庄介河洛風（遠過牛埔庄的河洛風）

　　　　遠過龜仔山介大雷公（遠過龜仔山的大雷公）

此段歌詞是描寫年輕人書讀得越多，離家鄉越遠。牛埔庄為今美濃福安里，再過去則是旗山，屬於閩南人的區域；龜山則是美濃南邊的山脈，隔著荖濃溪，過去就是屏東縣，兩地皆為美濃對外交通要道。年輕人為了求學，一個個離開美濃，到都市生活。另一首〈仙人遊庄〉〔註61〕，則記錄了龍肚的舊地名：

　　　　剮狗坑、五隻寮（殺狗坑、五隻寮）

　　　　蝦蟆漂水、三降寮（蝦蟆漂水、三降寮）

　　　　阿發伯　阿發伯　騎著大貨架（阿發伯　騎著載貨腳踏車）

　　　　汝要颺去賴耶　做演講（你要溜去哪裡　做演講）

〈仙人遊庄〉歌詞中所出現的地名，皆在龍肚地區，其中蝦蟆漂水是描述龍肚的一個特殊地形。龍山未貫穿之前，這一帶為湖泊，延伸到凹下、廣林，水流東北，長年不涸。中間浮出無數個小山丘，這些山丘形狀各異。後來龍山被貫穿，湖水退乾，山丘整個浮出表面成為丘陵。其中今「十一公墓」所在地的山頭，遠遠望去像蝦蟆浮出水面，地理師認為是能讓家道興旺的龍穴。〔註62〕「蝦蟆漂水」形成的傳說與龍山被鑿穿的故事互相重疊，內容大同小異。

　　其實龍山缺口是自然形成的，原本龍山兩邊山嶺是連接起來的，東邊及北邊河水皆匯集於此，形成一個深潭。傳說在清朝雍正年間，一連下了好幾天大雨，由茶頂山、竹仔門山所集中的山洪，灌進龍肚深潭，使潭水暴漲。

〔註59〕　《大家來寫龍肚庄誌》，頁9。

〔註60〕　收錄於《我庄》。

〔註61〕　收錄於《我庄》。

〔註62〕　《大家來寫龍肚庄誌》，頁19。

結果在今「龍缺」附近，因山勢低凹，漲滿的潭水從此外溢，水勁強大，造成山崩地裂，龍山即被截斷。潭水流盡後，土地肥沃，先民進入開墾，成為美濃重要聚落。

美濃丘陵與族群記憶關係密切，作家藉由文字，將美濃人對丘陵的集體記憶描述出來，美濃山系是美濃客家人最早落腳處，族群記憶之始，有著沈重的歷史意義；而龍肚山系在族群記憶中，與龍肚庄開墾有關，具有濃厚的傳奇色彩。兩條山系對於族群，各有不同的集體記憶，從作品中發現，美濃人對於當地的丘陵是非常自豪的，這是美濃的特色，能與其他地方做出區隔。因為美濃地形的封閉，交通不便，造成居民傳統保守，不願意接受新觀念，卻因此而保留了完整的客家文化，包括飲食、衣著、住宅、生活習慣等等，故本文將於第五章討論相關議題。

第二節　美濃水域與生活記憶

美濃境內的主要河川不多，南方有寬闊的荖濃溪，與屏東縣的高樹鄉和里港鄉為界。北有美濃溪橫貫其間，其上游為雙溪，雙溪發源於美濃區和杉林區交界之南勢坑。雙溪流經廣林、廣興後，即為美濃溪，往西流經美濃庄及福安，再轉向南流經中壇、德興、清水等里，然後進入旗山區之手巾寮，匯入楠梓仙溪。〔註63〕

關於美濃水文的記載，最早出現於《重修鳳山縣志》：「縣東之水為尖山溪，通彌濃溪；而臺灣（縣）岐尾溪之水注焉。東南為大澤機溪，西北合流，經阿猴溪，西流至于擔水西，匯東港入於海。」又「尖山溪，在港西里，現東北六十里。源出內尖山，通彌濃溪，會淡水溪，河流入海。」〔註64〕簡炯仁先生認為「尖山溪」「源出內尖山」，又「通彌濃溪」，再「會淡水溪」，即指涉現今貫穿美濃的「美濃溪」。〔註65〕然筆者以為「尖山溪」應可更明確指美濃溪上游「雙溪」，之後成為「彌濃溪」，最後流入淡水溪。乾隆時期的「尖山溪」，乃因「源出內尖山」，所以名之「尖山溪」；後來，隨著漢人的開發，外界才逐漸瞭解「彌濃」，而有「彌濃溪」、「彌濃庄」。〔註66〕

〔註63〕　《美濃鎮誌》，頁206～207。
〔註64〕　《重修鳳山縣志》，頁28。
〔註65〕　簡炯仁：《高雄縣旗山地區的開發與族群關係》，頁83。
〔註66〕　簡炯仁：《高雄縣旗山地區的開發與族群關係》，頁84。

　　美濃人與河流關係密切，加上水利設施完善，使得水域網絡密佈整個平原，創造出美濃的河流文化，所有的生活皆離不開河流，故美濃作家在作品中，常描述人與河流的生活記憶，對於河流有著深厚的感情。關於美濃水域與生活記憶的討論，本文以蛇山爲界，分爲兩個水系，一爲美濃溪流域，另一爲龍肚溪流域，龍肚溪最後匯入美濃溪，但因地理環境特殊，故分開討論。此外，客家先民開墾時，最重視水利設施，美濃水文的構成，亦包含這些設施，故筆者將一併討論；隨著經濟發展，人爲污染與開發亦侵入美濃河川，溪流生態的改變，讓過去對河流的生活記憶跟著消失，迫使作家們關懷此一問題，筆者將在各溪流後，討論作家們所反映的問題。

一、美濃溪流域

　　首先是橫貫美濃的美濃溪流域，美濃作家大都分佈於此，對於美濃溪有各自的生活經驗，憑著記憶有不同的寫作重點。筆者將從上游往下游分析，探討美濃溪在文學中如何呈現，與它在作品中扮演的角色。

（一）出火坪

　　美濃溪的上游爲雙溪，出火坪則位於雙溪上游處，是個特殊景點，鍾鐵鈞〈出火坪半日遊〉、〈上路〉、〈溫泉夢〉即以此爲描寫對象：

> 出火坪位於雙溪深處，沿途會經過熱帶母樹林、船頭石、指南宮。
> 或許是天氣好的關係，一路上看到郊遊烤肉的人很多，捉魚摸蝦的
> 也不少。車行大約十分鐘，再步行河道十分鐘，轉入左側小溝即可
> 看見約三坪大小、草木不生的砂礫地正冒著火苗，當然有時也會不
> 冒火，但這時一定可以聽到地下傳來轟轟聲，只要挖個淺淺的小洞
> 點火就會燃燒起來，這裡就是出火坪。〔註67〕

要到出火坪，得沿著山路繞行，此處風景秀麗，又有清涼河水可嬉戲，自然聚集不少人群，走進深山，於雙溪上游河岸旁，即可見到出火坪，它範圍不大，不過卻有天然氣從地底冒出，讓此處長年冒出火苗，而此特殊自然景象，向來爲美濃人驚嘆，當地人對雙溪的記憶，少不了出火坪。作者喜歡至出火坪踏青，教孩子利用地熱煮蛋，乘機灌輸環保觀念。而出火坪是如何產生的，作者引了一首童謠：

〔註67〕　鍾鐵鈞：《笠山依舊在》，高雄：春暉出版社，2005.5，頁 77。

關於出火坪有這麼一首童謠（客語）：「孫悟空、鬧天宮、天兵逃、
天將走；二郎神、哮天狗、捉大聖、丹爐燒；燒一久、七七四十九；
一下（次）上、二下下、三下爐仔麥開花；太塊跌落火焰山、小塊
落在出火坪；出火坪、恁生趣、沒點火、有煙味。」〔註68〕

這是一首很有趣的客語童謠，講述出火坪的由來與孫悟空大鬧天宮有關，並
點出了出火坪的特點，即火不會滅，如同丹爐的火一樣，讓出火坪增添一份
神話色彩。

除了一般遊客愛去，情侶亦常到出火坪約會，〈上路〉即描寫男女朋友到
雙溪遊玩的情景：

也許是前幾天連續下了幾場雨的關係，青山翠綠、河水潺潺，很多
石頭已長了滑溜溜的青苔。從船頭石以上，整條雙溪河道就只剩下
他們二人，每次涉水時，她都自動把手交給他牽著；快到出火坪時，
她還滑倒，如果不是他抱得快，準定全身濕透。〔註69〕

男主角帶女主角到雙溪遊玩，自然會到記憶中的出火坪，且此地位於雙溪深
處，環境清幽，不易受到打擾，此外，因石頭濕滑，剛好讓男主角得以英雄
救美，使兩人感情更加親密。遊出火坪擦出火花，之後到中正湖吹風，美濃
的景色深深感動了女主角，對男主角更有好感，出火坪在故事中扮演了重要
的點火角色。

由上述可知，出火坪既神秘又清幽，然而卻有人想開發此處，破壞當地
人的記憶，作者認為非常不妥，他在〈溫泉夢〉提出質疑：

日本時代已經證實，出火坪是因地底有煤炭而產生瓦斯，所以有火，
同時也因儲量不多，且尚屬泥煤時代而沒有開採價值。煤與地熱是
完全兩碼子事，沒有溫泉條件而強制探勘，除了破壞原有地貌環境，
甚至讓出火坪消失外，找不到溫泉所造成的破壞要如何善後？
〔註70〕

出火坪會出火，是因地底有瓦斯，卻有人認為此處有溫泉，可以開發為溫泉
勝地，然溫泉是由地熱產生，此處只是煤炭產生瓦斯而著火，兩種根本不同。
作者反對為了找溫泉，而破壞珍貴的地景，讓美濃人對出火坪的記憶消失。

─────────────

〔註68〕 鍾鐵鈞：《笠山依舊在》，頁77。
〔註69〕 鍾鐵鈞：〈上路〉，《民眾日報》，1997.1.22～2.5。
〔註70〕 鍾鐵鈞：〈溫泉夢〉，《月光山雜誌》，2009.9。

他認為與其找不存在的溫泉，還不如好好保護這個自然資源，才是最明智的
作法。

（二）狗母潭

　　由出火坪沿著雙溪往下游走，可以發現一顆像母狗的大石頭，此處有深
潭，是孩子們消暑的勝地：

> 但是我跟阿德跟小貴又跟平常一樣偷跳到狗姆潭游泳去了。狗姆潭
> 是雙溪河灣處，堤防底下一大片平坦清涼的水潭，深的地方不多，
> 我們可以放膽痛玩。〔註71〕

雙溪上游有兩處深潭，一為船頭石，另一為狗母潭，兩處皆是青少年愛跳水
的地方，狗母潭比船頭石的深潭稍微安全，但到河裡玩水，還是會遭到大人
責罵的，更遑論去跳水。然而再怎麼禁止，孩子總有辦法偷偷去，這是他們
最快樂的童年記憶，跳水可展現勇氣，男孩特別喜歡。不過，狗母潭還是有
危險之處：

> 狗姆潭在我家附近的雙溪河上，是山腳轉彎讓溪流沖出的一個深水
> 潭，潭面寬闊溪水清澈，從沙灘淺水處到靠山腳大岩石深水處，適
> 合各種程度的小朋友戲水。狗姆潭有一個危險，就是激流衝撞岩石，
> 所形成的大大小小的漩渦，漩渦產生向下拖拉的力量，雖然不至於
> 要命，但對泳技還不夠好或是體力不足的孩子，還是可怕的威脅，
> 我就在此喝了不少溪水。〔註72〕

在河裡跳水，最怕碰到漩渦與河底的石頭，狗母潭底就有漩渦，被拉下去雖
不至於溺斃，但仍是可怕的威脅。因此要懂得躲開漩渦，才不會喪命。作者
以狗母潭的漩渦，引伸為社會上的漩渦，人要懂得避開金錢與權力的漩渦，
才不會向下沈淪。

　　如此特別的景觀，現在卻遭遇危機：

> 筆者擔心起正要發包的雙溪「狗窩潭」，或稱「狗母潭」的疏浚工程。
> 只因有幾顆數十噸巨石，其中有塊「極像」趴著仰頭望天、認真在
> 傾聽什麼的狗兒，這就是名稱由來。幾千百年來，這些石頭不僅護
> 衛著雙溪河岸，也帶給尖山一帶的孩子豐富的童年回憶。如今，卻

〔註71〕　《鍾鐵民全集1·敵與友》，頁62。
〔註72〕　《鍾鐵民全集5·漩渦》，頁370～371。

聽說工程將炸毀大石以便輸運。如果屬實，以水泥護堤代替天然大

石，讓河流變成排水溝，這種違反自然的疏浚是不要也罷！〔註73〕

臺灣河流整治，不走自然工法，而是直接用水泥封住兩岸，將河流水溝化，奪走孩子們親近水的權力，改變河流原始生態，水利單位封住的不只是河岸，還封住了人對河流的生活記憶。狗母潭即面臨此種危機，將石頭炸掉，河岸變水泥，一旦成為真實，則此地只能成為回憶，孩子們無法享受此自然景觀。狗母潭是尖山孩子們重要的回憶場所，他們在這裡戲水，度過快樂童年，鍾鐵鈞提出反對意見，希望別破壞自然環境，讓自然能永續。

接著是雙溪的支流中，因〈笠山農場〉而成名的「磨刀河」。

（三）磨刀河

磨刀河為〈笠山農場〉裡的名稱，因工人休息時會在此處磨刀，因此得名，地方則稱為水底坪溪。磨刀河在〈笠山農場〉中，是很重要的地景，與劉家的生活記憶息息相關。沿著河流，展開農場的序幕：

這地方又深邃，又幽靜，河雙岸有兩巨石巍巍相對，有如一道關門。

門很窄，很陡，水急如瀉。一出關門，河道放寬了，因此水勢便慢

下來。河裡大石縱橫，就像一群出了欄門的牛，摩肩擦背。〔註74〕

此處當地人稱「石門」，如同文中描述，有兩塊巨石相對形成門的樣子，作者仔細描寫此地水流的情形，河道由窄變寬，河水由急變緩，並以「一群出了欄門的牛」比喻石門外的石頭之多，如牛群一般密密麻麻的。

為了說服劉少興購買農場，劉阿五帶他沿著磨刀河往上游走，抵達野餐地點「石門」，此處壯觀的景象，令劉少興讚嘆不已。吃著從河裡捕來的魚蝦，聽著河水切切細語，劉少興產生了退隱山林的慾望，不久笠山農場就落入他手中。其實劉阿五很能抓住劉少興的心理，劉少興長年在外，且居住地大路關沒有河流，很少有深山溪流的生活記憶，因此，帶劉少興到笠山，選擇在磨刀河上游「石門」野餐，就是希望此地的自然景色，與深山幽靜的氣氛，使劉少興產生與大路關不同的感受。而這招果然奏效，劉少興享受過如此美好的野餐後，從此念念不忘，除了將笠山買下外，還一直希望能再一次到石門野餐，磨刀河是如此的吸引著他，令他難以忘懷。

〔註73〕鍾鐵鈞：〈可議的護堤工程〉，《月光山雜誌》，2010.7。
〔註74〕新版《鍾理和全集4》，頁25。

　　磨刀河除了對劉少興產生影響外，整個農場的生活記憶都圍繞在它周邊運作，包括男女主角的戀情在內。溪流一向提供休閒活動，男女工人休息時，就喜歡到河邊聊天，因此，許多愛情也由此產生。雨季的磨刀河水勢浩大，與平日潺潺小溪不同：

> 黃濁色的秋水，裡面滿載了淤泥和各種沉澱物。洗刷著沿岸陰暗的
> 灌木叢，淘去了岩石間的黃土層，匯集了由一切小溪短澗飛瀉而出
> 的雨水，由上流浩浩蕩蕩，洶湧而至。到了此處，河道既窄，河底
> 又多亂石，彷彿大隊的羊群，乍見去路受阻，一時你擠著我，我擠
> 著你，驚駭奔突，聲震天地。急流向著隱在水面下的大石衝擊，滔
> 滔不絕，煞——地，飛濺上下四方，水浪湧起有房屋巨大，一個剛
> 剛退去，一個接著又復湧起，煞——地，水花又飛濺起來。整個河
> 面，都在冒起濛濛的水煙。〔註75〕

磨刀河由笠山與尖山之間穿過，受到地形影響，雨季時水勢洶湧。作者藉由「黃濁色的秋水」、「浩浩蕩蕩，洶湧而至」、「水浪湧起有房屋巨大」等視覺感官，描寫水勢湍急的樣子；而「煞——地，飛濺上下四方」則是以聽覺，感受急流衝擊石頭的震撼情景，非常具有臨場感。由景反映到心理，此刻的男主角劉致平對女主角淑華產生愛慕之意，竟發現兩人同姓，正如同河水受到阻礙，難以宣洩，直往兩岸拍打，激起一道道水花。同姓的事實，硬生生橫在致平眼前，對淑華的愛意正濃，竟受阻於同姓，他焦慮、徬徨，使他表面上平靜，內心卻無比洶湧。作者巧妙的運用致平觀看河水場景，凸顯他內心不安與澎湃的矛盾心情。

　　磨刀河孕育生命，也孕育兩人的愛情：

> 他們經過水草滋生的沼澤；經過陰森而幽暗、飄著腐敗氣息的大森
> 林；經過矗立的刺竹林，和湧出鐵鏽色鹹水的磨刀河水源。〔註76〕

無聊的巡山工作，因為淑華的加入而變得有趣，尤其兩人愛情的幼苗逐漸成長，又可以一起進山，給了他們獨處的好機會。磨刀河水源地，原始森林的野性，從嗅覺、視覺、聽覺不斷刺激著他們，在此深山之中，沒人打擾、監視他們，而靜謐的氛圍正適合培養感情，讓兩人的關係更密切。到達山頂時，終於抗拒不了內心的渴望，致平緊握住淑華的手，這是他們第一次的親密接

〔註75〕　新版《鍾理和全集4》，頁188。
〔註76〕　新版《鍾理和全集4》，頁231。

觸，等於是向淑華告白。

　　後來，淑華未婚懷孕，讓兩人的戀情曝光，馬上遭到家人反對。然而，致平仍抱有一絲希望，他以為父親不相信風水說，與種植前所未見的咖啡，思想較一般人先進，加上朋友能言善道，應能說服父親，同意他們結婚。就在朋友去當說客時，致平徬徨無助的在磨刀河等候消息，此時的河水對他又有不同感受：

　　　　劉致平在寺門前留連了一會兒，又和司機聊了一會兒天，然後司機
　　　　登上山寺的石級，他走落河裡，他的心中情緒起落，萬感交集。這
　　　　裡是磨刀河的下游，河道漸開，再去點，它便流出山峽進入平原了。
　　　　落了幾番雨水雖漲了點，但還是淺淺的，河石錯落。他在河邊樹陰
　　　　下抱著雙膝坐著。他的腳邊河水錚錚，頭上夏蟬恰似急雨嘈嘈切切，
　　　　聲音形成了汪洋大海把周圍一切山川草木統統淹沒在裡面，彷彿宇
　　　　宙全體溶化成為旋律的波動了。〔註77〕

磨刀河流過朝元寺後，匯入雙溪，從此流向美濃平原，這裡是一個重要關卡，對於河流是如此，對於致平更是重要。前次來這裡時，他正處於滿腔熱情無法宣洩之際，愛上淑華卻發現兩人同姓，這個事實令他難以接受，卻又無計可施，只能走一步算一步；哥哥致遠遭人打傷，最後傷重不治，亦於附近發生，此事件成了農場興衰的轉折。而今，他們終究得面對現實，致平如奔騰河水的心情已平靜，他得想辦法過這個關卡，才能像河流一般流向平原，與淑華順利結婚；農場表面上看似平靜，但危機卻慢慢出現，不管是人或是咖啡，都在醞釀著。除了視覺外，聽覺上，「河水錚錚」與「夏蟬恰似急雨嘈嘈切切」交雜在一起，各種聲音將致平包圍，更凸顯他內心的混亂與無措。

　　笠山農場的咖啡種植終究失敗了，劉少興將它轉手賣掉，於是笠山又換了主人，唯一不變的是磨刀河依舊潺潺流過，鍾理和於最後一章中，以三首山歌做總結，其中二首以磨刀河為背景：

　　　　磨刀河灘水滿堤，笠兒山下草萋萋；
　　　　農場舊恨無人問，祇有菅花滿處飛！〔註78〕

〔註77〕　新版《鍾理和全集4》，頁285。
〔註78〕　新版《鍾理和全集4》，頁337。

如今農場又換名，磨刀不聽舊時聲；

工人半是初相識，祇解山歌唱太平。〔註79〕

第一首由磨刀河寫起，先描寫笠山農場的自然環境，磨刀河水滿依舊，笠山依然青翠，然而農場所發生的是是非非，卻如雲煙般消逝，無人再問起，只有自然景色不變。第二首同樣反映了物是人非的淒涼感，農場換名，已非笠山農場，不過磨刀河依然是磨刀河，它不會回顧過去的歷史；工人大多是新招募的，人間唯一不變的大概只有山歌，仍流傳在人們之間。磨刀河與劉家的關係，從風光的墾殖事業，充滿雄心壯志的記憶，短短幾年竟成為失敗的苦澀記憶。

笠山農場時代為日據時期，經過幾十年的歲月，九〇年代的磨刀河，自然環境已改變。人口越來越多，耕地已顯不足，於是轉向山坡地開發，過去原始森林與多元生態被破壞，磨刀河也無法倖免：

隨著工商發展、經濟起飛，磨刀河被開發了，雜樹全被砍光，載去賣給人種香菇或當燻葉菸的柴火燒掉，然後改種樹薯和荔枝樹。近幾年更由於大量的噴洒除草劑，使得大地快變成死土了，非常明顯的後果是乾季加長了，整條磨刀河除了雨季來臨的二、三個月外幾乎不再有水，不要說灌溉，就是日常民生用水都成了問題。磨刀河好像成了重病患者，已經失去它的光彩了。〔註80〕

過去墾殖農場時，大致保留原樹種，用以庇蔭樹苗，且沒有除草劑，全靠人力開墾，故不會斬草除根，亦不會破壞土壤、地貌。然而隨著人類慾望越來越高，對自然的掠奪就越厲害，磨刀河的生態被破壞殆盡，當時吸引劉少興買下農場的磨刀河，如今已病奄奄，看在鍾鐵鈞眼裡，實在不捨，作者在磨刀河旁生活一輩子，看著磨刀河變化，河岸逐漸被開發，甚至下游堤岸的水溝化、河水遭污染，昔日「笠山農場」的美景，磨刀河的生活記憶皆逐漸消失，他感到非常痛心，然而卻也無能為力，只能希望開發者能重視生態，別再濫墾濫伐。

流經笠山的河流，東邊有磨刀河，西邊則有擔水溪，如同笠山的左右門神，一起孕育了笠山的自然生態與文學種子。

〔註79〕新版《鍾理和全集4》，頁344。
〔註80〕鍾鐵鈞：《笠山依舊在‧磨刀河草青青》，頁91。

（四）擔水溪

　　擔水溪流經笠山西側，是一條小溪，因身處偏僻，故僅當地人才知，鍾
鐵鈞〈擔水溪畔〉細說著這條小溪的過去與現在：

> 擔水溪的由來，顧名思義就可猜測得出。沒錯，就因為水質良佳、
> 清冽甘甜，而且整條山谷沒有人居住，所以附近鄰居全部都到那裡
> 擔水，久而久之，擔水溪就定名了。那時，兩邊的山林長著蒼鬱濃
> 密的大樹和竹叢，岩石罅隙中長年有山泉水或滴或流，聚集成不枯
> 竭的活水。〔註81〕

擔水溪的命名與磨刀河相似，皆以其功能為依據，因水質極佳，一直是山區
居民取水的地方，過去要用水桶與扁擔挑水，故稱擔水溪。在當地人的生活
記憶中，擔水溪兩岸有山林保護，終年有潺潺溪水流動，景色優美宜人，很
適合男女約會，故早年有山歌以擔水溪為背景，唱出動人的戀歌：

> 笠山腳下擔水溪，阿哥等妹石中央；
> 有情阿妹若來行，擔水不再知重輕。〔註82〕

山歌開頭即點明地點，在笠山下的擔水溪，阿哥要去那裡取水，希望阿妹來
相會，若情人來赴約，擔水再辛苦都值得。可見擔水溪很適合約會，在工作
之餘能有愛人相陪，那是多麼愉快的事。然而，擔水溪也逃不過被開發的命
運，因此，山歌的歌詞跟著環境而改變：

> 雞啼屎多滿山園，深山空負擔水名；
> 阿哥有心要連妹，千萬莫向擔水行。〔註83〕

開頭即說出擔水溪的污染問題，雞屎佈滿整個流域，讓擔水溪產生惡臭，過
去水質優良的溪水，僅剩空名，甚至告訴阿妹，千萬別到擔水溪，因為此處
已被破壞，到處都是雞屎的臭味。山歌道盡了擔水溪的慘況，原本清澈的溪
流，成了惡名昭彰的臭水溝，人與自然的關係全被切斷。至於為何會變成這
樣，作者將原委一一寫出：

> 擔水溪的開發是從六、七十年代開始的，幾位鄰居為了種木薯，合
> 力在兩岸緩坡開墾；接著又有外人來「做樹山」，砍伐雜木回去燻烤
> 菸葉；最後，則是富友哥的父親來種果樹、搭建工寮。〔註84〕

〔註81〕　鍾鐵鈞：《笠山依舊在》，頁56。
〔註82〕　鍾鐵鈞：《笠山依舊在》，頁56。
〔註83〕　鍾鐵鈞：《笠山依舊在》，頁62。
〔註84〕　鍾鐵鈞：《笠山依舊在》，頁57。

前一節已說明，笠山這一帶的山皆為私有土地，因此不僅磨刀河，擔水溪亦同，逃不過被開發的命運。六、七十年代木薯種植與菸葉正興盛，山坡地原始林被砍伐變賣，林相被破壞，河流自然受到影響。以前終年不斷的水，現在乾濕分明，雨季時山洪爆發，乾季時河床乾枯，兩岸不再林木茂密，取而代之的是果樹，原有的生態系統已改變。甚至，到後來竟在擔水溪畔興建養雞場，飼養大批雞隻，對於環境的破壞更為嚴重：

> 又因雞場是在擔水溪上游，除了翻越山嶺崖壁，鋪設超過雞場的硬
> 塑膠管取水外，大半年的水涸石現，逼使幾家鄰居不得不各謀用水；
> 整條山谷的好山好水算是完了，擔水溪空負「擔水」之名卻再也沒
> 人敢來擔水食用了。〔註85〕

養雞場設在擔水溪上游，等於整條溪流皆被污染，原來以此溪水為生的人家，只能往更上游取水，但如此一來，鋪設管線的費用驚人，讓大家不得不放棄，另謀水源。以前林蔭密佈的山，成了黃土一片，加上雞隻排泄物、死雞的惡臭，讓人不再敢接近擔水溪，所以，山歌才會特別提醒阿妹，千萬別到擔水溪來，此溪流等於死亡了，過去美好的生活記憶，早已消失不見，居民被迫建構新的生活記憶。

　　接著往下游走，在竹頭庄有一條溪流，曾出現於鍾理和作品〈薄芒〉中，作品沒有寫出溪流名稱，但從地理環境上看，可查出此溪名為「羌子寮溪」。

（五）羌子寮溪

　　羌子寮溪位於善化堂東方，發源於海拔高度四百多公尺之羌子寮，流經興隆里和廣德里，然後匯入中正湖，是中正湖重要的水源。鍾理和娘家位於竹頭庄，〈薄芒〉以此地為故事背景，羌仔寮溪成了男主角最愛去的地方：

> 竹頭村的東南，有一條河，河裡終年有涓涓流水。水是清澈的，可
> 以見底，有長著光滑的苔衣的青石河床；三兩游魚。河邊滋生著蔥
> 綠的竹節草，與水藻。〔註86〕

沿著河流有一片沙原，生態原始，男主角阿龍喜歡這種具有野性的景色，常常在此逗留，或休息，或沈思，遇到難解問題時，也會來此散心。羌子寮溪流貫了整篇故事，是阿龍生活記憶的重要場所，故當阿龍黯然離開竹頭庄後，英妹就藉由溪邊景色懷念阿龍：

〔註85〕　鍾鐵鈞：《笠山依舊在》，頁59。
〔註86〕　新版《鍾理和全集3》，頁23。

> 河在芒原之間，靜靜地流著，嘶嘶地在低訴。秋陽落在水面上，碎
> 成無數小片，反映著，是那麼柔軟。往西眺去，已將西沉的暮日，
> 反射在河裡，迸作萬道光芒的金蛇，宛如在那裡翻滾。再去，河身
> 已為薄芒，莊稼物一類的東西所吞沒了。〔註87〕

黃昏的河原，閃耀金色光芒，看上去絢麗，但卻引不起英妹任何心思去欣賞。
時間點選在黃昏，那是一個令人容易感傷的時間，再加上四周寂靜無人，只
有河水、薄芒伴隨，凸顯了英妹內心的孤寂與淒涼，她想要愛情，想要婚姻，
卻無法得到，而她毫無反抗的勇氣，如同黃昏的太陽，美麗卻沒有溫度一般，
照映在擁有阿龍記憶的河原。

在河原上，英妹循著阿龍的足跡，想像著他在這裡沈思的模樣：

> 這裡是阿龍來過的地方，雖然事實已成為過去，龍與夏俱去了，但
> 它總是可愛的。在綠草的根畔，葉梢，在河邊，尚印留著阿龍的足
> 跡——帶著青春與熱情的足跡呀！她愛龍，所以也愛他的足跡，愛
> 這曾印留過他的足跡的河原。這河原，將成為她永遠紀念她們在過
> 去的回憶之地了。〔註88〕

回憶是英妹唯一可做的事，看著阿龍走過的河原，循著他的足跡，細細地回
憶兩人的甜蜜時光。阿龍與夏天走後，薄芒開花，更添一層蕭瑟，呈現著英
妹內心的無奈與不捨。河原景物依舊，但阿龍呢？隨著阿龍記憶的變化，英
妹不停的尋找：

> 何處是龍休息過的地方呢？這裡嗎？這裡臨河有一塊平寬光潔的大
> 石板，他許舒適地坐在這兒看河流呢！不，不，是在那裡吧！再沒
> 有比在那柔軟的嫩沙上，斜躺著看唼喋倏爾的游魚，與接後推前的
> 浪花合適的了。可是，那裡有綿軟如茵的草叢，如果仰臥在那上面，
> 靜觀天上無心的行雲也不壞呀！〔註89〕

每一個阿龍可能待過的地方，她都不放過，坐在大石板看魚，或斜躺在嫩沙
看魚和水花，或躺在草叢看雲。藉由這些自然景物，懷念過往的身影，有物
是人非之感。

在〈薄芒〉中，溪流是甜蜜與苦澀的生活記憶場所，熱戀時在河原上賞

〔註87〕 新版《鍾理和全集3》，頁42。
〔註88〕 新版《鍾理和全集3》，頁42。
〔註89〕 新版《鍾理和全集3》，頁42～43。

夜景，分手時亦於此追憶，對女主角而言，此溪已成爲她心繫之處，因爲這裡曾經有過阿龍的足跡，是她生命中最甜蜜的回憶。

　　依學者考據，美濃平原曾經是沼澤地，客家先民入墾之後，興建水利設施排水，將沼澤變爲良田，而中正湖〔註90〕則是縮小後的遺跡。

（六）中正湖

　　中正湖原是一條河流，是沼澤遺跡，乾隆十三年由瀰濃庄人名劉能者，自費投資一百元創設。當時僅以泥土築堤，每逢雨期前，爲防止池水汎溢成災，將坡堤部份拆除以便排水，至雨期過後十月間再行施工，補塡坡堤蓄水，每年反覆如此辦理，利用價值甚爲微薄。〔註91〕中正湖的水利工程，影響了瀰濃庄的開墾，當工程完成後，瀰濃庄人口迅速增加，至今中正湖仍扮演調節灌溉水源，與美濃溪是否氾濫的關鍵。而其湖光山色，成爲遊客必來的重要景點，建構了美濃人不可或缺的生活記憶，亦是文人墨客書寫的對象。

　　陳保貴與朱鼎豫各有一首詩，歌詠中正湖的美：

　　〈中正湖行〉陳保貴

　　　散策沿隄上，開懷思不群；風吹篩樹影，浪起皺羅紋。

　　　鷺聚湖邊竹，魚穿水裡雲；漁樵歌唱罷，歸客逐斜曛。

　　〈中正湖〉朱鼎豫

　　　湖光秋色兩相融，水面無風鏡樣同；

　　　約泛小艇遊自在，逍遙疑在武陵中。

〈中正湖行〉描寫於湖邊散步的閒情逸致，風吹過樹梢，激起水波，還有鷺鷥聚集在竹叢，湖中魚兒游過白雲倒影，豐富的自然生態，連人也受影響，顯現出隱居山林，不追逐名利的情懷。另一首〈中正湖〉，先描寫秋天的湖水，平靜無波，像鏡子一般，而泛舟湖上，如同到了陶淵明的「桃花源」。兩首詩皆表現中正湖寧靜，來此遊玩，如同進入隱居者的世界，可讓人忘記煩惱。

　　相較於傳統詩人歌詠中正湖之美，現代文學作家除了描寫美景外，還著重於它的歷史與實用性，鍾理和〈笠山農場〉中，對於中正湖有這麼一段描述：

〔註90〕　中正湖原名「中圳湖」，因先總統 蔣公於民國四十六年、四十七年，先後數
　　　　度蒞臨美濃鎮灌漑農田之湖泊遊憩，鎮民皆以此爲榮，特更名「中正湖」。因
　　　　目前路標仍是「中正湖」，故本文沿用此名。

〔註91〕　《美濃鎮誌》，頁740。

> 鎮東頭面積號稱三十甲的大水埤,看來也祇有腳盆大小,這時波平
> 如鏡,閃閃發光。〔註92〕

從農場山頂看下去,中正湖成了腳盆大小,但卻能清楚看見平靜的湖水,閃
耀著光芒,由此可知,中正湖的範圍頗廣,連山頂都能看見。

鍾鐵民〈月光下的小鎮〉使用中正湖的原名「中圳湖」,並說明它的功用。
在〈必也正名乎〉中,則提出恢復中正湖原名的想法,因這才是美濃人共同
的記憶:

> 美濃的中正湖原來稱做中圳,美濃父老都習慣稱做埤頭下。這種稱
> 呼十分妥切,可以望名思義。中圳,可以想見它原來是一條大水圳,
> 先民爲了儲水灌溉,築起大堤才形成的人工湖;埤頭下的稱呼更親
> 切了,埤頭就是利用低窪的地方儲水所築的土堤,告訴美濃子弟,
> 這個美麗的湖泊,原是先人爲了子孫耕種生活辛苦築成的。〔註93〕

命名是賦予地方意義的方式之一,且可以引發對地方的注意,將地方定位於
更廣大的文化敘事中。〔註94〕「中正湖」對美濃沒有任何意義,那是由於政
治力而產生的名字,是威權時代的象徵,地方的記憶存在於原有名稱上,不
管是「中圳」或「埤頭下」,對美濃人而言,皆記錄著先民爲了後代子孫辛苦
築堤的歷史,是地方的共同記憶,不容抹滅的。在地方意識抬頭後,推動恢
復中正湖原名的行動,如同孔子說的「必也正名乎」,因「名不正,則言不順」,
「中正湖」不是美濃人的記憶稱呼,當然不能代表美濃原有的「中圳湖」,希
望能將名稱改回原有名字,或直接稱「美濃湖」。爲貫徹其意念,在小說〈家
園〉選擇使用具有歷史意義的稱呼:

> 客家人開墾丘陵地,特別擅長開埤作圳,開發利用水資源。早年,
> 瀰力峽谷平原中間原本有一條自然切割形成的袋形河谷,又深又
> 寬,日據初期本地仕紳集資在中間袋形收口處興建了一條將近百丈
> 長短,十幾丈高的土壩長隄,堵住溪流,儲存河水成了「大埤頭」,
> 這就是現在瀰力新地標的瀰力湖,面積有好幾百公頃寬大。地方父
> 老到如今還習慣稱瀰力湖作「大圳埤」,大圳埤灌溉了瀰力平原四周
> 和下游幾千公頃的良田,讓瀰力很早就成了富庶的農村,此外,大

〔註92〕 新版《鍾理和全集4》,頁232。
〔註93〕 《鍾鐵民全集6》,頁343。
〔註94〕 《地方:記憶、想像與認同》,頁155。

圳埠湖光山色秀麗，還成為瀰力足以傲視外地、備受欣賞的美麗景
點。〔註95〕

〈家園〉是以美濃為背景的創作，故事中地名與現實不同，但大都可看出是
描寫哪些地方，其中的「彌力湖」即為「中正湖」，作者先說明湖的地形與來
歷，是先民為灌溉農田而築壩在河流上，成了儲存河水的「大埤頭」，而地方
父老依據其生活記憶，仍慣稱「大圳埤」，命名取其實用功能。因有「彌力湖」
灌溉，才能讓彌力鄉成為富庶的農村，同時，還兼顧觀光，成為當地著名的
景點。

鍾鐵鈞〈瀰濃湖〉一文，同樣提出正名的意見：

> 瀰濃湖早年稱做中圳，一般稱做「埤頭下」，會改名中正湖是有其理
> 由的，唯最近很多鄉親又重新用瀰濃湖來稱呼她，這才真正名符其
> 實、有親切感。當旭日東昇，站在土地伯公那裡眺望，晨嵐、水氣
> 氤氳中，中正亭起了畫龍點睛的神妙作用，似乎整個湖面有了生命；
> 又當夕陽西下，霞光反射、湖水倒影出山巒和多變的暮靄，直可令
> 人忘憂。〔註96〕

在文中，作者直接以「瀰濃湖」稱呼，「瀰濃」是美濃的舊稱，他認為「瀰濃
湖」是最直接代表美濃的名稱，才能連結美濃人的記憶，而非「中正湖」。此
外，「瀰濃湖」也充滿了美濃人童年的記憶，過去沒有污染的年代，湖水是非
常清澈的，孩子們夏日最愛到此游泳，鍾鐵民在〈阿祺的半日〉中，提及到
「綠草潭」〔註97〕游泳之事。不過因水深，常有溺水事件，故家長會禁止孩
子游水，然而孩子總有辦法突破禁令，偷偷跑去：

> 年紀四十上下的鄉親，可能有很多人曾在中圳「洗身仔（游泳）」過。
> 我們在讀國中前，要去鎮上學英文，每天放學後就一定「歸陣仔」
> 邀約彎道埤頭下先洗身仔：從亭子上跳下，游到人家插在湖中餵魚
> 或掛網用的竹篙仔那再游回來，大膽又體力好的甚至還游到伯公或
> 舊酒家再回來。當然這些都是瞞著父母親的，要讓家長知道的話，
> 準會被打翻。〔註98〕

〔註95〕　《鍾鐵民全集4》，頁427。
〔註96〕　鍾鐵鈞：《笠山依舊在》，頁32～33。
〔註97〕　「綠草潭」即「中正湖」。
〔註98〕　鍾鐵鈞：《笠山依舊在》，頁33。

偷偷到中正湖游泳，是中年以上鄉親的共同記憶，那時湖水尚未受到嚴重污染，美濃又無游泳池，夏天玩水除了河流、大圳外，最佳選擇為中正湖，這裡夠大又夠深，可以跳水、盡情游泳。放學後，同學邀一邀，就往中正湖前進，跳進湖水消暑，還可炫耀泳技，是孩子們的樂園。

然而，這些畫面已成記憶，當美濃養豬業興盛後，中正湖遭到養豬廢水污染，變得又臭又髒，沒有人敢再下去戲水；臺灣口蹄疫爆發之後，美濃養豬業受挫，再加上政府的離牧政策，中正湖上游不再養豬，因此水質改善，再度成為鄉親最好的休閒場所。不過，現在的孩子已不會再去中正湖游泳，美濃有了游泳池，能安全地戲水，不必瞞著父母偷偷去游泳，對中正湖的記憶，已從親水轉變為在岸邊欣賞，與水有了疏離感，中正湖成為客觀的景點，而非生活的一部份。

美濃溪的支流，最後在三合水會合，成為流貫美濃平原的重要河川美濃溪。

（七）美濃溪

美濃溪，舊稱彌濃溪，屬高屏溪水系，主流廿八點五公里，流域面積一百一十四平方公里，[註99] 是美濃的生命之河，上游雙溪在流經廣興之後，即成為美濃溪，於天后宮前的「三合水」與羌仔寮溪、竹子門溪會合，繼續往西經過福安，再往南經過中壇等地，匯入楠梓仙溪，最後再匯入荖濃溪。關於美濃溪的書寫，鍾鐵民〈月光下的小鎮〉及〈清晨溪邊浣衣忙〉兩篇有提及，以美濃溪的東門樓河段為背景，衍生出美濃特殊的文化景觀——婦女洗衣方式，關於此，將於第五章討論，本節暫不分析。本文以吳錦發的作品為主，討論美濃溪與居民生活記憶的關係。

吳錦發是福安人，在美濃溪河畔度過童年，對於美濃溪，有很深的感情，相關作品有〈靜默的河川〉、〈堤〉、〈蛇〉、〈大鯉魚〉、〈閣樓〉、〈一滴水〉、〈我十七歲以前的美濃〉、〈夢返美濃溪〉等。寫出了他對美濃溪的記憶，首先是〈靜默的河川〉，描寫童年記憶中的美濃溪：

> 荖濃溪像一個歷經了無數滄桑的巨人，此刻，依舊若無其事地靜默流淌著，緩緩自那遠大的山影中流出來，偶而衝擊到河中的暗礁上，激起一些浪花，隨即又平復下去，靜默地，不卑不亢地，多少年來

便如此時濁時清地往大海的方向奔流而去。〔註100〕

《靜默的河川》以美濃爲主的系列小說，對美濃溪有不同的稱呼，因它屬於
荖濃溪的支流，故作者稱爲「荖濃溪」。以荖濃溪爲名，更擴大了美濃溪的領
域，作者以「一個歷經了無數滄桑的巨人」來形容它，在溪畔生活的人們，
日夜與它親近，建構出屬於此地的生活記憶。客觀的河川，看著牛埔庄發生
的各個事件，它不會爲人停留，亦不帶任何感情，靜默地往大海而去。藉由
吳錦發的描寫，以萬年河流對上渺小人類，更顯示出人的無知，爲了權力慾
望彼此爭鬥，彼此傷害，當木貴老人投河自盡後，村人議論紛紛，只有荖濃
溪依舊靜靜地流著，冷漠地看待人間事，有物是人非之感。

　　一九九七年創作的〈閣樓〉，亦以美濃溪畔的童年生活爲背景，內容部分
與〈大鯉魚〉相似，祖孫兩人夜晚去溪邊釣魚的記憶，一直迴盪在吳錦發的
作品中，夜晚的美濃溪，有著不同於白天的面貌：

> 月光下的美濃溪如夢似幻，河面罩著薄薄一層似有若無的水氣薄
> 紗，流動的河水像是有生命似的，扭動著身子，反射著淡銀色的鱗
> 光。河岸上的竹林，由於枝葉繁茂，把月光給吸收了，成爲黑色的
> 剪影；倒是偶而被風搖落的竹葉，在落到水面的刹那，經過月光的
> 折射，散發出無法言喻的奇妙的光采。〔註101〕

主角夜晚與祖父去釣魚，發現夜晚的河水有種神秘感，也多了一層朦朧美，
河面有一層薄霧，月光照在水面上，閃著淡銀色的鱗光，與白天的美濃溪完
全不同，他沈醉了，被美濃溪之美吸引住。作者以擬人的手法，描述竹葉「把
月光給吸收了」，才會在河面留下黑色的剪影，對於夜晚的美濃溪，描寫極爲
動人。這是日夜與溪相處者，才會有的生活記憶。

　　美濃溪對吳錦發的重要性，他很清楚表白在散文〈一滴水〉中：

> 我從小喝美濃河的水長大，美濃河不但在我肉體內奔流；每當我的
> 人生逢到失意挫折時，她更在我靈魂深觸發出最母性的聲音，或者
> 化爲夢境，撫慰我失落的心。大概可以這麼說，如果把美濃河從我
> 所有的文學創作中抽離，我的作品便只成爲垃圾一堆。

> 美濃河對我，不，對所有的美濃人，絕不是「經濟」的意涵而已。

> 我們祖先渡海而來，然後溯高屏溪而上，進入美濃河畔定居，從此

〔註100〕吳錦發：《靜默的河川》，頁 35～36。
〔註101〕吳錦發：《流沙之坑》，頁 111。

世世代代，美濃河邊奔竄在我們血管之中，化為我們遺傳基因的一

部分。〔註102〕

美濃溪對作者而言，是生命最重要的一部份，不管得意或失意，或離開美濃
到都市生活，總能感受到美濃溪的溫暖，那是對故鄉的眷戀。美濃溪不僅是
一條河流而已，它已成為一種文化象徵，若將美濃溪抽離，作品將失去精神
支柱，沒有文化涵養。這篇作品反映出人與自然共存，人不能離開自然而獨
活，如同他不能沒有美濃溪。

美濃溪的改變，早在一九七九年創作的〈堤〉小說中已經發生：

荖濃溪的河水是我自小就熟悉的，那時候的溪水清澈得可以見到
底，夏天裡我們常常結隊跳到河裡去游泳，或潛水下去摸蛤，或沿
著淺灘翻動石子捉捕藏伏在石子底下的蝦，印象裡荖濃溪的小魚小
蝦特別的多，常常一個下午，我們每一個人就可以抓到滿滿一塑膠
袋的河蝦，這使我覺得荖濃溪真是一條富饒的河川，一條有生氣，
有脈動的大地的血脈。〔註103〕

記憶中的美濃溪是富饒、有生氣的，乾淨的河水，成群的魚蝦，是孩子們遊
憩的好地方，人與河流的關係十分親近，美濃溪不僅提供水源，亦提供魚蝦
等野味，那是「有脈動的大地的血脈」，是充滿活力的溪流，讓作者念念不忘
的鄉愁所在。然而，隨著工商業入侵美濃，在河的對岸興建造紙廠，作者對
美濃溪的記憶從此改變：

但是眼前的荖濃溪整個景觀都變了，自從在河的對岸接連建了幾座
造紙工廠之後，每天都有污濁的廢水排入河中，那灰白的，發著惡
臭的廢水窒息了荖濃溪的生機，河水不再清澈了，小魚小蝦也遭殃
滅了族，近年來沿著河岸必須靠荖濃溪的河水灌溉的農田，農作物
常發生一些莫名其妙的病害，整片稻子突然在幾天之內就枯萎了；
荖濃溪，這條美麗的大地的血脈，現在已隱隱然可以聽到她的嗚咽
了。〔註104〕

根據《美濃鎮誌》記載，美濃溪沿岸共有四家造紙工廠，最早的設立於一九
四九年，而一九七三至一九七九，共有三家設立，〔註105〕這些工廠將廢水直

〔註102〕吳錦發：《生態禪》，高雄：串門企業有限公司，2000.1，頁 76。
〔註103〕吳錦發：《靜默的河川》，頁 63～64。
〔註104〕吳錦發：《靜默的河川》，頁 64。
〔註105〕《美濃鎮誌》，頁 721。

接排入河中，讓原本清澈的河水污濁惡臭，河流生態從此改觀，美麗的美濃溪，「隱隱然可以聽到她的嗚咽了」，溪流逐漸死亡，人們遠離河流，過去與水親近的生活記憶被改變。老人築堤防止農田被河水侵蝕，然而這堤永遠都無法築成，因爲侵蝕土地的不只是河水，還有比河水侵蝕更嚴重的工業污染，這種隱形的侵蝕無法可擋，它挾帶工商業文明的優勢，以高價引誘老人的兒子出賣土地，〔註106〕慢慢吞沒人民的土地，改變農村的生活。

　　對於美濃溪的污染，吳錦發在〈我十七歲以前的美濃〉有更進一步的批判，作者十七歲就離開美濃，在都市求學、工作、生活，每次回鄉都有不同的感受，尤其是美濃溪的變化：

> 美濃在變，我不是不知道，每次返鄉的時候，我都發現流經我家田頭的美濃溪變得愈來愈黑、愈來愈臭了，孩子們不再像我們童年時代在河裡游泳嬉鬧，游累了在河岸邊的竹叢下午寐，聽風吹過竹梢的聲音，讓斑駁的光影在裸身上亂竄；到了秋冬之交，河水枯淺之際，也看不到家族兩三代人在河中「摸蜆」，驚叫聲、笑聲溢滿河道的景象，入眼的，是更多死雞、死鴨、死豬漂流的河面，……〔註107〕

十七歲以前的美濃，是很美的純樸客家農村，清澈的河水是孩童們遊玩的場所，而今全都變了，河水不只被紙廠污染，農藥、畜牧業都是禍源，孩子們不再願意靠近河流，過去「摸蜆」，增加家族凝聚力的景象，已成回憶；河川只看到烏黑的溪水與河面上漂浮的牲畜屍體，美濃溪的改變之大，令作者無法置信。

　　當人們不再親近河流，人的心靈就會變得粗俗：

> 美濃溪改變了，但一條溪的變遷並不僅於此，連帶地，原本依傍著這條河而衍生的「美濃文化」也就跟著慢慢起了質變，孩子離開河流，窩在電視機前或電動玩具店變得敏感而易怒，兩三代人在河裡「摸蜆」，家族、親族和鄰里感情在河邊交流的美妙景象也流失了，鄰里關係開始變得和都市人一般，住在隔壁卻鮮少一起聊天，即便在路上碰上了，聊天的話題也由農事轉變成了「兒子在那兒工作？」「賺了多少錢？」〔註108〕

〔註106〕彭瑞金：〈時代的擂臺〉，收入於《靜默的河川》，頁80。
〔註107〕吳錦發：《生命 Hiking》，高雄：串門企業有限公司，2000.1，頁53～54。
〔註108〕吳錦發：《生命 Hiking》，頁54。

一九七一年後，美濃開始發展，人們開始想賺更多金錢，以便追求舒適生活，於是養豬戶為了省錢，將廢水直接排入河川，農民大量使用農藥，以獲得更多的報酬。長期下來，污染了美濃溪，過去依靠美濃溪發展出來的純樸文化，亦逐漸變質，變成功利、市儈，都市的惡習已傳進美濃，一切向金錢看齊。作者很難過，認為美濃不再是他魂牽夢縈的那個美濃，於是消極地放逐自我，直到參加「美濃反水庫運動」，才驚醒自己得為家鄉盡一點力，將人與土地再度縫合起來。

最後，〈夢返美濃溪〉更直接以「美濃溪」為題名，專篇描述他對美濃溪的感情，想尋回夢裡的美麗記憶：

> 美濃溪灌溉我家的土地，使地長出飽滿亮麗的農作和水果，我自小
> 食用這些糧食長大，為此，我經常會想，就在我血脈裡便有著美濃
> 溪的河水在湧動吧；無怪乎我在外鄉的日子裡，每當寂寞的時候，
> 便會聽到美濃溪最母性的鼻音，從我枕頭下流過……。〔註109〕

夢裡的美濃溪，是一條美麗的河流，作者從小就在那裡生活，它孕育農作物，也孕育了他的文學生命。在外鄉，每當寂寞時，能撫慰他的只有美濃溪，那是一種對家鄉的感情，故鄉的符碼，生活的記憶。

然而，現在人與河的文化被切斷，鄉親不再接近河流，因為它已被污染：

> 美濃溪水變質，主要源自於養豬戶的廢水以及上游無意義的冥紙製
> 造廠。人們看到的只是養豬的微薄利潤，沒有看到的，卻是因由於
> 節省化糞池的費用而導致河流的死亡，一個族群優雅文化的死亡。
> 〔註110〕

養豬廢水是最大元兇，養豬戶為了追求更多的利益，犧牲了河流，改變美濃河的文化，河流不再成為那條緊繫感情與合作的線，於是左鄰右舍少了彼此間的關心，變成了冷漠。文化的形成不是一朝一日，它是長期累積下來的，但是被切斷卻是幾年間的事，文化的死亡無聲無息，要再重建，就必須保護美濃溪，故作者挺身參與「反水庫」運動，他認為有責任給子孫留下對美濃溪的快樂回憶。

經由吳錦發對美濃溪的描述，可以知道河流與人密不可分，而美濃的開發也是如此，開圳做埤為開墾第一要事，沒有完善的水利設施，就沒有如今

〔註109〕 吳錦發：《生命 Hiking》，頁 58。
〔註110〕 吳錦發：《生命 Hiking》，頁 59。

的美濃，故本節最後要探討美濃人如何重視水利工程，以及現在河川整治的
爭議。

二、龍肚溪流域

　　龍肚之龍肚溪，有數條支流，分別發源於茶頂山、南坑、牛欄窩等地，
在龍闕和獅仔圳合流，向西流經小山、美濃國中後，在天后宮附近流入美濃
溪。〔註111〕龍肚溪雖亦屬於美濃溪支流，但此處自成一個水文系統，故本文
將其獨立出來。

　　龍肚的地形，類似兩丘之間的谷地，南北較高，中央低窪，稍微下雨則
成澤國。〔註112〕根據〈龍莊古紀〉記載：「龍闕未鑿以前，其山（橫山）接連
南北，下有孔竅，龍肚眾水皆會於此而出。若有霖雨則不能遽答，近處低田
常常被浸水中。」〔註113〕在龍闕未開通前，因地勢低窪，積水於此形成龍肚
湖，每到雨季湖水漲滿，常有氾濫之災。龍闕開通後，湖水宣洩出去，才能
開發居住，水成爲龍肚開發的重要關鍵。居住於此的詩人朱鼎豫感受最深，
龍肚水域是他生活記憶的所在，湖水的美景，成爲歌詠對象。

〈龍闕澄潭〉

　　榕陰竹影覆青苔，沙上遊人日日來。
　　水口合流三甲會，山腰分斷五丁開。
　　雲排天外峰如削，月照潭心鏡不埃。
　　坐久忽與濠濮想，石磯可作釣魚臺。

詩中點出了此處的特點，龍闕正處龍肚溪與竹仔門溪的匯合口，「山腰分斷五
丁開」指龍山崩塌成爲一個缺口，溪水穿山而過，向西宣洩。詩人想像當時
湖光山色的美景，白雲加上青山，夜晚則有月光照在潭心，潭水平靜無波，
如此美景，不禁令人想在潭邊悠閒地釣魚，敝徉於山水之中。本詩歌詠著過
去龍肚湖的美景，下面一首，則是讚頌「柳樹塘」：

〈柳塘魚浪〉

　　方塘春柳碧毵毵，偶見遊魚唼兩三。
　　風起楊花浮左右，波翻蓮葉戲東南。

〔註111〕《美濃鎮誌》，頁207。
〔註112〕簡炯仁：《高雄縣旗山地區的開發與族群關係》，頁272。
〔註113〕《美濃鎮誌》，頁1216。

平舖山色瑤空翠，倒影天光絢蔚藍。

幾開遊歸已日暮，一鉤斜月霽寒潭。

據〈龍莊古紀〉記載：「龍肚西北角有一小谷，名曰柳樹塘，四圍皆山谷，中宓下因築爲魚塘，塘內有柳樹一株，垂條嫋那掩映綠隄，又有自生蓮花，外直中通天然可愛。」〔註114〕柳樹塘是個老地名，位於龍肚偏北之處，因四面環山，成爲一個盆地地形。從地名可以知道此處柳樹生長很茂盛，且因地勢低窪，長年湖水不涸，是一個自然天成的大魚塘。〔註115〕〈柳塘魚浪〉中「方塘春柳」、「偶見游魚」，「波翻蓮葉」、「平舖山色」等，點出柳樹塘的特色，與〈龍莊古紀〉的敘述吻合，以古典詩呈現柳樹塘的美景，使柳樹塘增加一層人文之美。

關於龍肚水域的書寫作品較少，且以傳統詩爲主，原因是此處自古以來文風鼎盛，傳統文學風氣盛，現代文學作家主要居住於美濃溪流域，對此地水域並不熟悉，自然不會有相關文學作品。

龍肚溪在龍闕與竹仔門溪匯合後，往西流出龍肚，在天后宮附近注入美濃溪，成爲美濃溪的一員。

除了自然河川外，美濃地區水利設施發達，灌溉了無數土地，豐饒的收穫，讓美濃成爲南部的糧倉之一。

三、開埤與築堤

根據《鳳山縣採訪冊》的記載，彌濃地區有兩條重要灌溉水圳：

「龍渡（肚）圳（粵圳），在港西里，縣東北六十一里，源由瀰濃溪上游引水，西北行七里許，仍注本溪，灌田五十二甲二分」；「瀰濃圳（粵圳），在港西里，縣東北六十里，源由瀰濃溪下游引水，西北行六里許，仍注本溪，灌田六十一甲三分。」〔註116〕其實盧德嘉的調查並不完整，有許多遺漏，根據「屏東農田水利會」的調查，清治時期瀰濃地區的埤圳統稱爲獅子頭圳（乾隆），中圳陂圳（乾隆）灌溉美濃地區。〔註117〕這些水利設施對美濃聚落的發展影響甚鉅。

〔註114〕《美濃鎮誌》，頁 1218。

〔註115〕見《大家來寫龍肚庄誌》，頁 22。

〔註116〕劉益昌：《高雄縣史前歷史與遺址》，高雄縣文獻叢刊系列三，高雄縣政府，1997，頁 65。

〔註117〕劉益昌：《高雄縣史前歷史與遺址》，頁 71。

美國人類學者 Bernard Gallin 和 Burton Pasternak 對臺灣農村的調查，發現水利的變遷能引起人際關係的改變。一個地區水利的開發與管理，無法由個人或一個村莊獨力完成，需要沿線村莊的分工合作，還有高度的協調和社會控制。因此，同一水圳的居民為了促成合作，彼此發生密切關係，導致當地社會人際關係的改變，進而促成當地超村際性，以及超地域性的合作網絡與管理結構的建立。〔註118〕鍾鐵民〈黃昏〉提到管理水圳：

> 「前幾天上埤圳的人開會，是不是說水埤今年要請你管理呢？」女
> 人冷冷的問著，好像不關自己的事一樣，其實她心裏在計算著，儲
> 蓄既已用去，總得設法找回來：「管理一季水埤，可以得到半年多伙
> 食。」〔註119〕

埤圳修築後，沿途聚落需要有一套管理的社會制度，以維持圳道水量的適均分配〔註120〕，故每年大家開會後，遴選一家擔任管理者，管理水圳並不輕鬆，常需要調解配水問題，但因是有給職，對於經濟貧困的農民，可是增加收入的好機會。〈家園〉則說明農民如何合作分攤管理經費：

> 建造這樣儲水的埤頭是丘陵地耕田的每一個人都會做的工事，灌溉
> 的面積和規模大小視需要和條件各有不同。早年公共水利灌溉系統
> 還沒有興建的年代，地區的農民全靠自己集資到河川上游築埤修
> 圳，引水入田，有許多埤圳還請專人管理，依土地面積大小分攤水
> 租稻穀。〔註121〕

「開埤作圳，人人有份」，是美濃當地的諺語，因為要修築、管理埤圳需要金錢與勞力，不是一家一戶能辦到，集資、配水、請人管理和分攤水租，這些都需要沿線聚落的合作。因此，很容易促成土地的共作，及沿岸上下游勞力的相互支援，又可透過密佈的灌溉圳道，聯繫該灌溉區域，甚至越界聯繫鄰近地區，進而促成該區域的團結。〔註122〕美濃「交工」的產生，與此有密切關連，關於這種合作模式，本文將於第五章討論。

埤圳的修築，促成鄰近農田「水田化」，增加單位面積的生產，足以供養

〔註118〕 簡炯仁：《高雄縣旗山地區的開發與族群關係》，頁 288。
〔註119〕 《鍾鐵民全集 2》，頁 390。
〔註120〕 簡炯仁：《高雄縣旗山地區的開發與族群關係》，頁 293。
〔註121〕 《鍾鐵民全集 4》，頁 372。
〔註122〕 簡炯仁：《高雄縣旗山地區的開發與族群關係》，頁 293。

更多的人口，大家庭亦足以累積財富轉投資；然而提供埤圳水源的河川，卻
岌岌可危：

> 就以眼前的雙溪而言，從前沿河兩岸廣闊的河灘壩岡，小時供我們
> 放牧牛群的地方，全被開發填高成爲田地，河道收縮成了大水溝。
> 上天降雨後，雨水勢必要渲洩到大海去，把大水渲洩的通道堵塞住
> 了，如何叫它不到處流竄？不必等天災，正常程度的降雨量都可見
> 到低窪地區的民眾，飽受淹水之苦。〔註123〕

人口增加，農地不足，只好向河爭地，原有河道，被圍起來開發成農地，河
道縮小的結果，就是雨季時河水無處宣洩，就向兩旁亂竄，造成淹水。因爲
一點私利，而造成多數人更大損失。每次淹水後，大家檢討淹水原因，總認
爲是政府沒有整治河川，且河堤不夠高，才會導致河水氾濫。其實當要開發
山坡地時，一定要做好水土保持，不要等政府幫你，得靠自己。

　　而政府在雙溪進行整治，但其工法則是以粗糙的水泥，直接將原有泥土
堤岸封住，將河流水溝化，鍾鐵鈞對於水利單位的作法，十分不認同，發表
多篇文章關心此問題，如〈排水溝的聯想〉：

> 由此或可稍窺旱澇災害的原因了：一條河原本應該具有治水、利水、
> 保水、親水等功能的，然而由於光禿禿的水泥護堤濫建，使得河川
> 既缺少石塊擋水又沒有樹木、雜草來涵養水源，河流已經完全失去
> 了蘊育文明的能力，而成了大排水溝，唯一作用只在於盡速將所有
> 雨水排放出海……。〔註124〕

作者先說明過去河流是充滿生命力的，不僅有林木保護水土，森林涵養水源，
河中生態更是多元，水流不會一下子宣洩出去，終年有水，雙溪、磨刀河與
擔水溪都是如此。而今，以水泥作堤岸，從下游一直延伸至上游，河流失去
它過去的功能，只剩下將雨水排出大海的作用，這種工程等於是破壞生態，
水利單位不該如此便宜行事，另一篇〈可議的護堤工程〉亦表達同樣意見。〈蝶
谷聯想〉一文，則以景觀角度看這些水泥護堤：

> 如今除了留下一排桃花心木以外，已因「整治」需要而被整個鏟除，
> 讓原本清幽的左岸成爲陡峭的階段式石頭水泥，根本不可再下去河
> 道親水了；而且護堤與路面的最大高度差竟達一公尺半，山神伯公

〔註123〕《鍾鐵民全集5‧「打林」不開溝》，頁268。
〔註124〕鍾鐵鈞：《笠山依舊在》，頁163。

被「圍堵」了起來。依本人看，山神伯公必定很想搬家，否則定得要墊高地基不可，要不然一旦下起豪雨，必定會變成「泡水伯公」。〔註125〕

雙溪的水泥堤岸，將原有的美麗河岸破壞了，過去能輕易到河邊玩水，與自然親近，如今，變成高聳的水泥牆，連山神伯公都被圍起來，堤岸高出原有路面最高達一米半，一旦下豪雨，這裡一定變成水潭，所以作者不禁為伯公的安危擔心。這種粗糙的工程，完全罔顧這裡的生態環境，美濃人對雙溪的記憶，從此改觀，過去能輕鬆到河裡戲水，如今得小心翼翼走落水泥牆；過去能盡情享受戲水的樂趣，欣賞兩岸的美景，如今舉目所見，是一片醜陋的水泥牆。當人們把河流當成敵人後，不再親近它，反而想盡辦法防堵，作者除了無奈，還是希望政府在整治河川時，能多用點心，兼顧當地的自然生態與人文景觀。

美濃的開發與水關係密切，美濃水域充滿了居民的生活記憶，人與水無法分割，文學亦不能離開河流，美濃的水文孕育美濃的客家文化，也孕育了美濃的文學家及其作品。

第三節　乾濕分明的季節記憶

美濃位處南部熱帶地區，四季不明顯，大致上可分為夏半年（五月至十月）西南季風可以通行無阻地到達此地，再加上月光山和橫山等地形舉升作用，因此夏半年雨量十分豐沛，是為濕季。又因為地處北回歸線之南，夏季陽光直射，所以夏季十分炎熱。冬半年（十一月至次年四月）則因有月光山橫貫於本區之北部，又有旗山與燕巢間丘陵縱貫於本區之西方，所以冬季除非有十分強大的寒流來襲，使得氣溫降至攝氏十度以下，通常都十分溫暖。且地處中央山脈之背風面，故冬半年雨量稀少，屬於乾季。〔註126〕

美濃居民對於乾濕分明的氣候特性，發展出不同的對應方式，這是對季節的記憶，農業活動跟著雨季與乾季有所不同，人的生活亦是如此。美濃作家的在地書寫，反映了此種季節記憶，本文依季節特性分為雨季與乾季，看看作家們是如何將美濃氣候反映在作品中，而季節的變化如何影響人類行

〔註125〕鍾鐵鈞：〈蝶谷聯想〉，《愛鄉協進會會員大會會刊》，2009。
〔註126〕《美濃鎮誌》，頁213。

爲。最後則是討論因氣候影響，而產生天然災害，作家們是如何藉由文字，反映天災的季節記憶。

一、雨季

首先爲雨季，美濃夏半年因位於西南氣流之迎風面，故三、四月間春雨雨量比冬季多，五、六月間梅雨，七、八、九月間颱風雨，以及颱風過後引進之西南氣流豪雨，雨量均甚爲豐沛，六至九月間各月最大月雨量均在一千公厘以上，最大日雨量亦有達五百公厘以上者，故美濃年平均雨量可達二千多公厘。〔註127〕因有如此集中的雨量，故作品中描寫到雨季的記憶時，著重的特點即爲「雨」，是急雨、暴雨，而非毛毛細雨。

六合吟社曾於一九七九年九月，以〈初夏〉爲題，舉辦新字第十號徵詩活動，美濃詩人有四人入選，爲溫華玉、林富生、古信來、楊來寶，作品如下：

〈初夏〉溫華玉

烏雲閃電汛雷來，斗雨盈盆驟下埃。

洪水填河湍浪急，幾家愁悶幾家灰。

〈初夏〉林富生

颱風挾雨侵台疆，大地洋洋似海洋。

暴發山洪成浩劫，民兵搶救協邊防。

〈初夏〉古信來

雷聲霹靂受人驚，紫電黑風捲地橫。

洪水清河除穢氣，調和四季禱安亨。

〈初夏〉楊來寶

黑雲遍布起風狂，霹靂雷轟電閃光。

密雨傾盆消酷暑，霎時窪地水洋洋。

詩人對初夏的描寫重點在於「雨」、「雷電」、「洪水」三個季節記憶，第一首描寫雷陣雨，大雨過後，洪水漲滿河面，讓河岸居民擔心淹水；第二首敘述颱風過境，到處淹水，造成損失；第三首生動描寫閃電打雷的情狀，沒寫出下雨，卻以洪水說明雨勢頗大；最後一首同樣也是描寫雷陣雨，雨後帶來清涼，爲炎熱的酷暑消消火，只不過還是造成低窪處淹水。

〔註127〕《美濃鎮誌》，頁215。

此外，六合吟社一九八一年八月，以〈感懷〉為題，舉辦新字第十三號
徵詩活動，美濃詩人有古信來、楊來寶、朱鼎豫、林富生等四人入選，其中
古信來有兩首，一為絕句，一為律詩。詩作如下：

〈感懷〉古信來

　　赤日炎炎大地當，難行旅客樹遮涼。

　　山川草木求甘雨，渴仰蒼天惠解方。

〈感懷〉楊來寶

　　夜眠夢短映曙光，酷暑難消夏日長。

　　盼望雲班施雨早，斜陽要把扇風涼。

〈感懷〉朱鼎豫

　　月臨畢宿竟連天，驟雨滂沱遍大千。

　　颯颯聲飛芳樹外，蕭蕭響徹洒窗前。

　　庭園片片梨花落，壟畔紛紛柳絮顛。

　　掃盡妖氛何日了，且將情緒入詩篇。

〈感懷〉古信來

　　夏日炎炎雲氣沖，雲陰岸漲山河衷。

　　雷聲破耳驚天下，電影照窗恐地回。

　　猛雨沃山成變害，健濤撞石怒生瞳。

　　尚祈四季民安樂，國泰風調禱上穹。

〈感懷〉林富生

　　深秋送夏想從前，八七成災憶當年。

　　廬舍田園沖毀壞，橋樑道路復難還。

　　修堤堵水前車鑑，築庫攔洪後果全。

　　屢次颱風經過境，民安國泰福連綿。

上述五首〈感懷〉，描寫的季節為夏天，季節記憶則有炎熱、大雨、雷聲、山
洪等。前兩首絕句，描寫夏日酷暑難捱，但老天卻遲遲未下雨，萬物皆盼望
老天趕緊降下甘霖，解救乾渴的大地。後三首則是描述下大雨的情景，朱鼎
豫描述連日驟雨滂沱，風聲颯颯，將梨花打落，由此引出心裡的感嘆，雨可
以掃盡環境的髒污，但人世的污穢該如何清除呢？古信來描述到夏天炎熱的
氣溫，慢慢雲氣堆積，雷聲接著震天，猛雨使得山洪爆發，作者逼真地呈現
午後雷陣雨的情景，並希望不會造成災害。最後林富生則是回憶八七水災的

慘況，房屋、田園、橋樑、道路全被沖壞，因此加強中正湖的堤防建設，才能發揮攔洪功能，結果好幾次颱風皆平安度過。

除了雷雨驚人的氣勢外，雨後的景色，亦爲詩人喜歡書寫的內容，如下面三首詩：

〈仲夏〉鍾美盛

薰風時送野蘭香，濯雨庭晴樹影涼。

萬木滿山爭秀色，春風園地續傷亡。

荷紅嬌豔遊蜂喜，溪柳陰濃鳥雀狂。

四季流連炎夏景，輕羅羽扇撫怡光。

〈驟雨初晴〉陳新賜

一番豪雨後，極目盡新奇。野外山添翠，庭前水漲池。

煙籠北天面，嶂失上身姿。變幻多稱妙，丹青別有詩。

〈觀看雨後布袋蓮有感〉（其一）古信來

孟夏天旱降雨天，適逢收穫鬧當前。

生靈植物皆歡喜，草放水流布袋蓮。

三首詩有一共同特點，即都描寫到「雨」，〈仲夏〉從植物、動物來描寫盛夏景色，野蘭、樹影、青翠林木、荷花、溪柳等夏季植物一一登場，吸引著蜜蜂與鳥類前來。作者認爲四季中，夏天的景色最美，令人流連。〈驟雨初晴〉則是描寫山景，從山上林木的翠綠，雨後煙霧繚繞，讓山更有朦朧之美，這是夏季特有的景色。〈觀看雨後布袋蓮有感〉描寫久旱不雨後，突然下大雨，所有的生物都非常開心，溪流有河水，布袋蓮也跟著水流動。雨季來臨後，空氣被洗淨，萬物更有活力，因此「雨」還是雨季與乾季最大的差別。

相較於傳統詩只客觀地描寫自然，現代文學則常將環境運用爲作品背景，鍾理和寫雨季，就常成爲小說的關鍵，如〈薄芒〉：

雨差不多接連落了兩晝夜了，但至今猶未小歇。

日暮前，雨勢雖稍見小退，而這回卻捎來粗暴的風。風捲雨，雨助風，外面是一片可怕如深淵的漆黑，而此黑黯卻更助風雨之威。門扉與窗牖，被如飛的水花，濺得濕漉漉的，而牆壁則濡然潮漲。

〔註128〕

_____

〔註128〕新版《鍾理和全集3》，頁27。

整篇〈薄芒〉僅此段寫到雨景，而這晚的夜雨，是故事的轉折點。因為雨，讓男女主角曖昧的感情白熱化，甚至讓男主角堅定想娶英妹的決心。濕季的雨常常連著幾天下，人們無法出門工作，英妹與阿龍也是，雨讓他們相處的時間增長，原本互有好感的兩人，一直找不到獨處機會，這個雨夜，剛好成了告白最好的時刻。屋外「風捲雨，雨助風」，雨勢頗大，空氣中充滿潮濕的水氣，正好成了感情的催化劑。阿龍乘機將內心的感受傾訴給英妹，英妹也向阿龍訴說她自己的故事，交談中，觸及到英妹的婚姻問題，因家庭而犧牲婚姻的英妹，令阿龍更加疼惜，對兩人來說，這是一個愉快的夜晚，雨季的幸福記憶。

〈笠山農場〉墾殖時間約四年，雨季在各年中扮演了農場興衰的關鍵，留下不同的季節記憶。雨季之前，農場的墾殖工作非常順利，每次的雨季，農場的人、事、物都會有所變化。其中以首次的雨季最重要，整個雨季含括第九章至第十二章，前幾章的農場趕工種咖啡，就是要在雨季之前完成預計目標，大家對雨季前的準備，是長久以來的季節記憶，讓大家都明白工作不能拖，漫長的雨季是無法進行墾殖的。對於本次的雨季，鍾理和以較多文字來描寫雨景，在自然界的變化下，人的情緒跟著起伏，於是農場發生了墾殖過程中最嚴重的事件。作者先從下雨的景色開始描寫：

> 庭外的景物，山川和田野，都已蓋上稠密的雨幕。笠山田野，已成澤國，白茫茫的水面，映著上面暗澹愁慘的天色，透出一種難於言狀的悽涼景況。潮濕的煙霧在迅速流動，掩蓋了對面的小岡，村子，和東面的山頭。在深的山峽裡，它積得更深厚、更陰暗，更索漠。山腳為野水浸蝕著，有如海岸。隨著煙霧的流動，忽明忽暗，氣象萬千，變幻莫測。水聲，雨聲，還有風聲，在空間交織成巨大的交響樂，震盪著沉重而凝滯的空氣，宛若有成千成萬看不見的口，一齊張開，向宇宙怒號。〔註129〕

進入雨季的笠山，呈現出與乾季不同的面貌，山川田野被雨幕覆蓋，天色灰暗，到處都是水，更深山處，雲層更深厚、陰暗，似乎隨時會下更大的雨，作者從視覺、聽覺、觸覺來描寫雨勢。各種聲音在空間中交盪，再加上沈重凝滯的空氣，給人一種透不過氣的感覺，這種沈悶的氣候，影響了人們的情緒，再加上農場發生了兩件重大案件，一為饒福全被偷筍者綁在樹下，被救

〔註129〕新版《鍾理和全集4》，頁168。

後，馬上離開笠山，投靠親戚；另一爲租地者趙丙基潛逃，他未按契約種植咖啡，反倒將租地內的林木砍去賣光。這兩件事讓主角的哥哥致遠，情緒更暴躁，隨時會與人起衝突。悶熱潮濕，加上各種阻礙，笠山農場的危機正在醞釀。

> 雨勢已煞，但是天空還不肯開晴。雨屑好似篩糠，由半空裡飄落下來。天空暗澹而汙濁，像一領骯髒的舊棉被，低低地垂覆在大地上。
> 棉被背後，正埋伏著巨大的威脅。〔註130〕

第二次寫到雨景，以「骯髒的舊棉被」形容天色，棉被是臥室裡的寢具，表示男女結合，果然，阿亮嫂受燕妹所託，到劉家說媒，迫使致平正視他的婚姻問題，使他慢慢釐清對淑華的感情。此外，雨景也帶出了笠山的傳奇人物「伯勞三」，他到笠山偷筍，又戲弄了致遠，令致遠大發脾氣。兩件事如同雨勢一般，暫停卻仍在醞釀更大的雨，如棉被後，「正埋伏著巨大的威脅」，致平的感情與致遠的脾氣，目前尚未爆發，是農場的兩大威脅。

　　潛藏的威脅終究顯現了，媒人走後，致平檢視自己的內心，到底喜歡誰，最後的結論是他喜歡淑華，不過「淑華同姓」卻是一面巨高的牆，讓他難以跨越，致平的問題到第三年雨季才爆發；另一個威脅是致遠的脾氣，在第十章終於發生問題了，他與鄰居何世昌因排水問題吵架，被對方用鋤頭擊傷腦部，不省人事，整個劉家亂成一團，大家趕緊將致遠送到高雄治療。這時原本暫歇的雨勢，又開始下了：

> 果然，天空更晦暗，更低落了，那險惡的雲頭，由西北角迅速地張開，擴展到四處，垂掛到山峽上面來。霎時，大雨傾注下來了，啵──雨聲蓋去一切聲浪。〔註131〕

這場雨似乎在爲致遠死哀悼，而農場的危機，亦如雨勢來的猛又急般，「雨聲蓋去一切聲浪」，劉少興從此少了一位得力助手。當他們送致遠離開時，雨下得更大了：

> 只要踏出亭簷一步，外面便是風雨的天地。除開風聲，雨聲，水聲，什麼都聽不到；除開豪雨和水煙，什麼都看不見。風雨，瘋狂的風雨，把宇宙擒在掌心，盡情地逞著它那能鎮壓一切的威虐。只有混沌，騷亂，昏晦，荒涼……

〔註130〕新版《鍾理和全集4》，頁171～172。
〔註131〕新版《鍾理和全集4》，頁190。

到了這時候，雨，彷彿也就沒完了──────〔註132〕

外在的風雨和劉家現在的心情是一樣的，劉少興表面上看似堅強，但內心卻十分難過。狂風暴雨將笠山淹沒，作者從視覺、聽覺來描寫這場驚人的雨，是全書中，雨勢最大的一場，風雨無情地肆虐大地，人卻得無奈地面對死亡，他們要送走一條生命，父母、妻子、弟妹傷心欲絕，如同雨一樣，「彷彿也就沒完了」，對劉家而言，雨季成了傷心的季節記憶。致遠的生命如同暴雨一般，脾氣狂燥，得理不饒人，這是劉少興一直擔心的事，做生意手段必須放軟，才不會與人結怨，這點致遠無法做到，最後竟因此喪失性命。

致平與淑華的感情，亦是從此開始發展，劉少興夫婦送致遠去醫院，拜託淑華留下來陪雲英，這晚是淑華第一次留宿劉家，作者為他們製造不受打擾的環境：

> 雨，自入夜以後，就停歇了。然而陰暗，再加上是夜，比落雨時更加濃厚。好像四周一律用一道道黑黝黝的厚壁砌成，厚壁把外邊的世界，自亭子起隔開來了。空氣鉛樣深重，水樣潮溼，這和那久雨發霉的污濁的氣息，一起壓迫著，妨害著心臟的鼓動。〔註133〕

白天的狂風暴雨，到了晚上，總算停歇，然而空氣潮濕，加上夜晚的黑暗，周圍一片寧靜，唯一的光源，是亭子的洋燈，小小的一盞燈，劃開了黑暗與光明的界線。兩人在此聊天，擔心致遠的傷勢，氣氛一開始比較凝重，但當話題轉到媒人提親的事，氣氛開始熱絡，最後聊到飛山寺裡新來女人，因家暴離家至此，沒想到丈夫還不死心，硬要將她帶回去，兩人為女子感到不平。在此，作者沒讓外頭風雨交加，而是刻意營造寧靜沈重的夜，讓他們兩人能夠單獨閒聊，而致平可以更仔細觀察淑華，為他們的戀情增溫。

在〈笠山農場〉中，僅致遠遇害時雨勢最大，描述最詳細，因為那是一場風暴，對農場、對劉家皆造成傷害，之後都只一筆帶過，當作背景交代。劉家對雨季的記憶，充滿悲傷與挫折；而對致平與淑華則是甜蜜的回憶。〈笠山農場〉向有一段描寫春天氣候的文字，將於多半年部分討論。

接著是描寫午後雷陣雨的〈西北雨〉：

> 烈日當空，田野裡牽起一道閃閃發光的陽燄，一出屋子，日光便像無數萬隻水蛭死死吸住我們的皮膚。但南邊一角天空烏雲密佈，雲

〔註132〕新版《鍾理和全集4》，頁193。
〔註133〕新版《鍾理和全集4》，頁196。

頭下有一排灰濛濛的簾幕。誰都看得出那裡已在下雨。在這個季節
裡，這種西北雨幾乎是天天必下的。〔註 134〕

西北雨在夏、秋的午後常發生，居民對西北雨的季節記憶是它來得快去得快，
與梅雨季節的雨勢不同，藉由作者的描寫，重現西北雨迅速發展的情形，從
「烈日當空」，到「南邊一角天空烏雲密佈」，只要一個地方開始下雨，很快
就會擴散開來，常令農人必須與它賽跑搶收作物。

同樣以天氣表達心境的，還有吳錦發的〈秋菊〉，當主角發仔知道秋菊罹
患血癌，在醫院接受治療，後來轉院到臺北，大家對秋菊的病情不樂觀，主
角甚至無意識走到殯儀館，心情的忐忑不安，如同雨季的雷聲：

下了一整晚的豪雨，風大雨大，還夾雜著霹靂震響的雷聲，那雷似
乎落得很近，急急地劈下來，整個大地好似猛地痙攣了一般，那雷
的閃光透過窗玻璃看過去，就像一條銀色蚪龍在夜空中奔竄。
〔註 135〕

主角與秋菊是在種菸的冬季相識，進而互有好感，冬天美濃屬於乾季，一直
到文末，季節到了夏季，才出現雷雨的描寫，而這場雨過後，秋菊的生命即
將進入尾聲，血癌快速地掠奪秋菊的生命，如同雷聲襲擊天空，「整個大地好
似猛地痙攣了」，豪雨打落了花朵。經過一季的甜蜜戀情，主角難以接受秋菊
生病的事實，雨下了一整晚，他也失眠一整晚，聽著各種雨聲，反倒讓他的
心情平靜了。

綜合作家關於雨季的季節記憶，雨為描述重點，尤其是伴隨雷聲的大雨，
再來則是洪水，不管是傳統詩或現代文學，都表現了夏半年雨季的特色。秋
天過後，雨漸漸減少，美濃即將進入冬半年的乾季。

二、乾季

臺灣冬半年盛行東北季風，臺灣北部和東北部地區，因位於東北季風之
迎風面，故冬半年多東北季風雨。反之，臺灣中南部，包括美濃地區，因位
於中央山脈背風面，所以每年十月以後，一直到次年三月，雨量即十分稀少，
美濃地區連續兩個月滴雨全無是常有的事。〔註 136〕冬天無雨為正常現象，但

〔註 134〕新版《鍾理和全集 5》，頁 126。
〔註 135〕吳錦發：《秋菊》，頁 122。
〔註 136〕《美濃鎮誌》，頁 216。

若有強烈冷氣團帶來水氣，還是會下雨的，只不過這種雨不會像夏半年的雨勢，而是屬於毛毛細雨：

> 冬至日，天氣驟冷，灰雲密佈，當晚，淅淅瀝瀝的下了一陣細雨，
> 一直落到第三日才晴。經過雨水的洗浴，樹木清新醒目，綠意盎然，
> 天空湛藍淨潔。〔註137〕

上述為〈笠山農場〉中少有的冬雨情節，冬天下雨，是氣溫要下降的前兆，每下一次雨，氣溫就低幾度。雖然寒冷，但雨卻將灰濛濛的天空、樹木洗淨，因為冬天是農場女工出嫁的日子，主角的妹妹雲英也是，這麼重要的時刻，天氣當然要淨潔，樹木經過雨洗後，更顯得綠意盎然，與即將出嫁的女孩一樣，充滿生機。

　　冬天的雨勢小，是氣溫變冷的關鍵，此種情形鍾鐵民〈雨後〉稱為「做寒」：

> 天氣陰灰灰的，早上起來下過一陣細雨，早飯後雖然雨已止住，但
> 是天色並沒有開朗，氣象局預測，高屏地區今日陰偶小雨。是入冬
> 景象，做寒的天氣。〔註138〕

冷氣團帶來水氣，會讓氣溫降低，因為下雨沒有太陽，整個天色看起來灰濛濛地，令人感到冬天真的來了，故客家有句諺語「冬寒落雨夏寒晴」，冬天要下過雨後，才會真正感覺冷，鍾鐵民另一篇〈冬寒落雨夏寒晴〉即以諺語為題，說明此種天氣特色。對於冬天下雨的季節記憶，是天氣即將轉冷，每下一次雨就冷一次，表示正式進入冬天，民眾開始準備禦寒衣物過冬。

　　美濃四季雖不明顯，但冬天與夏天還是有差異，尤其是山景的變化最大，在記憶中，夏天一片翠綠，天空為湛藍色的；冬天樹木因乾燥而變黃，山總會蒙著一層薄薄的煙塵，此種天色令人易感傷：

> 太陽離西面山頭還有一丈多高，從小坪頂看出去，由眼前的溪谷平
> 原到遠處的青山，瀰漫著一層灰白色薄薄的煙霧，像雨後的水氣，
> 像山嵐又像沙塵暴。雖然說台灣四季如春，但是入冬以後青山已經
> 不再翠綠，不論是樹林或是竹叢，全都轉成了灰褐色，加上乾旱和
> 朦朧的煙塵，總是讓人心情沉重，特別是老妻去世後，老錦來沒有
> 一天心情開朗過。〔註139〕

〔註137〕新版《鍾理和全集4》，頁216～217。
〔註138〕《鍾鐵民全集2》，頁222。
〔註139〕《鍾鐵民全集4・荒村》，頁291。

〈荒村〉中，冬天灰濛濛的景色，原本易令人有種淒涼感，尤其是剛喪妻的男主角，若是在夏天，晴朗的天氣，心情或許能好一些，然而心情已經很難過，又再加上這種天氣，只會感到更傷心。故氣候不僅能影響自然界的變化，亦能影響人的情緒。

雖說美濃冬天不冷，但若氣候異常，仍會發生寒害的，如劉洪貞〈那年冬天〉：

> 那年我小學五年級，八七水災剛帶走一批災害之後，一向冬夏不分的南臺灣，也不知道為什麼？中秋一過天氣開始轉涼，入冬過後就寒流不斷，不僅農作物受到嚴重的霜害，葉子凍焦掉落，甚至乾枯死亡，魚兒也翻白連連，而打起哆嗦來，講起話來嘴裡還冒煙哪！
>
> 〔註140〕

八七水災過後，氣候異常，連難得寒冷的美濃，竟入秋後就轉涼，且一波波的寒流侵襲，造成農林魚牧嚴重損失。因異常現象不常發生，故作者對那年冬天的記憶深刻。

冬半年除了偶爾做寒的小雨外，並不會有太多雨量，此時為乾季，亦為枯水期，到處呈現枯黃顏色：

> 南部連續有兩個多月不下雨了，一早起來就是晴空萬里，陽光亮麗，入冬以來還沒有過寒意。在秋老虎的威力曝曬下，乾旱的氣象慢慢顯現出來了，首先滿山的竹林由青綠轉成枯黃，朝元寺底下水底坪溪的溪流越來越小，水中石頭上的青苔無助的裸露著，清晨沿溪旁山路散步，可以感受得到青苔發散出來的淡淡的魚腥味。〔註141〕

由於連續兩個月不下雨，天天豔陽高照，竹子開始變黃，水底坪溪乾涸，還可聞到「青苔發散出來的淡淡的魚腥味」，旱象逐漸呈現，此為冬半年的自然景象，亦是乾季的季節記憶。夏半年的午後雷陣雨停止後，表示季節已經轉換。少雨的冬季對部分農作物，如菸葉、蘿蔔等，卻是很好的生長季節。

乾燥的氣候，會一直延續至春天，溫華玉〈惜春〉即寫到此一現象：

> 郊村佳景歲時均，只惜流鶯囀暮春。
>
> 庭掩颶風飛絮落，窗懸倒影乳燕馴。

〔註140〕劉洪貞：《紙傘美友情濃》，高雄縣立文化中心，1997.4，頁199。
〔註141〕《鍾鐵民全集5‧冬寒落雨夏寒晴》，頁225。

　　稻田清秀盈珠穗，池水乾枯乏錦鱗。

　　惆悵東皇留不住，良辰遠矚欲南巡。（六合吟社新字第二號徵詩）

春天樹木開始發芽，萬物復甦，黃鶯婉轉的鳴叫聲，乳燕開始孵化，春天的氣息漸濃。稻田已經結穗，「池水乾枯乏錦鱗」表示此時還是乾季，太陽依舊高照。若春雨一直不下，就容易造成旱災，若能下一陣春雨，則能解除危機，讓大地解解渴：

　　天氣悶人，一轉下午，天空聚集了大堆烏雲，雲又濃又密，然後接
　　著就是瀟瀟瑟瑟一場春雨。草樹和地面都像酒鬼，一個個張開了大
　　口喝著，一個個喝得搖頭擺尾，看上去，有點醉醺醺。〔註142〕

期待已久的春雨解救了乾涸的大地，草樹、地面不斷喝水，酒鬼一般「張開了大口喝著」，這場雨帶來無限生機，萬物像喝醉一般，隨著雨勢搖搖擺擺，春雨過後，樹木換上新裝，美濃的山又會轉成一片翠綠。

　　春天氣候不穩，冷熱變化快速，令人無法捉摸，如〈余忠雄的春天〉，氣溫明明已經溫暖，隔天馬上變冷：

　　三月初了，南臺灣的春天一直是陽光朗朗，有如盛夏。昨夜裏一陣
　　春風，驟然又帶回了冬天的寒氣。常聽父親唸農諺說:「正月凍死牛，
　　二月凍死馬，三月凍死耕田者。」眞不相信天氣還會冷得這麼厲害。
　　〔註143〕

作者引客家諺語「正月凍死牛，二月凍死馬，三月凍死耕田者。」說明春天還是有寒冷的時候，一月、二月寒冷凍死耕田的畜生，三月應該溫暖了，卻還會有冷到凍死耕田者的時候，因此，春天氣溫變化快速爲其特色。

　　這個季節因冷暖鋒面交替，常引起氣候不穩，甚至出現冰雹：

　　冰雹是突如其來的，來時夾帶著狂風暴雨，像颱風般狂嘯著；也突
　　然停止，平息後立刻雲散雨收，隨即陽光亮麗，只留下滿地晶瑩的
　　冰塊。以前美濃笠山一帶雖然也下過冰雹，但像這麼驚人的，我也
　　是第一次經驗。〔註144〕

氣候劇烈變化，尤其是春天，容易發生冰雹雨，鍾鐵民〈冰雹雨〉記錄了一九九八年三月的異常氣候，冰雹來得快，去得也快，留下滿地晶瑩剔透的冰塊，雖然過去也有，但這一次的冰雹特別大，甚至造成農損，令作者記憶深

〔註142〕新版《鍾理和全集 4・笠山農場》，頁 251。
〔註143〕《鍾鐵民全集 2》，頁 489。
〔註144〕《鍾鐵民全集 5・冰雹雨》，頁 235。

刻。鍾鐵鈞〈落冰角〉同樣描寫這場冰雹，只不過他更進一步探討環保議題，內容較嚴肅。除了冰雹外，春雷響起宣告春雨要開始下了，鍾鐵民〈四十九日烏暗天〉爲另一篇關於春天氣候變化的散文，本篇寫於〈冰雹雨〉後，以客家諺語「未曾驚蟄先響雷，四十九日烏暗天」來加強說明。春雷若是在驚蟄前響起，則會連續下四十九天的雨，老一輩的人對此諺語深信不疑，因爲這是他們對春天的季節記憶。

清明後，南臺灣氣候已經穩定，不會忽冷忽熱，卻也是最乾燥的時候：

> 過了清明節，太陽已經烈得像團火球，灑在光著的後脖和肩膀上，有著麻麻的炙痛的感覺。南臺灣在這個時候可說是最乾燥的時節了。河床連深水潭都乾得見底，而雨水已一連幾個月沒下來。旱得人們心裏煩得發慌。〔註145〕

四月的天氣已如夏天，太陽曬在身上，會有刺痛之感，而春雨卻一直不下來，「雨水已一連幾個月沒下來」，是造成乾旱的最大原因，此種天氣連帶影響人們心裡煩躁，原因是再不下雨會影響耕作，他們內心焦急。因此春天雖是美好的季節，但也是記憶中最乾燥的時候。

若進入梅雨季仍不下雨，則會發生旱災，雨下太多則會有水災，每當氣候異常時，天災就會發生，而人們面對災難要如何應付，常是作家們描寫的內容，下面則筆者將討論作者們是如何書寫異常的氣候。

三、氣候異常

美濃的天然災害主要屬於氣象災害之狂風、豪雨和乾旱。〔註146〕狂風主要來自颱風，豪雨則有梅雨、颱風、午後雷陣雨等因素，乾旱常因氣候異常，降雨量太少而造成，雨季的來臨沒有確切時間，一來常會令人措手不及，鍾理和於一九五七年的日記中，記錄了那年雨季情況：「雨，已經落了數日。今年的雨季顯與往年不同，沒有預告，連續旱了三個月之後，一落就進入雨季，使人有措手不及之感。」〔註147〕南臺灣乾濕分明，不下雨可以連續幾個月，甚至有乾旱情形，但一下雨常常連下好幾天，雨勢又大又急，易造成災害。故生活在此間的人民，對於變化無常的天氣，只能盡所能的防範災害發生。

〔註145〕《鍾鐵民全集4・尋春》，頁159。
〔註146〕《美濃鎮誌》，頁216。
〔註147〕新版《鍾理和全集6》1957年5月16日日記，頁235。

（一）旱災

　　乾旱主要出現在冬季十一月至次年一月或二月，例如一九八〇年十一月至次年一月，一九八四年十一月至十二月，一九九〇年十二月至次年一月，美濃之雨量和雨日皆為零。若冬季出現乾旱，春雨及梅雨之雨量又較常年少，則美濃地區將出現旱災。〔註148〕文學中，寫到旱災的作品頗多，其中以鍾理和的描寫最詳細，過去水利設施不發達，面對乾旱時，農民完全無力可施，這種慘況，自然反映在作品中，他在一九五四年的日記中，記錄了當年雨季未下雨的情形：

> 天氣還和昨天一樣，不，天氣近來就是這樣；不能說晴；不能說陰；不能說已下雨也不能說沒下雨。你說沒下雨吧！它明明已灑了幾點，而且居然還伴著頗為神氣的雷聲。你說下了雨吧！如今小暑已過，眼看就是大暑而交秋了，然而，地下卻乾旱得沒有水種田。腦筋快的人，已在打第二次的秧了。〔註149〕

日記中記錄了異常氣候，雨有下，但卻小得可憐，過了種田的時間，依舊沒水可種，農民靠天吃飯，只能先準備第二次秧，看老天能不能下雨，成全他們最基本的心願——插秧，鍾理和對於農民無奈的心情，感到同情。

　　鍾理和最早寫乾旱的作品為「故鄉四部」，故事背景為一九四六年的美濃，戰後民不聊生，又加上天候異常，前一年水災，後一年旱災，農民全無收穫，大家生活極為艱苦，鍾理和返鄉的途中，看到這種慘況，以文字記錄下來：

> 田裡乾得沒有一滴水，而此時正是不能缺水的時候。一尺來高的稻子全都氣息奄奄，毫無生氣；稻葉癱垂著，萎黃中透著白痕，表明稻子正在受病。葉尖蒼褐，甚至是焦黑，都像茶葉似的捲皺著。乾風颯颯地吹著，這些稻子便連亙天際的掀起一片蒼黃的波浪，望上去，宛若漫無邊際的野火。耀眼的陽炎，在稻田上面閃爍搖曳。天空好似一塊烙透了的鐵板，中間懸著一輪毒辣的火球，灰糊糊地正放出十足火力在燃燒著大地。〔註150〕

缺水的稻子呈現蒼黃的顏色，有如漫無邊際的野火；天空熱的恍如烙透的鐵

〔註148〕　《美濃鎮誌》，頁218。
〔註149〕　新版《鍾理和全集6》1954年7月12日日記，頁193。
〔註150〕　新版《鍾理和全集1・竹頭庄》，頁105。

板，作者連續的使用比喻手法，將酷熱乾旱的天氣形象化的寫出，這是一段
非常精彩的描寫，作者以野火、烙透的鐵板，說明了當時的乾旱，使人讀後
感到一陣的酷熱。戰後臺灣面臨了氣候異常危機，使得農作物欠收，農村復
原雪上加霜：

> 「不瞞你說，」丈母娘半帶感慨，半是自豪地說：「光靠蕃薯混過日
> 子的人家，村裡就不知有多少。這年頭，誰還笑誰不是？日本人稅
> 捐抽得重，老天爺又不肯幫忙；前年下了一秋雨，稻子爛在田裡，
> 沒收得幾粒；去年打六月起，就滴雨沒放下，乾得石頭也裂了縫。
> 前世不修福，連蕃薯簽也就別想吃──」〔註151〕

天災使得稻穀欠收，前一年下了太多雨，稻子爛掉，已經欠收，結果去年從
六月起，就沒下雨，土地乾涸，稻子全被曬死。日本政府的苛政，加上連續
兩年風雨失調，讓農村陷入慘況，無米可吃，僅能靠蕃薯度日，甚至有些人
家連蕃薯都沒得吃，可見天災對農村的影響。

　　乾旱使生活在它底下的人們，情緒更不穩定，如同天氣一般的暴躁，甚
至迷信四起，〈山火〉描寫村民失去理智到處放火燒山，希望能將天火頂回去，
結果造成惡性循環，破壞了山林，只會讓乾旱更加嚴重。而〈阿煌叔〉則是
因環境苦，卻無力改善，進而失去生活的動力，自我放棄。〈親家與山歌〉即
反映出村民的躁動：

> 這些善良的人們，用足踢著自己田壟裡晒成白色的土而茫然失措，
> 他們愁眉苦臉，時時陰鬱地向我申訴：如何豆兒不結莢；蕃薯只有
> 雞卵大；麻兒張開了口在等水喝。他們望著瀕臨荒蕪的田園，一邊
> 用顧忌的口氣咒罵老天爺的殘忍；而用更堅決的口氣咒罵艱難的日
> 子、人類、不會理家的黃臉婆，和總是餓著肚子的小猴兒們。〔註152〕

天不下雨，農作欠收，生活產生困難，看著自己賴以維生的土地，在那裡乾
渴，卻無計可施，此時情緒已經不穩，再加上妻子、孩子的壓力，於是到處
都是吵架、咒罵聲，整個農村處於極度不安中。

　　此外，〈雨〉及〈旱〉同樣描寫乾旱的慘況，土地乾到龜裂，稻子不能種，
即使勉強種下，最後也枯死：

> 踏出樹蔭一步，外面便是太陽的世界，在它的烤炙下展開著一片半

〔註151〕新版《鍾理和全集1・竹頭庄》，頁117。
〔註152〕新版《鍾理和全集1》，頁158～159。

　　蕪的田野，有一半已經蒔了稻子；另一半，有翻了土的，有些根本
就不曾翻，都一樣的長著抗旱植物，就是那些蒔下去的田坵，也因
爲缺乏灌溉水，稻葉已經發黃，葉尖呈著焦赤，稻頭下的土龜坼著，
漸漸變成白色。再半個月不下雨，顯然這些稻子就枯死了。〔註153〕

被太陽烤乾的田地，已呈現荒蕪狀態，對於無法掌握的天氣，農民不知所措，
不翻土若下雨，會趕不及生長季；若翻了土不下雨，則田地會被曬得更乾，
有人抱著一絲希望，硬將秧苗蒔下去，結果卻因無水灌溉而枯萎，再不下雨，
全都要枯死。蒔田的季節到了，老天卻遲不下雨，對農民而言，會造成焦慮，
因錯過節氣，這一季的稻子就完了，因此鍾理和在日記中，記載農人的不甘心：

　　地上的稻田，已大部分在曬了，有的剛剛耙平就乾涸了，祇好乾蒔，
　　蒔下去，也沒有水轉禾頭，插秧的三隻手指痕，就照樣的永久留在
　　那裡，彷彿絕望的眼睛，在向天作無言的申訴，這時蒔下去的稻子，
　　是無法生長的，只要連續曬三天，便會由初始的焦葉而終於枯死。

　　「禾秧插下去，就曬死了，心也甘了。」

　　田主像在詛咒自己，這樣說。〔註154〕

七月是二期稻作，剛插完秧卻無水灌溉，插秧時的三隻指痕仍清楚留著，像
對天申訴，而稻子蒔下去缺水，很快也會枯死，然而田主卻抱著「禾秧插下
去，就曬死了，心也甘了。」即使知道缺水，但季節到了不插秧，有種責任
未了的感覺，因此，不管怎樣先完成該做的工作，剩下的就得靠老天幫忙了，
道盡了農民的無奈。當氣候不照著原有的季節記憶進行，人們會不知所措，
原本該是下雨的季節，卻滴雨未落，打亂他們的耕種時間表，在種與不種之
間掙扎，得與上天做賭注。

　　鍾理和的年代，水利設施不像今日進步，因此天災不斷，在他的記憶中，
旱災特別嚴重。故他關於天災的書寫，即以此爲主，相關作品有〈竹頭庄〉、
〈山火〉、〈阿煌叔〉、〈親家與山歌〉、〈旱〉、〈雨〉等。水災僅在日記中提及，
並不曾寫進作品中，這與他生活環境有關，尖山地勢較高，不會像美濃市區
有淹水的情況，且當時資訊不發達，無法掌握淹水狀況，更無法體會淹水經
驗，而鍾理和寫作風格是寫實，因此不是親自有過的經驗，他是不會寫進作
品中的。

〔註153〕新版《鍾理和全集3・雨》，頁216。
〔註154〕新版《鍾理和全集6》1954年7月23日日記，頁196。

到鍾鐵民的時代，農田水利設施改善，旱災情況不再，因此他的作品，僅在〈家園〉一文中，描寫到旱災狀況，因要鋪陳水庫興建的正當性，降雨量若正常，贊成水庫者必然少，然若發生乾旱，地方上贊成水庫者就會變多，政府就更有興建水庫的理由。〈家園〉的時空背景，即為當時美濃的真實狀況，因乾旱而贊成水庫興建，政府更以此當作遊說手段，不斷傳播不建水庫會缺水的資訊。鍾鐵民關於天災的書寫，主要是颱風及水災，而此自然災害至今仍是美濃人最害怕的季節記憶。

（二）水災

由於本區北部地處沖積扇之南緣，又有月光山橫亙於北，所以遇有豪雨發生時，自山區宣洩而下之洪水，無法完全由美濃溪排出，乃漫過美濃山下之農田及美濃庄住宅區，造成淹水和災害。一九五七年六月二十五日，受到佛琴妮颱風過後，引進西南氣流之影響，一夜豪雨，即使中正湖西北邊湖堤潰決，月光山之山洪巨石掩埋了山下整個公墓，並造成二十九人死亡之慘劇。〔註155〕

鍾理和在日記中，記錄下這一次嚴重的災情：

> 佛琴妮颱風挾來傾盆豪雨，由黃昏時起一夜之間，鎮北連山崩陷，中圳埔湖水決堤，造成空前浩劫，死亡數十，倒屋無算，田地被流失或被山石流沙埋沒變成荒野。幸喜颱風的箭頭在臺東東南海面，即轉向北指，否則災害將更不堪設想吧！〔註156〕

鍾理和真實的記載，令人驚心動魄，說明當時的慘況，山崩、潰堤，讓美濃一夕之間，遭到空前浩劫。此處稱中正湖仍為舊稱「中圳湖」，當時因為潰堤才會造成如此嚴重災情，因此中正湖在防洪上是重要的關鍵。對於美濃而言，颱風最大的影響是西南氣流，容易引起山洪爆發等災情。鍾鐵民〈洪流〉即詳細描述西南氣流造成淹水的慘況：

> 從昨天傍晚開始他便焦急不安，打電話給鄰人阿祥伯，阿祥伯告訴他河水已超過半坎，雨勢很大。他正上中班無法離去，又找不到人來接替他，使他輾轉反側了一整夜。颱風雖然沒有直撲，但強大的西南氣流壓境，氣象局嚴重警告著，南部山區有豪雨。女人、孩子

〔註155〕《美濃鎮誌》，頁217。
〔註156〕新版《鍾理和全集6》1957年6月25日日記，頁240。

> 在家，尤其使他掛心的三棟豬欄裏的兩百多隻大小毛豬，那是他全
> 部的希望呢！〔註157〕

颱風雖沒直撲，但西南氣流引進的驚人豪雨，是造成災害的最大原因。文中男主角在高雄工作，他知道西南氣流一定會造成淹水，他擔心家中的妻子孩子，還有兩百多隻毛豬，那是他未來的希望，淹水會讓豬隻死亡或流走，損失極大。有了過去慘痛的記憶，為了要對抗洪水，他特意將豬舍地基增高，希望能減少傷害，然而，這次的水災卻超乎想像，探究其原因，乃是人為因素：

> 大前年農地重劃，主要目標便是灌溉、排水和田間運輸。於是重劃
> 道路在田野間縱橫的築起了，路兩旁一邊是灌溉用的輸水圳，一邊
> 是排水用的水溝。原以為從此可以避免再淹水了。沒想到兩年來卻
> 年年入水。是農地重劃設計錯誤嗎？是高高築起的重劃道路阻擋了
> 排水量？而排水溝恐怕從開始就沒有算到年年有洪水要疏浚哩。有
> 人說山上樹林都砍光了，河床處處淤塞，再加上人為的垃圾堵滿河
> 道。這些大概全都是原因吧！〔註158〕

農地重劃後，排水設施設計失當、森林濫伐、河床淤積、垃圾傾倒河床等，都是淹水的原因，居民任意破壞自然，最後自食惡果，遭受淹水之苦。原以為農地重劃後，可以脫離淹水的惡夢，沒想到問題不但沒解決，反而更嚴重，淹得比以前還高，政府在規劃排水設施時，竟沒有長遠規劃，致使排水不力，可知政府長期對農村的漠視，連這麼重要的設施，都如此隨便。

隨著西南氣流造成驚人雨勢，農村受災嚴重，放眼所及，一片澤國：

> 禾埕上看出去，前面是一大片遼闊的水面，滾滾濁流，氣勢確實壯
> 麗。雨，終於暫停了，天空上烏雲卻依舊翻滾奔騰著。他沿著牆划
> 著水前進，轉過西邊的屋角，阿祥伯的家便在前面果園間。他張大
> 眼睛尋覓著，原來房子所在的地方竟然空空的，只見半截檳榔樹圍
> 著孤立一旁的小樓。阿祥伯的夥房倒塌了！他倒抽一口氣。〔註159〕

雨終於暫歇，不過天空烏雲仍蠢蠢欲動，驚人的水勢淹沒農田、房舍，老舊夥房經不起摧殘，已經倒塌，幸好阿祥伯的子女蓋了樓房，才能避過災難。

〔註157〕 《鍾鐵民全集 3》，頁 130。
〔註158〕 《鍾鐵民全集 3》，頁 133。
〔註159〕 《鍾鐵民全集 3》，頁 143。

面對年年淹水的問題，鄉民得自求多福，有能力者改建房子，升高地基，沒能力者，只能乘水勢尚未高漲，先行撤離。天災讓人束手無策，政府沒能好好整治河川與保護森林，只知加高堤防，治標不治本，淹水問題就會年年重複。

〈雨後〉則是描寫颱風對農作的損害：

> 祁天星站在大圳的堤岸上，他的稻田就在圳堤底下，看下去，一公頃也有好大一片了。從颱風後他就一直忙著整修，田坎被水沖塌了幾處，幸好河水沒有灌入田來。稻子只有一小部分被風吹倒，在綠油油的平面上，現出幾塊凹下去的地方，稻穗剛剛要冒出來，這種時節被吹倒，稻子就全無用處了。〔註160〕

主角趁颱風一走，馬上到田裡巡察，看看是否有損失，幸好颱風沒有直接登陸，河水沒有氾濫，稻子僅一小部分被吹倒，損失輕微，若颱風真的登陸，帶來超大風雨，正值結穗的稻子被吹倒，就全無用處，因為稻穀受潮會發芽，對農民來說損失很大。

美濃作家對於「乾濕分明的季節記憶」的書寫，集中描述季節特徵，雨季的大雨、雷聲、洪水；乾季的少雨、枯黃等，兩者絕不會混合，一旦出現與記憶不同的氣候，即為氣候異常，容易有天災，造成農作損失。氣候影響農作物生長與收成，也影響自然生態，因此，本文接下來將要討論美濃的生態特色，分析作家如何觀察記錄這些生態。

第四節　自然生態的觀察記錄

關於美濃自然環境的描寫，最後一部分為生態，美濃三面環山，美濃溪流貫平原，還有中正湖與水圳等水文，再加上位處熱帶地區，四季區別不大，然夏季雨量豐沛，造就當地生態豐富。美濃平原開發早，原始的生態因缺乏資料而無法推知，目前較完整的生態區有中正湖與雙溪，作家分佈以雙溪最多，主要有鍾理和、鍾鐵民與鍾鐵鈞，美濃溪則有吳錦發，故本文以這四位作家作品為主，再旁及其他作家，分析他們對美濃自然生態的觀察記錄。

〔註160〕《鍾鐵民全集2》，頁38。

一、美濃作家的自然觀察

據《美濃鎮誌》記錄，美濃固有的鄉土樹種大約有：竹、榕樹、樟樹、相思樹、九芎、鐵刀木、銀合歡、黃連木、無患子、苦楝、白匏仔、柚木、紅雞油、大葉楠、豬腳楠、山黃麻、血桐、龍眼樹、芒果、木棉、野桐〔註161〕等，還包括其他草本植物及水生植物。而動物則有蝶類七科一一○種，兩棲類四科十三種，爬虫類七科十八種，鳥類三十六科一二七種，哺乳類十科十一種等，〔註162〕生態非常豐富。作家身處其中，自然將這些生態寫入作品，因此，爲能完整檢視他們筆下的美濃生態，筆者先分別以表格呈現，再取其重要段落分析。

（一）鍾理和作品中美濃的野生動植物表

						金剛霸藤	番石榴（那拔）
植物	鐵線草	馬齒莧	菅草	飯甑波	檳榔樹	金剛霸藤	番石榴（那拔）
	青豆	蒲公英	大竹	桂竹	竹頭	狗薑葉	布驚花
	仙人掌	薄芒	林投	榕樹	檬果	青桐	矮灌木
	楠	櫸	樫	茄苳樹	胡喬	對面烏	駁駁子樹
	山芙蓉	相思	鐵刀木	樟腦樹	喬木	龍眼樹	船底樹
	鹿角茱	木棉樹	雞油				
昆蟲	白蛾	蝴蝶	蜍蜋	金蠅	蜜蜂	蟬	蒼蠅
	草蟲						
鳥類	鶒鷹	雲雀	貓頭鷹	斑鳩			
魚蝦	魚	黃哥白	白哥	鱸鰻	鰻子	蟹	蝦
哺乳類	野鼠	猴（猿）	松鼠	羌子	山豬		
爬蟲類	蛇						
兩棲類	小蝦蟆	田蛙					
其他	蚯蚓						

〔註161〕《美濃鎮誌》，頁673。
〔註162〕《美濃鎮誌》，頁226。

　　由上表可知，鍾理和對於自然的觀察以植物較多，在描寫方面也較細緻，而這些動植物都大都屬原生種。以笠山爲背景的作品多爲小說，如〈草坡上〉、〈山火〉、〈阿煌叔〉、〈親家與山歌〉、〈同姓之婚〉、〈笠山農場〉，散文則有〈做田〉、〈小岡〉等篇。其中〈笠山農場〉的描寫最完整，能看出日據時期笠山的自然生態。對於動物鍾理和並沒有特別區分牠們，只用共同名稱，如蛇、斑鳩。

　　有一點比較特別的是，雖然目前笠山可看到椰子樹，鍾鐵民的作品也有寫到，但在鍾理和的作品中，卻從沒出現椰子樹，因爲椰子樹不是原生種植物，它是在農場時代才種下的，重要性不如芒果、龍眼等果樹，因此在鍾理和的作品中缺席了。

　　在語言特色方面，鍾理和除了將野生動植物記錄下來外，同時運用客語名稱，使作品有客家特色，如：

1、鷂鷹：俗稱「鷂婆」，指大型猛禽類，此處指的是常見於平原，以捕食蛇類爲主，臺灣特有亞種猛禽「大冠鷲」。

2、羌子：山羌，「子」爲附加結構，無義。

3、白哥：指溪哥，一般口語稱「白哥子」，一種小型溪魚。

4、黃哥白：白哥子的一種，牠的背鰭、胸鰭是金黃色，身上也有金色斑紋。

5、鰻子：鰻魚的通稱。

6、竹頭：客語稱「竹子」爲竹頭。

7、狗薑葉：指月桃的葉子。月桃多長在山上，它的葉子可以包粽子，墊「粄仔」，莖的纖維可以當繩索捆紮東西。〔註163〕

8、駁駁子：即破布子，又稱對面烏，落葉喬木，子可食。

9、對面烏：即破布子，又稱駁駁子，落葉喬木，子可食。

10、青（菁）豆：一種做綠肥的植物。

11、飯甑波：刺莓，又稱臺灣懸鉤子。常長在山坡上，結果期大約在三、四月，果實甘甜有味。

12、雞油：櫸樹，質地較硬。

13、那拔：番石榴。

14、船底樹：柚木，因樹材防水，在過去被用來做成船底，因而有此名稱，另外亦可以當屋樑。

〔註163〕見中原週刊社編：《客話辭典》，苗栗：臺灣客家中原週刊社，1992年，頁401。

15、布驚花：中文名稱「黃荊」，馬鞭草科牡荊屬。分佈於低海拔海濱或
　　山區，為落葉性灌木或小喬木。

16、鹿角茶：即構樹，又稱鹿仔樹、鈔票樹，葉片可餵豬。

　　在上述詞彙中，部分為擬音詞如「駁駁子」、「對面鳥」、「飯甑波」、「那
拔」等，因為擬音，在其他作家作品中，常有同音不同字的情況出現。此外，
鍾理和的客語詞彙用字經過修飾，如用「鷂鷹」不用「鷂婆」，即是避免造成
非客語讀者的困擾，此種用語習慣，一直影響著美濃現代文學作家的客語運
用，如接下來鍾鐵民關於動植物的書寫。

（二）鍾鐵民作品中美濃的野生動植物表

植物	鐵線草	多馬薺	大葉草	昭和草	假菊花	烏杜仔	川七
	馬齒莧	菔茱	野蓮	百喜草	牛筋草	蘆葦	月桃
	竹林	刺竹	桂竹	棠箕	矮灌木	檳榔樹	金剛霸藤
	酸藤	魚藤	蒲公英	飯甑波	青苔	蔓澤蘭	鹽桑仔
	巴豆	木薯	苜蓿	蕨類	薑七	木瓜樹	鹿角茶
	樟樹	木棉樹	苦楝樹	鐵刀木	芒果樹	茄苳樹	山拿（拉）拔
	木麻黃	火焰樹	橄欖	大膨樹	榕樹	羊蹄莢	桃花心木
	炮仔樹	龍眼樹	銀杏	山麻桐	布荊樹	木浪子	牛森樹
	梧桐	相思樹					
昆蟲	虎頭蜂	土蜂	藤蜂	禾籤尚	野蜜蜂	野山蜂	蛇蟻
	黃蟻	土狗仔	草蟋子	灶雞	夯屎公	淡黃蝶	蝴蝶
	白翼子	鳳蝶	甲蟲	蜻蜓	蟬	草螞	螢火蟲
	蚱蜢	茱蟲	蟋蟀	金龜子	大水蟻		
鳥類	老鷹	五色鳥	貓頭鷹	八哥	朱鸝	斑鳩	翠翼鳩
	大花胛	火鳩	花欄兒	綠斑鳩	麻雀	白頭翁	臺灣藍鵲
	鷦鷯	綠繡眼	竹雞	烏嘴嗶	烏鳥仔	紅鳥仔	白耳畫眉
	小彎嘴	大彎嘴	燕子	大卷尾	樹鵲	山烏鶯	紅嘴黑鵯
	藍磯鶇	畫眉	白鷺鷥	黃鶯	伯勞		

魚、蝦	白哥	黃哥白	土虱	鱸鰻	鰻魚	烏斑	沙鰍
	鯉魚	溪蝦					
哺乳類	松鼠	羌仔	山豬	野兔	彌猴	穿山甲	果子狸
爬蟲類	青竹絲	草花蛇	烏花龜殼	紅花龜殼	錦蛇	蜱蛇	布荊根
	眼鏡蛇	雨傘節	山狗太				
兩棲類	蛤蟆	青蛙	田蛙	辣蛙	樹蛙	癩蛤蟆	
其他	蜘蛛	非洲大蝸牛	栗蝸牛	煙管蝸牛	蛞蝓		

　　鍾鐵民的自然觀察則以動物較多，而且分類細，還能敘述這些動植物的生存習慣與特性，如對於鳩鴿科的鳥類、蟋蟀、蜜蜂、蛇類等，就有詳細的描寫，作者將不同種類的鳥、蟋蟀、蜜蜂、蛇類區分出來，包括顏色、體型等，更顯出笠山的生態多樣性。在文體上以散文為主，有〈五色花和尚〉、〈蜂與人〉、〈蝸牛〉、〈生命力〉、〈生存的戰爭〉、〈土狗與伯勞〉、〈蛇的故事〉、〈青蛙〉、〈八月不聞禾蝦香〉、〈木瓜樹下好歇涼〉、〈清晨的起床號〉、〈嚇鳥〉、〈「羌」鴻一瞥〉、〈野山蜂〉、〈山豬不食糠〉、〈黃蝶兮！歸來〉、〈火焰樹〉、〈苦苓樹〉、〈烏杜子粥〉、〈菔菜？好吃〉、〈飛機草〉、〈木棉樹〉、〈燕巢群雀佔〉、〈美麗的芳鄰〉、〈金斑鳩〉、〈四十九日烏暗天〉、〈多寒落雨夏寒晴〉、〈農藥的迷思〉、〈通向學校的長路〉等，小說則有〈雨後〉、〈菸田〉、〈捉山豬記〉。這些作品皆以雙溪為背景，記錄了雙溪的自然生態。〈阿祺的半日〉則寫中正湖的特有植物「野蓮」。

　　在語言特色方面，除承襲鍾理和的用詞，還擴大運用，增加更多詞彙與相關諺語，讓人感到親切，以下為動植物的客語名稱：

1、大水蟻：白蟻王，常在悶熱的雨季出現。

2、白翼子：紋白蝶，粉蝶科，其幼蟲即人們口中的菜蟲。

3、金姑子蟲：即金龜子，金龜子科，在甲蟲中扣除鍬形蟲和黑豔蟲，其他合稱為「金龜子」。

4、夯屎公：又稱糞金龜、推糞蟲，金龜子科。

5、烏蠅：蒼蠅。

6、官被：臭蟲。

7、灶雞：寄居在牆縫櫥背，超小型蟋蟀，淡褐色細細扁扁，夜間常出沒在廚房灶角。

8、草螟（蟋）子：蟋蟀的一種，黑色、體型較玲瓏。

9、草螞：指蚱蜢。

10、草蟆：即蚱蜢。

11、禾蝦：蝗蟲類，一種蚱蜢。

12、草馬：竹節蟲。

13、揚尾仔：蜻蜓。

14、揚葉仔：蝴蝶。

15、糖蜂仔：客家話對蜜蜂的稱呼，通常指改良蜂，如果是野生的蜜蜂，稱為山蜂仔。

16、禾燄尙：大黃蜂的一種。

17、土狗仔：臺灣大蟋蟀。

18、蟻公：螞蟻。

19、大尾鼠：松鼠。

20、白面狸子：果子狸，又稱白鼻心。

21、大花胿：即金背鳩，鳩鴿科，臺灣特有亞種。常出現於低海拔山區、丘陵地帶。

22、火鳩：即紅鳩，鳩鴿科。棲息低海拔、平地、山坡地，常成群活動於地面覓食。

23、花欄兒：即斑頸鳩，鳩鴿科，臺灣特有亞種。出現於平地至低海拔之平原、丘陵地帶。

24、金斑鳩：即翠翼鳩，鳩鴿科。出現於低海拔之樹林中，常於地面覓食。

25、長尾阿鵲：臺灣藍鵲，鴉科，臺灣特有種。

26、阿鵲：鴉科，中文名「樹鵲」。通常單獨或成小群出現於平地樹林至中海拔闊葉林上層。

27、烏嘴嗶：指文鳥科的鳥類，嘴粗短，成圓錐形。以植物種子及果實、昆蟲爲主食。性群棲、喜喧嘩。

28、烏鳥仔：斑文鳥。

29、紅鳥仔：黑頭文鳥。

30、仆鵲：藍磯鶇，北部人稱「厝頭鳥」，閩南語則稱做「厝契」。

31、青絲仔：即綠繡眼，繡眼科。

32、烏花龜殼：即龜殼花，腹蛇科，中型毒蛇，頭部碩大且呈明顯的三角

型，體背爲黃褐色或棕褐色。主要於夜間活動。在美濃烏花龜殼爲棕褐色，黃褐色爲紅花龜殼。

33、紅花龜殼：即龜殼花，體背爲黃褐色。

34、蛇哥：即蛇。

35、草斑蛇：即草花蛇，黃頷蛇科，無毒。

36、狗嬤蛇：肥肥胖胖，在地面上爬行生活，皮膚光滑油亮的四腳蜥蜴。

37、山狗大：瘦瘦細細全身粗皮，喜愛爬樹，從頭頂到腰背聳立著鬃刺的鬃背蜥蜴。

38、蟾蜍囉：蟾蜍。

39、辣蛙：一種身材瘦長，行動敏捷的巨蛙，一見到人影就嘰嘰呱呱向四面逃散，常生活於池塘。

40、蝦公：蝦子。

41、老蟹：螃蟹。

42、大膨樹：菱果榕，又名大葉榕，桑科榕屬，常綠喬木，分佈於低海拔平地至山麓，山溝、河邊常見。

43、木浪子：即無患子，可做清潔劑。

44、牛森樹：銀合歡，嫩莖葉可餵牛。

45、炮仔樹：朴樹，大麻科朴屬。常綠喬木。枝幹強韌，可作阻擋強風的樹種。朴樹的果實爲「朴子」，很受鳥類歡迎，亦常被昔日的孩童拿來當子彈，故稱炮仔樹。

46、嘔血桐樹：即血桐樹。

47、大竹：刺竹。

48、棠箕：多寫成「唐枝」。外型與生產竹筍的綠竹極像，唯唐枝竹筍稍苦，一般僅在建築或農業上用。例如支撐香蕉樹的柱子。

49、假菊花：長柄菊，可熬煮青草茶，有解熱功用。

50、野鰱兒：即野蓮，學名爲龍骨瓣莕菜。

51、菔荬：「菔」，客家音唸起來像「降服」的「服」字，也有人稱作福荬。學名稱作「鴨舌草」。

52、蕨子：蕨類。

53、鹽桑（酸）仔：桑椹。

54、假艾仔：客家人稱茼蒿荬爲艾荬，山茼蒿就是「假艾仔」。

55、烏杜子：學名爲「龍葵」，在山坡、旱田上是普遍可見的草類，結黑
　　色紅豆粒大小的漿果。

56、山拿（拉）拔：野生番石榴。

57、拿拔仔：番石榴。

兩者用字相異者：

布荊樹，鍾理和用「布驚」，鍾鐵民用「布荊」。鍾理和用字去掉語尾「仔」，鍾鐵民則保留原本讀音，如鍾理和寫「拿拔」、「羌子」，鍾鐵民用「拿拔仔」、「羌仔」；此外鍾鐵民尚有「揚葉仔」、「揚尾仔」、「糖蜂仔」、「土狗仔」、「紅鳥仔」、「烏鳥仔」、「青絲仔」、「假艾仔」等加尾音「仔」，讓詞彙更貼近原音。整體而言，鍾鐵民在客語的使用上，比鍾理和更進一步，用字上仍修飾過，但客語語法則保留下來。

除了客語詞彙外，鍾鐵民還記錄了與野生動植物相關的諺語、歇後語：

1、山豬不食糠：山豬是野食的，牠們不解美味，你餵牠美味的米糠，牠
　　也不懂得吃，有自嘲不解美味，或取笑人不敢嘗試新奇食品之意。

2、蟻兒銜泥是過日，牛牯拖車也是過日：意指各憑天份能力，不論做大
　　事小事，過日子是一樣的，不管是螞蟻或牛牯，都依自己的力量在過
　　日子，所以人應各安其業，不必自卑不如別人。

3、禾嗶仔耙礱糠——有做沒吃：客家歇後語。麻雀有腳在穀糠裡找食物
　　，那是白做工，因爲裡面沒有米粒可吃。禾嗶仔，麻雀；礱糠，空穀
　　殼。

4、伯勞落釣爲嘴死：伯勞鳥會落入陷阱，是因爲要吃食物。用來諷刺人
　　不要貪心，免得引來殺身之禍。釣，陷阱。

5、老伯勞會梭弓：指季節過去仍留駐未去的伯勞鳥，因經驗老到，不易
　　落入陷阱，牠們會停在鳥踏仔的釣弓上，先使勁搖動，等弓弦鬆脫後，
　　再上前去大啄誘餌。「老伯勞」可用作戲稱狡猾多計的人。

6、細（小）鳥兒做細竇（巢）：意指要認清自己的身份，不要做超過能
　　力的事。

7、死蛙仔鼓（鑽）直窿：比喻人固執不知變通。

8、草花蛇領雙紅：指一個人想從敵對雙方拿好到好處。

9、草窩裡不會餓死蛇：原義草叢裡食物多，絕對沒有餓死蛇的道理；後引
　　申爲世界之大，工作之多，到處都可安身立命，只要努力就能活下來。

.

10、蛇過了才舉棍：笑人動作慢半拍，或罵人裝腔作勢、放馬後砲。

11、蛇窿透蛙窟：意指彼此互通聲息，狼狽為奸。

12、蚋蛇不咬人，樣像不好看：蚋蛇屬蟒蛇類，體型粗大，又膽小怕人，但爬動起來呼呼作響，聲勢嚇人。雖然沒有毒性不會傷人，仍要遭人打殺。故以此來警惕行為輕浮，講話放肆的人。

13、屙尿飆竹殼，聽聲：客家歇後語。男生尿尿時對準剝落下來的竹籜，會發出響亮的聲音，只是沒尿了聲音也沒了。引伸為五分鐘熱度不切實際。

14、倒竹容易拖竹難：把竹子鋸倒容易，要將橫生枝節的竹子拖行卻很困難。比喻後果難善了。

15、神仙有過劫日，竹頭有退冬時：退冬是竹子春夏間必經的過程，其間竹葉會變黃、掉落，然後再重新發芽。整句指有些事情會發生，是無可奈何的，神仙、竹子都無法永遠沒困難，何況是人呢！

其中關於蛇的諺語佔了五個，表示早年山區蛇類數量很多，與人接觸頻繁，故最容易觀察。諺語中，以負面之意佔多數，顯示人類對蛇懷有畏懼、厭惡之心，不過亦有正面的諺語，如「草窩裡不會餓死蛇」，對於蛇的生存能力極為佩服，由此鼓勵面臨困境者，只要努力，就能生存下去。關於竹子的有三句，此為農村最常見的植物，觀察自然較多。

最後，作品中還記錄了一條童謠：「禾錟尚，刁人蓋（很）傷重！」孩童貪吃，常去挖取蜂蟲吃，禾錟尚的蜂蟲是孩子們最愛，被牠螫過後，就知道牠的厲害，故兒童間流傳著這條童謠，提醒要去摘取禾錟尚的人得小心。

（三）鍾鐵鈞作品中美濃的野生動植物表

植物	黑板樹	苦楝樹	木棉樹	檳榔樹	竹頭	水丁香	龍葵
	刺莧	鐵線草	二葉松	香楓	七里香	日日春	臺灣欒樹
	蔓澤蘭	馬纓丹	龍船花	咸豐草	假菊花	無患子	鐵刀木
	船底樹	屙血桐	土蜜樹	山黃麻	山拉拔	牛蓼樹	金剛瓜藤
	鹽酸仔	蕨類	山芋	蕃蒌菠	魚藤	芒果樹	酸楊桃樹
	菅草	鹹莓仔	火焰木	烏螢屎	燈籠草	蒲瓜	袖珍蕃茄
	鹿角茱						

昆蟲	野蜜蜂	蟬	蚜蟲	螞蟻	淡黃蝶	紋白蝶	鳳蝶
	臺灣大蟋蟀	大水蟻	虎頭蜂	土蜂			
鳥類	八色鳥	五色鳥	白頭翁	翠鳥	樹鵲	大卷尾	白耳畫眉
	綠繡眼	伯勞	灰頭鷦鶯	繡眼畫眉	白環鸚嘴鵯	黑枕藍鶲	小彎嘴畫眉
	翠翼鳩	八哥	大冠鷲	赤腹鶇	虎鶇	黃鶺鴒	紅嘴黑鵯
	麻雀	朱鸝	貓頭鷹	小卷尾	黃鶯	斑文鳥	白腰文鳥
	竹雞	燕子	畫眉	山紅頭	鶴鶉	褐鷹鴞	斑鳩
魚蝦	魚	蝦	溪哥	螃蟹	塘虱	鯰魚	白鱸鰻
	鯽魚	鯉魚	黃哥白	鰗鰍	南洋鯉		
哺乳類	山豬	羌	松鼠	蝙蝠	老鼠	彌猴	大赤鼯鼠
	白面鼯鼠						
爬蟲類	龜殼花	雨傘節	壁虎	錦蛇	四腳蛇	小蜥蜴	黑花龜殼
	眼鏡蛇	攀木蜥蜴					
兩棲類	癩蛤蟆						
其他	蝸牛	蜘蛛	蜈蚣	馬陸			

　　鍾鐵鈞的生態觀察與鍾鐵民差不多，表現上以散文為主，主題上環保意識強烈，常藉由生物的減少來闡述環保的重要，如〈魚蝦不見了〉、〈放生〉、〈會場外的民主〉、〈山水有情〉、〈烤肉後遺症〉、〈除草〉、〈文明的代價〉、〈飛舞的彩衣〉、〈擔水溪畔〉、〈出火坪半日遊〉、〈毒魚的回憶〉、〈黃蝶翠谷的鳴咽〉、〈磨刀河草青青〉、〈電魚〉、〈褐鷹鴞之死〉、〈排水溝的聯想〉、〈八色鳥回來了〉等。作品批評人為了貪欲，隨意毒殺魚蝦，濫墾濫伐，導致山河變色，議論色彩較濃厚。

　　另外，筆調較輕鬆的作品，則藉由回憶介紹動植物，早年物質缺乏時，野生動物成為最佳的營養補充品，孩子們常設陷阱捕捉，讓餐桌加菜，而這種原始方法捕捉動物，並不會影響生態環境；還有漫步於自然中，享受天籟的樂趣。此類作品有：〈虎鶇的滋味〉、〈蛤蟆蚋仔滿田坎〉、〈伯勞的哭泣〉、〈放竹雞仔〉、〈烤鳥香〉、〈堵水抓魚樂〉、〈蛇〉、〈糖蜂仔〉、〈金鈴子〉、〈晨光鳥唱〉、〈惆〉、〈月音〉、〈稻與鳥〉、〈大水蟻〉、〈大尾鼠〉、〈山中精靈〉、〈邂

逅〉、〈馬陸〉等。

鍾鐵鈞的客語詞彙比鍾鐵民少，扣除相同者外，尚有：

1、鹹梅仔：土蜜樹。

2、打菠仔：燈籠草。

3、烏蠅（螢）屎：馬纓丹花籽。

4、毛瓜仔：蒲瓜。

5、蜴仔：青蛙。

在客語用字上，不同於鍾理和與鍾鐵民的詞彙者，如苦楝樹，不同於父兄，為配合內容，他選用另一種名稱「金鈴子」；鍾理和、鍾鐵民用「飯甑波」，他則用「蕃蓁菠」，此為擬音選字的差異；血桐，鍾鐵民寫「嘔血桐」，他用「屙血桐」，前者用字較雅，後者較俗；麻雀，鍾鐵民用「禾嗶仔」，他寫「禾鵯仔」，與客語辭典的用字相同。

在生態書寫上，鍾氏父子三人最大的差別，是鍾鐵民與鍾鐵鈞在作品中，常以小時候的經驗出發，而這經驗歸結到後來，常是這些動植物都進到肚子裡了，成了一道道的佳餚，如鍾鐵民〈蜂與人〉吃蜂蟲、〈蝸牛〉吃蝸牛肉、〈土狗與伯勞〉吃伯勞、〈山豬不食糠〉吃山豬肉、〈烏杜子粥〉、〈蕨菜？好吃〉、〈飛機草〉則寫到這些野菜的吃法，〈椰子〉寫吃椰子汁的經驗；鍾鐵鈞〈虎鶇的滋味〉、〈放竹雞仔〉與〈烤鳥香〉皆寫早年捉鳥類食用的經驗，〈電魚〉、〈毒魚的回憶〉、〈堵水抓魚樂〉等寫捕捉魚蝦加菜的經驗。這些作品除了介紹這些動植物外，還說明要如何料理這些野味，這與作者生活環境有關，靠山吃山，靠海吃海，在物質缺乏的年代，為了生存，只要捉得到的動物，大概都難逃下肚的命運，不像現代人為了滿足口腹之慾而濫殺野生動物。

（四）吳錦發作品中美濃的野生動植物表

植物	咸豐草	假菊花	栓皮西蕃蓮	碎米知風草	龍吐珠	葉下珠	倒地藤
	艾草	昭和草	蜈蚣草	鳳尾草	一枝香	大榕樹	竹子
鳥類	夜鳥	斑鳩	鵪鶉	鷓鴣	白頭翁	綠繡眼	山喜鵲
	白鷺鷥						
魚蝦	鯉魚	鯰魚	鯽魚仔	白篙仔	歪嘴仔		

哺乳類	彌猴	松鼠				
爬蟲類	臭青母	眼鏡蛇				
兩棲類	青蛙					

　　吳錦發關於生態的書寫，主要是以他童年為背景的小說，如〈靜默的河川〉、〈大鯉魚〉、〈蛇〉、〈秋菊〉、〈閣樓〉、〈春秋茶室〉，散文則有〈猴因緣〉。吳錦發不像鍾氏父子三人居住於山區，動植物種類較多，他觀察地點主要是美濃溪，與附近地區，故動植物種類較少。〈秋菊〉以植物為主，女主角善於辨認藥用植物，並教主角很多相關知識；〈春秋茶室〉，則描寫主角與朋友捕捉野生動物進補，只要被他們捉到的，最終都進入五臟廟；〈大鯉魚〉與〈閣樓〉則是描述與阿公釣魚的經驗，記錄下在美濃溪棲息的動物。用字上，溪哥寫「白篙仔」與鍾氏父子不同。「鯽魚仔」、「白篙仔」、「歪嘴仔」字尾加「仔」，保留客家語法特色。

（五）其他作家

　　朱鼎豫：黃蝶。

　　鍾美盛：蝴蝶、蛺蝶、蟬。

　　鍾永豐：白鶴仔（白鷺鷥）、斑鳩、大鵟婆（大冠鷲）、青蛙、蝦蟆、螺　　　　　　貝、蝴蝶、蜻蜓、草龍眼、芒果、菅芒。

　　其他作家以傳統詩及歌詞，融入美濃的動植物，因篇幅短，動植物種類較少，主要為平原常見動植物。

二、常出現在美濃作家作品中的動植物

　　在這些動植物中，最常出現在他們作品的植物是竹子，其次是榕樹、鐵刀木、木棉樹、檳榔樹、茄苳樹、飯甑波、山拿拔等，這些植物在美濃很常見，不需走入深山即可看到，故常被寫進作品裡。而動物則以斑鳩最常出現，鍾鐵民甚至有兩篇散文是在介紹這種鳥類，因為鳩鴿科鳥類體型較大，牠們常在地上覓食，比起其他鳥類容易看到，牠們的叫聲也比較討喜，不是屬於吵雜型的，給人一種空遠的感覺。水中動物則以黃哥白與白哥最常出現，這是原生種魚類，數量頗多，不管那個年代都常被捉來食用。因相關作品眾多，筆者分植物與動物兩部分，舉例探討作家如何描寫這些常見的動植物，及這些動植物在文章中有何意義。

（一）植物

　　首先是植物，早年的農村周圍，常種植竹子與檳榔，因此，這兩種植物，成為農村景色的指標植物，如鍾理和在〈薄芒〉中描寫竹頭庄的景色：

> 她再一度茫然瞧瞧她四周的田野，看到一里外的南邊，讓深翠的大竹圍圍圍住的村莊──竹頭莊。村外和村邊的人家的檳榔樹，高聳在一切屋脊，樹梢，和竹尾上頭，巍巍的遙插天際。一簇簇的葉叢似龐厚的絨撢子，在風中很懇懃的搖過來擺過去，彷彿是在撢拂著靜躺在青磁色天空上的雲堆。〔註164〕

竹頭庄最大的特色即是竹子多，整個村落被竹子圍繞著，此為客家聚落的特點，居民習慣於住家周圍種竹子，隱蔽房舍，有禦敵的功能。當時美濃尚未有椰子樹，竹子加上檳榔，即成為農村的傳統印象，鍾理和另一篇〈竹頭庄〉與鍾鐵民〈月光下的小鎮〉亦有同樣的描述。

　　客家人性格務實，很少會種植觀賞植物，在村莊四周或庭院生長的，皆是生活上有實用性的，竹子可做成各種家具，還可蓋房子，竹筍可以取來食用；檳榔同樣也可以搭建房子，果實可嚼食，生長快速，很適合南部氣候。鍾鐵民〈退冬〉即說明竹子的多種用途：

> 南部山上多刺竹林，早年竹子是台灣人生活不可缺少的物件。特別是刺竹，不論高山平原，無處不有。先民拓荒時期最有效的防護圍牆，便是村落周圍密密種植的刺竹。此外，建造住宅房舍：從三合院到倉庫、豬舍；製作家具用品：從籃筐畚箕到碗盤容器，全靠刺竹。它還是重要的菜肴，嫩筍、筍乾、醃筍，物資缺乏的年代，全年靠它下飯呢！〔註165〕

客家人利用竹子叢生的特性，將竹子當作防護圍牆，因其緊密生長，讓敵人不易突破。而竹製品便宜，砍取又方便，成為農村生活器具的最佳材料，甚至還可搭建房子，竹筍則是重要菜餚。因此，在美濃，到處皆可見竹叢的蹤影。

　　因竹子生長快速，故戰後林務局造林，就以竹子為主要栽種植物，並獎勵民眾種植，於是美濃的山很多都改種竹子，雨季時，竹林一片翠綠，看上去感覺山林保護良好。不過竹子根極淺，不易抓附泥土，對於水土保持並無作用，且還有一個問題，即竹子會退冬。

〔註164〕新版《鍾理和全集3》，頁4。
〔註165〕《鍾鐵民全集5》，頁247～248。

　　「退冬」是客語中對竹子的專用詞。指在春天，竹子長出新葉前，有一段時間綠葉會轉成橙黃色，然後掉落。此現象稱爲退冬。鍾鐵民於〈退冬〉一文中，描述友人看到滿山竹子全轉黃感到不解與訝異，作者解釋此爲退冬現象，等雨季一來，全都會轉綠，甚至還有諺語：「神仙有過劫日，竹頭有退冬時」〔註166〕，說明竹子退冬是無可奈何之事。鍾理和在日記中，有相關記錄：

> 竹葉金黃了。眼睛望過去，不管那裡，都是一團團的蛋黃色。這在四季長春的臺灣是頗引人注目的，也感人最深。

> 原來熱帶地方的樹木也一樣黃落的，但不像北地的應時和劃一罷了。它們的黃落，各有其自己的季節，陸陸續續，前後不一，不注意是不會查覺到的，所以人們常以爲沒有季節。〔註167〕

日記日期爲三月，正是春天美濃乾旱季節，滿山竹子全轉黃，當各種植物發芽開花之際，竹子才開始落葉，大自然的奧妙，令鍾理和讚嘆，他從自然角度看竹子退冬，感受到季節變換之美，而鍾鐵民則認爲以竹子造林，除了退冬時滿山枯黃不美觀外，對於水土保持的功用並不大，且現在家具與房子皆改用其他材質，竹子已失去過去的重要性，林務單位該改變植林政策，種植能涵養水源的樹木。

　　以植物展露春天的氣息，並且在此春暖花好的季節，笠山農場的墾殖事業正式展開，作者於〈笠山農場〉第四章，描寫春天的山脈顏色多變，到處充滿生機：

> 時在盛春，南國明媚的太陽用它那溫暖的光輝，曬開了草樹的花蕾。磨刀河那面的官山，柚木花，相思樹花，和檬果花，黃白雜駁，洋洋灑灑，蔚然如蒸霞，埋遍了山腹與山阿。向陰處，晚開的木棉花，疏似星星，深紅色的花朵，和淡白色的菅花相映照。只有向陽早熟的木棉，已把春的秘密，藏進它那五稜形的綠莢裡去了。〔註168〕

除了竹子枯黃外，其他的植物皆換上新裝，各種樹木開著各色花朵，有黃的、白的、深紅的，妝點著青山，讓這些山脈呈現繽紛的顏色。而這些植物更展

〔註166〕《鍾鐵民全集 5》，頁 248。
〔註167〕新版《鍾理和全集 6》1957 年 3 月 23 日日記，頁 220～221。
〔註168〕新版《鍾理和全集 4》，頁 49。

現了超強的生命力，在各個角落生長著。植物旺盛的生命力，讓作者非常讚嘆，只要時序一到，馬上從各角落發芽、生長。菅草倔強的生命力，在任何縫隙皆能生長；而高大喬木，則經歷無數災難，卻仍緘默和沈著，堅強地存活至今。這些為磨刀河那面官山的景色，而笠山這邊，年輕男女正努力的工作著，如同自然界旺盛的生命力般，他們之間洋溢著青春的活力。

　　作者還特意安排不同個性的人，出現於不同植物下，如文中最有智慧的劉漢傑，他就坐在榕樹下沈思，榕樹如同充滿睿智的老者，最適合他；而女孩子午休吃飯的地點，則在河中央的巨大茄苳樹下，這裡有陰涼的樹蔭，正適合讓女孩子吃飯聊天。

　　除了〈笠山農場〉以植物的生命力象徵青春活力外，吳錦發在〈秋菊〉中，也運用了植物的象徵意義：

> 我託領我前來的秋菊的弟弟返家拿了一把鋤頭。拿著鋤頭，我到前方廢鐵道那兒，剷了好些野生的長柄菊，我把她們整株整株連根帶土剷起來，鋪種在秋菊的墳上。
>
> 夕陽落到山尖的時候，我完成了工作，把鋤頭橫放在地上，坐在鋤柄上，我再打量著那被長柄菊鋪滿的墳地；長柄菊把莖抽得長長地，在莖頂上柔柔地綻放著黃色的小花，在夕暉下隨風搖擺，像大地充滿了哀憐的眼睛。〔註169〕

長柄菊客家話稱「假菊花」，整株曬善乾後，可熬煮成湯汁，具退火功效。秋菊曾帶主角採摘這種草，並教他許多藥用野草。菊花在傳統上即有高潔之意，而主角認為秋菊天真的個性，像「靜靜地在陽光下展露出素樸之美的野生長柄菊花，潔淨，天真，使人生不出一絲邪惡之心。」〔註170〕對秋菊，雖有交往，但他不敢有非分之想，她純潔的心靈吸引著主角，因此，在秋菊死後，主角特意剷一些長柄菊種在墳上，讓這些象徵她個性的花朵蓋滿光禿禿的泥土，讓她的墳不會醜陋，在他心目中，秋菊的形象永遠潔淨、天真。

（二）野生動物

　　除了植物外，美濃作家對於動物也有很多描寫，筆者以作品中常出現的彌猴、斑鳩、蝴蝶與魚蝦為例，說明這些動物在作品中的角色。

〔註169〕吳錦發：《秋菊》，頁132。
〔註170〕吳錦發：《秋菊》，頁51。

　　首先是彌猴，臺灣彌猴棲息於美濃山系，據吳錦發調查其數量約有二百至三百隻。在臺灣十個彌猴族群中屬大型的，從旗尾山一直到雙溪深處，皆為其棲息地。〔註171〕因此只要居住在美濃山系的作家，作品中皆有猴子出現，最早的是鍾理和的〈笠山農場〉，彌猴出現在第二章，也是劉少興買下笠山的原因之一：

> 突然，就在他的頭上，他聽見數聲猿啼。他睜開眼睛，於是在上面高高的樹枝間，他發現有一隻猴兒。猴兒在樹叢間攀援著，有時靜靜地朝下邊窺視一會兒，似乎是想知道下邊的人對牠有無危險。
> 〔註172〕

劉少興吃完午餐，正在悠閒地休息，突然被猿啼吵醒，發現此處竟有猿猴，讓他非常吃驚，表示此處生態完整，沒有人類干擾，因此猴子對他充滿好奇，沒有馬上逃離。野餐處為磨刀河上游「石門」，壯觀的巨石令劉少興大開眼界，微風徐徐，最後加上猿猴的出現，整個氣氛充滿原始感，清幽、閒適，不久，笠山就落入劉少興之手。

　　接著是鍾鐵民作品〈雨後〉，以祈雙發追捕公猴串連整篇故事，為美濃作家中，描寫最深入的作品，從第一章祈雙發在颱風天去山上巡陷阱，為了抓到那隻大公猴，他追捕了半年，卻一無所獲，接著他回想第一次見到猴群的情景：

> 山藤很粗，纏滿細枝綠葉。毫無預兆，也不知道什麼時候開始，祈雙發感到樹枝動搖，一抬頭就看見一隻接著一隻的猴子，快速的沿著老藤攀過對面的山壁去，兩壁樹枝一齊動搖著，像大風在吹，簌簌作響。也不知道有多少隻，轉眼間老藤上只剩得枝葉在幌盪，祈雙發連念頭都還沒有轉過來，一切又回歸平靜了，只有幾隻畫眉依舊在谷底婉轉啼唱。〔註173〕

沒有預期的情況下，突然間一隻隻猴子從眼前的山藤攀過，在尚未看清楚前消失無蹤，僅剩樹枝搖動，當政府允許民間用獵槍後，猴子幾乎絕跡，他有十數年沒有看見猴子了，所以當他看見猴子時才會又驚又喜。至於猴群為何出現在淺山，究其原因，他發現是他種的樹薯將猴群吸引過來，這

〔註171〕《美濃鎮誌・林業篇》，頁686。
〔註172〕新版《鍾理和全集4》，頁26。
〔註173〕《鍾鐵民全集2・雨後》，頁36。

個原因令他高興，表示猴群還會再來。而祈雙發會想獵捕那隻大公猴，是看不慣牠的高傲，似乎看不起人類，於是讓他興起與牠鬥智的念頭。他捨棄用槍，而是設陷阱，猴子很聰明，往往能識破，如此一來，更激發他的鬥志，一直與大公猴纏鬥至最後一章。故事就以追捕猴子的過程，串連了兒子祈天星的愛情。

吳錦發於〈猴因緣〉中，提及他與彌猴的往事，他就讀小學時，遠足就到靈山爬山，會在雷音寺休息，然後再一鼓作氣爬上稜線：「稜線上是一大塊平坦地，植有濃密的相思樹林，通常彌猴群就在相思林中出沒，十幾二十隻，大猴帶小猴，在樹梢上跳躍奔竄。」〔註174〕看到猴群的學生，頓時歡呼，完全忘了爬山的疲倦，孩子對於猴子充滿好奇，尤其是在野外看到彌猴，看牠們在樹梢靈活的跳動，心情都會變好。此外，還有一種與猴子相關的補品「猴膏」，吃了能強健體魄，於是作者常被母親逼著喝，後來知道「猴膏」的作法後，誓死不再喝。而美濃的猴子因為棲地受到破壞，漸漸消失了：

> 家鄉的猴子在我唸高中的時候慢慢絕跡了。不過有鄉老告訴我，牠們並沒有被消滅，只是因為靈山被不肖商人伐木伐得厲害，牠們躲向更深的金字山那邊去了。〔註175〕

美濃山系的猴子絕跡，是因為林地遭到濫伐，迫使牠們往更深山處遷移，以往可以在靈山看見野生彌猴，後來得到動物園才能觀賞，當得知柴山有野生彌猴時，他非常興奮，還不辭辛勞帶女兒去看，但他還是比較懷念在靈山看彌猴。在政府制訂野生動物保育法後，臺灣彌猴受到保護，族群開始增多，現在牠們已回到美濃山系，重新成為山林的主人。

山區除彌猴出沒外，鳥類數量與種類更多，其中以斑鳩最常見，也最常出現在作品中的。斑鳩數量多，不管山區或平原皆可看到牠們的身影，因體型較大，且易捕捉，在過去物質缺乏的時代，成為補充蛋白質最好的來源，因此美濃作家對斑鳩皆有深刻的記憶。鍾理和〈笠山農場〉描寫笠山的春天景色時，特別寫到斑鳩：

> 在梯田的四周，那些野生的不知名的山花，紅白相映，向著暖和的春風，翩翩起舞。斑鳩在竹梢和哪個山坳裡，在咕、咕、咕的有節奏的叫著，由二個地方互相唱答。春天是牠們下蛋孵子的時候，他

〔註174〕吳錦發：《生命 Hiking》，頁65。
〔註175〕吳錦發：《生命 Hiking》，頁67。

們要在這季節裡把子孫延續下去。這是生的季節，繁殖成長和化育
的季節。〔註176〕

斑鳩特有的「咕、咕、咕」的叫聲，從山坳傳來，而鳩鴿科的習性是一夫一
妻，常常可以看到牠們出雙入對，春天是繁殖的季節，整個山谷皆可聽見牠
們的歌聲。本段寫於〈笠山農場〉最後一章，農場事業失敗，饒新華死亡，
看似人間悲劇，但死亡是生命極其自然的事，有死亡就會有新生，此種循環
永不停止，因此，作者在最後一章安排春天的景色，代表春天是生的季節，
會有更多新生命誕生，一切都充滿希望。鍾鐵民〈清晨的起床號〉對於斑鳩
的生態有更進一步的描寫：

> 斑鳩的啼叫還有一種方式，也是常常聽到的，約莫是「谷故咕——
> 故」。那略帶蒼涼神秘的韻味，很令人神往。小時候山中斑鳩的數量
> 很多，在離屋稍遠的樹林、竹叢、果園中，隨處可以尋到牠們的蹤
> 影。〔註177〕

斑鳩的叫聲，聽起來有種蒼涼神秘的韻味，因為山區有很多斑鳩，當牠們啼
叫時，微風伴隨著「谷故咕——故」，能令人體會到深山的清幽，是山中獨有
的氛圍。除了〈清晨的起床號〉外，關於斑鳩的書寫，尚有〈金斑鳩〉一文，
專章介紹山區美麗的斑鳩——「翠翼鳩」。

　　原名雙溪的黃蝶翠谷多樣生態中，數量最多的應屬黃蝶，尤其在大發生
期時，曾有同時間五千萬隻蝴蝶飛舞的壯觀景象。是已發現的蝴蝶谷中，單
位面積裏淡黃蝶族群數量全世界最高的，也是目前所知東南亞地區，唯一的
生態型蝴蝶谷。〔註178〕黃蝶翠谷的形成，是日據時期人工造林時，無意之間
產生的，當時為了製造步槍槍托，在雙溪廣植鐵刀木，剛好是淡黃蝶幼蟲的
主要食物，再加上氣候、地形與其他產蜜植物等條件，才能有此奇觀。面對
如此龐大的蝴蝶數量，鍾理和在作品中卻無相關描述，亦無「黃蝶翠谷」的
名稱，可知在鍾理和的年代，雙溪的黃蝶尚無巨大規模。關於黃蝶的書寫，
有兩首傳統詩，兩位詩人的時代，黃蝶翠谷已經聲名遠播，因此黃蝶成為他
們書寫的對象：

〔註176〕新版《鍾理和全集4》，頁339。
〔註177〕《鍾鐵民全集5》，頁101。
〔註178〕《美濃鎮誌》，頁231。

〈黃蝶翠谷〉朱鼎豫

　　石上飛泉聒聒通，翩邊黃蝶滿鋪空；

　　岩阿夾古舒煙景，曲徑深幽放眼瞳。

　　綠水青山情泫泫，花辰月夕樂融融；

　　四時聲色年年好，墨客遊人傲此蹤。

〈探雙溪蝴蝶谷紀念〉鍾美盛

　　□賞濃山載酒行，偶逢舊友忽心驚。

　　飄飄蝴蝶尋花舞，蟬脫秋光哭舞庚。

　　雙溪蛺蝶色紅黃，百草青青喜降霜。

　　九月蟬聲喧脫殼，專心賞景入山鄉。

朱鼎豫〈黃蝶翠谷〉詩中，「翩邊黃蝶滿鋪空」說明黃蝶大發生期的景象，整個山谷都是黃蝶，「綠水青山情泫泫」則描寫雙溪的自然景色，整首詩對於黃蝶翠谷的美景，讚譽有加。鍾美盛〈探雙溪蝴蝶谷紀念〉描寫秋天的翠谷，有蝴蝶亦有蟬聲，詩中寫到「飄飄蝴蝶尋花舞」、「雙溪蛺蝶色紅黃」，並沒有專指黃蝶，而是統稱，秋天的蝴蝶谷，仍舊美麗。

　　除了傳統詩人外，鍾鐵民〈黃蝶兮！歸來〉、〈美濃的黃蝶祭〉、〈蝶谷幽情〉與其他反水庫作品，鍾鐵鈞〈黃蝶翠谷的嗚咽〉、〈黃蝶祭又來了〉與其他環保、反水庫相關作品等，皆以黃蝶與黃蝶翠谷為主題，傳達此地之珍貴資源，須加以保護，才能保持其完整性。

　　雙溪豐富的魚蝦資源，成為各年齡層遊客的最愛，更是當地人童年的回憶，其中溪哥最常見，亦最常出現於作品中，如鍾理和〈笠山農場〉：

　　潔淨的溪水，由互相枕藉的兩石間，淨淙下注，小潭有二尺深，水色幽綠，清澈見底。有乖覺的黃哥白；有蟹；蝦伏在潭底，圈套碰著牠，一擺身，躲開了。有的時候，牠傲慢地祇抬了抬尾巴，或者用長得可笑的兩支螯小心翼翼地，把圈套摸摸，搔搔，輕輕地捧了下。牠那猜疑，狡獪和像智者的冷靜，是足令人生氣的。牠像在嘲笑人的愚蠢呢──。〔註179〕

黃哥白是溪哥的一種，清澈的溪水，黃哥白、蟹、蝦清楚可見，但要抓牠們可不簡單，以山棕作圈套，用來套溪蝦，可是牠們可靈巧的躲開，狀似嘲笑般戲弄圈套。鍾理和將溪裡的蝦子寫得活靈活現。

〔註179〕新版《鍾理和全集4》，頁82。

　　早年物質缺乏，野生動物成爲補充蛋白質的來源，抓魚蝦是孩子們的最愛，可盡情玩水，還能爲餐桌加菜，是當地孩子的快樂回憶：

> 小溪在旱季是要枯竭的，從農曆的十一、十二月開始到第二年三月前後。小時候從學校下課回來，常捧著奶粉罐子沿溪而上，尋找一個一個小水窟，走不多遠就可以撿拾小半罐魚蝦給晚餐桌添加美味，連平時不易空手捕捉的土虱、鰻魚、烏斑、沙鰍都手到擒來，好有成就感。那時好盼望溪水趕緊斷流，完全體會不出農村缺水的無奈。〔註180〕

抓魚蝦最好的季節是旱季河流枯竭前，各種魚蝦會聚集在小水坑，常能抓到平時不易到手的魚類，這個季節小孩最開心，只想著餐桌菜色不再單調，完全無法體會即將缺水的無奈。鍾鐵鈞〈堵水抓魚樂〉同樣描寫乾季時抓魚的樂趣：

> 從下游開始，在一小池一小池將近乾涸的河床上，可以發現缺水待斃的魚蝦全部集中在最中間，完全失去了掙扎能力，任由我們挑著撿，太小或不中意的還不要呢！反正它們會被晒死，能夠在臨死前做做好事，祭祭人類的五臟廟，也該算是「物盡其用」吧！早年，物質缺乏、肉類不足的情況下，有盤香酥好吃的魚蝦，還眞是上天的恩典呢！〔註181〕

一年只有這段時間可以盡情抓魚，不費吹灰之力即可撿到一大盤魚蝦，甚至還挑剔，太小的、有缺陷的還不要，可見當時魚蝦數量極多，能滿足附近居民的口腹之慾。吳錦發在〈春秋茶室〉中，也寫到他們在美濃溪畔抓魚打牙祭的情景。居住在溪邊的作家，皆有抓魚蝦的共同記憶。

三、生態失衡

　　上述的自然生態已經改變，當雙溪環境受到破壞後，再加上人類的濫捕濫伐，導致山裡許多動物已絕跡，溪裡的魚蝦漸漸變少，以往隨便都能抓都能加菜的情景，已成爲回憶。

　　鍾鐵民〈家園〉中，描寫主角涂吉光對於抓魚蝦的記憶：

> 特別在早年生活困苦，經常處在飢餓和營養不良的年代，獵取山產

〔註180〕《鍾鐵民全集5·冬寒落雨夏寒晴》，頁225。
〔註181〕鍾鐵鈞：《笠山依舊在》，頁144。

鳥獸和水產的魚蝦，其實也是生存之道，只是近年來衣食豐足，也
厭惡胡亂殺生，多年來幾乎已經忘記這種樂趣了。〔註182〕

過去獵取鳥獸與魚蝦，是不得已的事情，那是為了要生存，而現在豐衣足食，
不需要再任意獵捕動物，涂吉光只想抓一點魚蝦，為都市回來的孫女加菜，
讓她們吃一點不一樣的食物。這是用自然方式捕捉，並不會破壞生態，但若
以毒藥就不一樣了，常常將整段河流的魚蝦全都毒死，造成生態浩劫，令人
痛心，因此鍾鐵鈞提出沈重的呼籲，不該繼續殺戮：

二十幾年過去了，大家豐衣足食，不僅雞鴨魚肉不再稀奇，簡直就
是營養過剩，遑論一些野味，真令人搞不懂，為什麼還要毒魚呢？
為了滿足人的味覺口慾而使其他物種滅絕，這是野蠻不懂尊重生命
的做法。為了後代子孫永續生存發展，人類該學習謙卑、該學習如
何取用自然、與自然和諧相處了。〔註183〕

現在的生活富裕，根本不缺食物，捕魚蝦僅為了嚐鮮，為了自己的口腹之慾，
就大肆捕捉，甚至用毒藥毒魚，早年也有毒魚，不過那是為了補充營養，魚
蝦是最方便取得的，且那時河流中，魚蝦豐富，人類少量的捕捉，並不會造
成傷害。現在的人不缺營養，卻用毒性強的氫酸鉀，常常造成溪流的浩劫，
為的是好玩、享樂，完全不尊重生命。

除了魚蝦的浩劫外，蝴蝶也逃不過死亡的命運：

自從「黃蝶翠谷」在世俗人面前展現了它的美後，一批批的遊客慕名
而來踏青、郊遊、烤肉、露營，更糟的是引來了一批批的捕蝶人，一
罐尿、一張大網穿梭於溪邊，一網下去就是幾十隻蝴蝶，有時為了標
本的配色還把淘汰的棄置在地上，一天下來往往是滿溪谷的死蝶，一
天又一天、一年復一年，終於使黃蝶翠谷在這些美的終結者下，步上
了與其它旅遊地點相同的命運——生態破壞、垃圾隨處可見。〔註184〕

蝴蝶標本曾為臺灣創造龐大的外匯，但其背後，卻造成生態的浩劫，黃蝶翠
谷成名後，商人為了這些美麗的身影，大量捕捉，導致蝴蝶大量死亡。日復
一日的捕捉下，黃蝶翠谷的蝴蝶日漸減少，生態破壞、垃圾滿地成了它的下
場，看在作者眼裡，非常不捨。

〔註182〕 《鍾鐵民全集4》，頁371。
〔註183〕 鍾鐵鈞：《笠山依舊在‧毒魚的回憶》，頁81。
〔註184〕 鍾鐵鈞：《笠山依舊在‧黃蝶翠谷的嗚咽》，頁83。

　　對於生態失衡的觀察上，鍾鐵鈞的作品最多，除了〈毒魚的回憶〉外，〈魚蝦不見了〉、〈放生〉、〈會場外的民主〉、〈出火坪半日游〉、〈電魚〉、〈排水溝的聯想〉等，皆反映了此種生態危機。鍾理和的年代，自然生態豐富，故作品完全沒有失衡的問題。鍾鐵民較多回憶過去抓魚蝦的樂趣，此類作品筆調輕鬆、幽默，可感受到作者快樂的童年時光，當面對水庫議題時，他以宏觀的角度看生態失衡，濫砍森林導致森林喪失涵養水源功能，如〈有用與無用〉；而黃蝶翠谷受到破壞，導致黃蝶數量銳減，居民為宣揚環保觀念，舉辦「黃蝶祭」活動，鍾鐵民寫下〈黃蝶兮！歸來〉、〈美濃的黃蝶祭〉描述保護黃蝶翠谷的重要性。鍾鐵鈞常常到雙溪遊憩，直接面對魚蝦資源耗竭的現況，對於人類的濫捕，他感到氣憤，故作品的批判性較強，與鍾鐵民緩和的筆調迥異。

　　美濃作家對自然生態的看法，強調人與自然是和平共存的關係，對於人類自以為優秀，任意破壞生態，給予譴責。因美濃三面環山，擁有原始的自然環境，野生動植物在此展現生命，早年物質缺乏，不得已捕捉牠們食用，而今，經濟快速發達，人類卻侵犯野生動植物的生存空間，任意捕捉、砍伐，使其族群越來越少，因此，作家們在作品中提出保護生態的呼籲。從鍾理和開始，美濃作家即傳承了此種與自然為一體的觀念，反對人為開發、破壞，希望家鄉能保有多樣化的自然生態。

第四章　農業活動的書寫

　　美濃的經濟以農業爲主，自日據時代以來，因水利工程完備，土地利用周密而有「穀倉」之稱。從西元一九三九年以後，主要的農作物是二季水稻，一季菸草。水稻在日據時代是輸出農產品中的大宗；菸草屬經濟作物，西元一九三九年殖民政府在美濃設立菸草生產輔導區，教導人民種植之外，也統籌收購，因此成爲美濃的一項重要財富來源。〔註1〕菸葉與水稻互相依存，通常菸農採二期水稻一期菸葉的種植順序，故水稻與菸葉是美濃兩大作物。其餘經濟作物本文分雜糧作物與園藝作物兩大類，前者包含蕃薯、毛豆、芝麻等；後者包括木瓜、香蕉、荔枝等。除了農業外，畜產業在美濃亦爲重要經濟來源，如養豬、雞、鵝、鳥、蝦等。本章筆者將分析美濃作家對農業活動的書寫，除了描述個別作物的生產情形外，亦觸及農業相關的困境，最後則是這些農業產生哪些人文地景，以及它們如何構成美濃的產業文化。

第一節　水稻的轉型承傳

　　水稻爲本區最重要作物之一，其在農業上佔有相當重要地位。一九七六年水稻栽培面積達到最高峰七九二四公頃，一期稻產量亦達最高峰。後來因稻米生產過剩，政府於一九八四年開始實施減產計畫，種植面積逐年減少至一九九四年僅剩三八六〇公頃左右。不過，因美濃種植菸葉需在第二期稻作之後，只要菸草面積不變，稻田面積也不致改變太大，使得美濃成爲高雄最重要的水稻生產區。〔註2〕

〔註1〕　《美濃鎮誌》，頁 120～121。
〔註2〕　《美濃鎮誌》，頁 631～634。

　　由於稻作是美濃主要糧食作物，對居民的影響很大，稻米豐收與否，關係著全家人一年的生活；農民對稻米具有很深的情感，即使賠錢，仍以養孩子的心情在種田。對於這種情感，作家感觸極深，因稻米種植不需許可證，美濃作家家中也曾種過稻，如鍾理和父子家，故對於水稻的描述，特別深入，作品亦最多。他們的作品涵蓋日據時代以來美濃的稻作歷史，可看出美濃水稻種植的興衰。本文將以鍾理和父子作品為主，其他作家為輔，分為從插秧到收割、農損防制、農業轉型與美濃的水稻地景，探討作者如何描寫水稻種作，與美濃人對水稻的複雜感情。

一、從插秧到收割

　　首先是從插秧到收割的農忙時節。美濃的稻子品種，分在萊稻與蓬萊稻，鍾理和在〈薄芒〉保留了日據時期美濃稻作的品種：「圓占、枳姑、烏殼，還有不很多的蓬萊種，又還有更少的圓糯等等。」〔註3〕一九三七年至一九四○年間，日本政府執行去偽去雜，將稻米品種釐定，作品中的烏殼即為烏殼清油，適合第一期種植；圓占應為「青果占」，為第二期主要栽種品種；〔註4〕枳姑目前查無此品種。這三個品種皆已淘汰。〈薄芒〉寫於一九四四年，蓬萊種已經在美濃栽培，但數量不多，圓糯數量更少。

　　美濃水稻種植二期，一期稻為二月至六月，二期稻為七月至十月底左右，其中以春天種植的一期稻景色最美，且稻田注水後所呈現的美景，常成為作家描寫的對象，如鍾理和〈做田〉寫的即此階段：

> 天，和雲，和山的倒影，靜靜地躺在注滿了水的田隴裡。犁田的人把它們和著土塊帶水犁起，它們就和田裡茂盛的青豆之類糾纏在犁頭上，像圍勃一般，犁走兩步就纏成一大堆，好像整塊田都掛在那裡了，前邊的牛踉踉蹌蹌，並且停下來。〔註5〕

注滿水的田，倒映出天與山的景色，農民在此犁田整地，將當作綠肥的菁豆犁起，結果犁被糾纏住，無法動彈，作者感性的寫，這是因為將天與山一起犁起，難怪會擱淺，本篇呈現了傳統的農耕景象，藍天、青山、水牛與農人，自然與人文互相交融，傳達出寧靜祥和的景致。〈做田〉寫於一九五四年，農

〔註3〕　新版《鍾理和全集3》，頁3。
〔註4〕　《美濃鎮誌》，頁631。
〔註5〕　新版《鍾理和全集5》，頁72。

村尚未機械化，耕地以牛為主力，肥料使用尚未普及，仍以綠肥為稻田增加養分。鍾鐵民〈蒔田〉發表於一九六一年，作品裡描寫農村插秧的情景：

> 秧苗一排排，很整齊地被插在耙平了的田坵上，蒔田的人彎著腰，
> 左手拿秧把，右手像機器一樣，輕快地，有規律地把秧插入泥漿中，
> 腳步一步步地退著，於是秧苗便一行行，一排排，慢慢蒔滿了坵田；
> 蒔田的人一邊高興地談著話，偶而還爆發出一陣大笑，點綴了寂靜
> 的山區。蒔田，看起來是多麼輕鬆而愉快的呀。〔註6〕

同樣以人力插秧，看起來容易，實際插秧，卻發現真的不簡單，主角嘗試過後，發現自己小看了蒔田這份工作，它是需要技術與經驗的，而蒔田的人，個個熟練的將稻秧插入泥漿中，漸漸地，一行行的秧苗，已經蒔滿整片田。整篇作品流露出農耕時的歡樂氣氛，與鍾理和〈做田〉一樣，將人與自然融合在一起。蒔田時，附近居民輪流幫忙，聯繫了人與人間的感情，以「爆發出一陣大笑」與「寂靜的山區」相映襯，凸顯農民們愉快的心情。

禾苗漸漸長大，又下了一陣及時雨，農民原本揪緊的心，終於放輕鬆，看著自己的稻子，滿心期待：

> 在微光裏可以看見，掛著花的稻穗參差地突出禾葉上面，隨著晨風
> 不住地搖頭顫動，形成一波接一波的稻浪。他們站在田坵上，默默
> 地向田裏凝視，深深地吸著隨風飄來的稻花與野草的芬香，四周的
> 一切都帶著水，遠方山腳處河水隆隆，這回該溼透了吧！〔註7〕

開花的稻穗所形成的「一波接一波的稻浪」，讓視覺感到壯觀；稻花與野草組成的芳香，讓嗅覺得到享受，看著稻子逐漸成熟，內心的愉悅表現在文字上。再來要收割，此時收割仍是人力，打穀機也是半人力，因此收割在農村是大事，幾乎全家總動員：

> 左右都是打穀機，一連幾部在遠近合唱著，人聲在轟隆機器聲縫中
> 不時突起，大人的談話聲夾著小孩子的尖叫，這正是稻穀收割工作
> 最緊要的時候啊！那邊是阿丁哥的田，前面在割著稻子，後面牛犁
> 可就跟著翻地，等著菸秧落土，聽說菸秧已經過長，再也等不得了。
> 〔註8〕

〔註6〕　《鍾鐵民全集4》，頁4。
〔註7〕　《鍾鐵民全集4・夜雨》，頁74。
〔註8〕　《鍾鐵民全集1・菇寮》，頁103～104。

收割的場面，充滿了各種聲響，有打穀機的轟隆聲、大人的談話聲、孩子的尖叫聲，呈現出一幅熱鬧的場面，是一個豐收季節，且收割速度要快，因二期稻收割之後，馬上要翻土，接著就要將菸苗落土，農事一件接一件，絲毫不能休息。

稻子收割完，緊接著要曬穀：

> 曬穀是非常辛苦的事情，有曬穀禾埕的人家在自己禾埕上曬，如果沒有，就只有早上將穀袋用牛車載出鎮道上去，利用柏油路面來曬穀了。幸好幾十年來農村環境改善，柏油路通向鎮子四周的每一個地區，連田野間的小路都由柏油舖成，平日交通方便舒服，收穫期更成了曬乾農產品的最好場地。〔註9〕

過去沒有機械烘乾的時候，曬穀都是在禾埕上曬，亦說明為何夥房一定要有禾埕的原因，除了能曬穀外，還能曬其他農作物，在農業上具有重要的功能性。若無禾埕，就得將穀載到鎮道上，在路邊曬，而汽車駕駛很能體諒，都會小心繞過，因為大家都有這種經驗，展現出小鎮的濃厚人情味。曬穀子的辛苦，得要親身經驗才知：

> 雖然，曬穀子很是辛苦，但眼看滿地金黃，在日光下閃閃發光，一分耕耘、一分收穫的喜悅，卻足夠換回一季的辛勞，一切辛苦都隨著陣陣的清風煙消雲散。〔註10〕

穀子曬一陣子要翻面，而其刺毛會沾在身上，讓身體又刺又癢，且因是在大太陽下曬穀，翻穀時的熱氣，常讓人受不了。然而看到滿地金黃，所有的辛苦全都消失，這是一季辛勞的成果。

要能豐收，就得祈求老天幫忙，別發生天災與蟲害，因為這對看天吃飯的農民，造成很大的損害。下面本文將討論稻作如何防制農業損害。

二、農損防制

前一章氣候曾寫到，氣候正常與否，對農業的影響很大，在天災中，以旱災、水災最常發生，而臺灣位於亞熱帶氣候區，颱風亦常造成農產品重大損失。因天候異常，導致病蟲害發生機率偏高，造成稻子損失。天災已於前

〔註9〕 《鍾鐵民全集2‧雨後》，頁172。
〔註10〕 劉洪貞：《未上好的袖子‧曬穀記》，頁117。

一章討論，本節不再重複，除了看天吃飯外，蟲害、雜草、鳥類也是農民頭痛的事，爲了對抗這些損害，農民各有防治辦法。

　　首先是蟲害，過去尚未有化學農藥前，大多以人工或機械防除爲主，到一九五〇年至一九六〇年，政府爲增加糧食生產，大量推荐使用化學肥料及農藥，甚至後來之殺草劑，才使產量大增，農村才開始有足夠糧食。〔註11〕農藥發明後，成爲防治病蟲害最重要的辦法：

　　　　他無可奈何的看了看四周，不錯，除了根莖部有禾蚤，稻葉上又有
　　　　捲葉蟲。根莖部分得改噴藥粉，隨即莖面還要再噴殺蟲劑，這季水
　　　　稻幾乎是用農藥堆積成的，花錢還傷身。〔註12〕

稻子長蟲，還不只一種，根莖部有禾蚤，稻葉上有捲葉蟲，必須噴藥殺蟲，而因天候不穩定，蟲子生長快速，噴農藥既傷身又花錢，不噴又不行，農民對農藥的依賴已經很深。〈雨後〉亦寫到蟲害，天氣濕熱適合螟蛾生長，得噴藥防制：

　　　　穀穗開始灌米漿，稻田要灌漑，像秧苗時一樣，需要浸在水裡。但
　　　　是有濕氣，太陽又熱，正是螟蛾孕化的好環境，如果天星在家，他
　　　　知道什麼時候該噴農藥，何五妹看到很多人在噴射ＰＭ藥粉，田野
　　　　裡常常可看見白煙飄揚。如果情形不對，需要立刻請人來殺蟲。

　　〔註13〕

臺灣農民對農藥的認知不足，總認爲加越多越有效，「田野裡常常可看見白煙飄揚」，「白煙」不是霧氣，而是農藥，「常常可看見」表示噴灑的次數頻繁，因此農藥殘留量高，且噴藥時的保護措施不足，常讓自己暴露在毒氣中，造成身體損害。

　　關於稻作蟲害的部分，鍾理和作品裡沒有提及，鍾鐵民作品亦不多，因農藥太好用，能有效防止病蟲害，減少損失。

　　其次是雜草，除草是農民最痛恨的工作，因草生長的速度遠遠勝過稻子，若不趕緊拔除，雜草就會先聲奪主，搶走稻子的肥料。在農藥未普及前，除草的工作，常常由孩子負責：

　　　　整片稻田裡都是細細短短剛冒出來的菝菜，我們要用腳踩進田土裡

〔註11〕　《美濃鎭誌》，頁 632～634。
〔註12〕　《鍾鐵民全集 2・田園之夏》，頁 511。
〔註13〕　《鍾鐵民全集 2・雨後》，頁 111。

踩，稻田面積是那麼廣闊，踩得我兩腳酸麻；長得粗壯的菔菜則必須彎腰用手去拔除，往往禾葉比我的膝蓋還高，腰彎下去葉尖正好刺在胸口，太陽又烈空氣又悶熱，半天下來，我胸口紅腫發癢，彎腰彎得全身疼痛。拔起來的菔菜一堆堆的丟棄在田膣上曝曬，這時節菔菜在我眼中是討厭的雜草，有好長一段時間，我恨死了這些除之不盡的菔菜。〔註14〕

在美濃，除草有兩種方式，一種是用腳將草壓進土裡，稱為躑田；另一種跪著用手除草，稱為搓草。不管用哪一種，都是很吃力的工作，「踩得我兩腳酸麻」、「彎腰彎得全身疼痛」，菔菜生命力極強，是田裡除不盡的野草，雖然可以食用，但輪到自己去除草時，就會恨死它這它。農藥普及後，除草變輕鬆了：

農村人力流向都市，水稻的生產工作更強烈的依靠機械和化學藥品，如今插完秧苗後，把除草劑撒下去，寸草難生，完全免去傳統的躑田搓草，菔菜生命再強韌也抵不過現代科技，終於失去在稻行間生存的機會了。〔註15〕

農藥效果很好，只要插完秧灑下除草劑，保證寸草不生，生命力再強的菔菜同樣敵不過，而「失去在稻行間生存的機會」。除草劑如此好用，讓農民十分依賴，連草都不能生存，何況田間的小動物，農藥改變了稻田的生態，亦改變了人們的生活記憶，少了在田裡釣青蛙的記憶，抓禾蝦的樂趣，田間一片沈寂。

鍾永豐在〈草〉〔註16〕中，同樣表達對草的痛恨，最後也是以農藥對付這頑強的敵人：

阿爸恨草　草搶肥料禾餓到（阿爸恨草　草搶肥料稻餓到）

阿姆畏草　草生田膣撥到老（阿母懼草　草生田埂除到老）

哥擺姊擺是青驚　捹到田尾　田頭靚

（哥哥姊姊怕死了　拔到田尾　田頭茂盛）

首段先寫對草的恨意，農藥發明前，即使全家總動員拔草，仍趕不及草生長的速度，大家拔草拔到生氣。爸爸恨草，媽媽懼草，哥哥姊姊怕草，作者一步步加強農民對草的恨意，從搶肥料，除到老還在除草，到最後草實在太強

〔註14〕　《鍾鐵民全集5・菔菜？好吃！》，頁136。
〔註15〕　《鍾鐵民全集5・菔菜？好吃！》，頁137。
〔註16〕　收錄於《我庄》專輯。

了，不管怎麼拔，永遠都有草，作者以此種手法，塑造農民恨草的意象，讓農藥取得使用的合理性，是要解決這個這個恨意：

　　灑分佢死　這兜雜草全土匪（農藥灑給它死　這些雜草全土匪）

　　築紅毛泥　田塍泥駁　打分佢在（築上水泥　田埂土堤　嚴密厚實）

　　趕分佢上　趕分佢上（趕給它上　趕給它上）

　　千二斤割　毋罅爽（每分地割一千二百斤稻米　不夠爽）

農藥發明後，只要噴農藥，這些草全部皆可殺死，一吐對草的怨恨。噴藥時充滿怨氣，罵草是「土匪」，噴藥還不夠，田埂還用水泥封住，讓草完全不能生長，農民對真的草恨之入骨。然而，農藥真的是萬靈丹，能永遠解決野草的問題，答案是否定的：

　　越灑越毒　藥廠農會賺飽肚（越灑越毒　藥廠農會賺飽肚）

　　緊灑緊嚴　蝦蟆死淨泥肅恬（越灑越濃　青蛙死光土靜寂）

　　總斷根！總斷根！就係這號除草劑！

　　（總斷根！總斷根！就是這號除草劑！）

除草劑噴多了，這些草出現了抗藥性，於是得用更毒的藥，越噴越多，最後，賺錢的是藥廠；農藥越來越濃，青蛙全被殺死，過去田間蛙鳴聲，已不復聽見，所有的草全枯死，這就是除草劑厲害的地方。由對草的恨，衍生出以除草劑讓它徹底死亡，以解心頭之恨，然而，對土地的傷害卻很大，無辜的青蛙被毒死，田間沒有其他生物存活，少了天敵，蟲害更嚴重，結果又得用更多、更毒的農藥才能防制，造成一種惡性循環，最後嚐到苦果的仍是人類。

　　農作物的種植與災害，皆與氣候環境有關，而隨著農村收入微薄，年輕人湧向都市求生存，耕作人口不足，以機器代替人工，成了未來的趨勢。

三、耕作的轉型

　　面對人口外移，水稻式微的情況下，要傳承水稻種作，就必須在耕作型態上轉型，農業機械化與有機種作是目前農村求生存的方式，前者可解決人力問題，後者以健康安全為訴求，建立精緻化農業。

　　首先是農業機械化。一九六○年，政府開始推行農業機械化，但成效並不好，主要原因是價格太貴，當時臺灣勞動力還算充沛，農忙時仍找得到人幫忙。且老一輩的人觀念保守，年輕一輩又無法主導，導致父子之間衝突不斷。

美濃作家中，最早關心農業機械化的是鍾鐵民，他的〈夜雨〉寫於一九六二年，是第一篇關於機械化的作品，亦即政府開始推廣新政策不久，作者觀察到農村對機械化的排斥：

> 從昨天下午起他就一直生著悶氣，他是很少跟兒子生這麼大的氣的，誰不知道老阿財伯脾氣好？可是阿富太胡鬧了；要把這個家變得像什麼呢？現代化也要有個樣子呀！吵人的收音機先搬了回來，接著電風扇，最後電鍋也買了回來。這一切他都沒說話，想不到這孩子變本加利，犁田的牛也不要了，竟想用起鐵牛來，怎能教人不生氣呢？你想，田裏聽不見趕牛聲，只有那碰碰的機器響著，那簡直教人想起來就不舒服。要是家家戶戶都不用牛，那麼田裏除了碰碰聲再也聽不見什麼了，這還成什麼世界嘛！種種的改變令他感到害怕，他覺得自己將被他所熟悉的世界排出，而另一種生活的方式對他太陌生了。他不喜歡改變，也不允許改變。為什麼一定要變呢？
> 〔註17〕

當父親的對兒子追求現代化感到不滿，先是收音機，接著電風扇、電鍋，這些對於收入不多的農民，屬於奢侈品，已經引發他不滿，現在更想買鐵牛，他堅決反對。老一輩的農民仍習慣以牛來耕作，在他們觀念裡，田就要用牛耕，沒有趕牛聲，僅剩「碰碰的機器響著」，讓人感到不舒服，破壞了原有的生活記憶，擾亂生活方式，這種巨大的改變，讓他覺得害怕，那將是一個陌生的世界，故他不想改，也禁止改。「為什麼一定要變呢？」是他對現況的質疑，於是父子兩開始嘔氣，故事發展至後來，父親發現兒子堅持買鐵牛，是疼惜妻子，不忍她剁豬菜剁到半夜，若有鐵牛，一下子就可以剁好了。於是父親態度軟化，終於答應兒子買鐵牛，然而鐵牛價格不斐，得向土地銀行貸款，以田地抵押，分五年償還。這個轉變極富戲劇化，作者知道農業機械化是農村的出路，他想藉由作品反映相關問題，讓更多人能接受機械化的新技術。

　　從一九六〇年推行的農業機械化，成效雖不彰，但仍慢慢影響農村，鍾鐵民一九六七年作品〈過程〉，寫到農村的變化之一，即為「耕牛換成耕耘機」〔註18〕，直到一九六八年以後由於臺灣工商業快速發展，農村勞動力大量外

〔註17〕　《鍾鐵民全集4》，頁67。
〔註18〕　《鍾鐵民全集1》，頁229。

流，農業工資急遽上升，因此政府不得不在此時期大力推動農業機械化以解決農村勞力不足的問題。〔註19〕當農村人力不足時，機械化的推動才開始有成效，因此鍾鐵民一九七二年〈雨後〉機械化更普遍：

> 我還想買一部鐵牛，有一部鐵牛，耕田、抽水、鋸木，最重要是拖車，太有用處了，農會在獎勵農友購買，免稅免照，還有長期低息貸款。只要我有這樣一台，可以做很多想做的事情。〔註20〕

一九七二年九月政府宣布「加速農村建設重要措施」，其中即將推廣農業機械化、辦理低利農機貸款，作為重要施政目標。在「免稅免照，還有長期低息貸款」的優惠下，購買小型耕耘機的農戶快速增加。許多有生意頭腦的農友則預見到代耕市場的利基，開始投資大型農業機械，農村因此慢慢出現插秧與收割這類代耕服務。〔註21〕〈雨後〉即已寫到這種幫人耕田的工作，不過是以小鐵牛到中部替人犁田。主角對於買鐵牛，有著濃厚的興趣，因為鐵牛可以做太多事情，「耕田、抽水、鋸木，最重要是拖車」，有一臺鐵牛，可省下許多勞力，對於缺少人力的家庭，充滿吸引力。因此，許多傳統養牛以耕犁農田之農家漸被淘汰，取而代之的是鐵牛——小型耕耘機，隨後大型曳引機引入了整地等作業，插秧機及收穫機等之引進，大大提高了水稻經營之效率。〔註22〕

從〈雨後〉之後的作品，如〈田園之夏〉、〈女人與甘蔗〉、〈丁有傳最後的一個願望〉、〈阿公的情人〉、〈月光下的小鎮〉、〈家園〉等，皆以鐵牛取代耕牛，成為田裡的耕作主力，由此可知，美濃農業的機械化，從一九七二年後開始普及，這種改變，作家馬上反映在作品中。

除了機械化以外，過去大量噴灑農藥的種植方式開始受到檢討，現代人講求健康飲食，擔心農產品農藥殘留影響健康，於是有機產品應運而生。美濃在反水庫運動後，年輕人開始回流，他們思考農村的發展方向，有機農業就是其中之一，然而要做有機並不容易，有許多困難要克服，鍾永豐與林生祥合寫的〈有機〉〔註23〕，道盡了這條路的辛苦歷程：

〔註19〕 《美濃鎮誌》，頁 626。
〔註20〕 《鍾鐵民全集 2》，頁 211。
〔註21〕 〈農業臉譜 戰後臺灣的農業機械化〉，《豐年社》，100.5.12。
　　　　 網址：http://www.coa.gov.tw/view.php?catid=23376&previewdata=1&print=1。
〔註22〕 《美濃鎮誌》，頁 627。
〔註23〕 收錄於《種樹》專輯。

> 𠊎等種介作品（我們種的作品）
>
> 要仰呢驗證有機（要怎麼驗證有機）
>
> 要來去倚恃衙門蓋印（要來去倚恃衙門蓋印）
>
> 抑係來點一下（或者來點一下）
>
> 蛤蟆蠄蜥介腳印（蛤蟆青蛙的腳印）
>
> 𠊎等種介作品（我們種的作品）
>
> 愛仰呢驗證有機（要怎麼驗證有機）
>
> 愛來去拜請機關檢驗（要來去拜請機關檢驗）
>
> 抑係來巡一下（或者來巡一下）
>
> 揚葉仔揚尾仔有幾嚴（蜻蜓蝴蝶有多嚴）

前二段敘述政府對有機認證無一定標準，是要交給政府蓋上標章，還是應該
達到哪些生態系動物的要求才準確？〔註 24〕鍾永豐以反諷的筆法，調侃的寫
可能要去田裡算一下有多少青蛙的腳印，或是有多少蝴蝶蜻蜓在飛舞，才能
獲得認證。

即使認證過程困難重重，但主角並不灰心，他知道「有機」這條路並不
好走：

> 有機介頭路蓋多（有機的頭路很多）
>
> 又愛提防老將偷去灑草（又要提防老將偷灑農藥）
>
> 鄰舍笑𠊎攢毋到食（鄰舍笑我攢不到來吃）
>
> 農藥店介又專門瀉𠊎（農藥店的專門瀉我）
>
> 麼個阿達嗎秀斗秀斗（什麼阿達嗎秀斗秀斗）
>
> 噢正吶𠊎吔莫揣佢等（哀哉呦不跟他們一般見識）
>
> 臨暗騎引擎遶田坵（臨暗騎機車巡田坵）
>
> 風吹著𠊎介心情（風吹著我的心情）
>
> 對天對地（對天對地）

要從事有機農業，要有心理準備，首先要防範長輩偷偷去噴農藥，還要忍受
鄰居、農藥店老闆恥笑，笑他「阿達嗎秀斗秀斗」。由於臺灣有機農業剛起步，
不噴農藥、不灑化學肥料的種作方式，受到許多質疑，能接受新觀念的農民
並不多，多數人都以看好戲的心態，對待從事有機農業者。面對各方看衰的

〔註24〕 王欣瑜：〈跟我們的土地羅歌：林生祥與鍾永豐的音樂文本與社會實踐〉，頁
141。

壓力，主角一聲「噭正吶」，這是客語的感嘆詞，有種不以爲然的感嘆，不用跟他們一般見識，只要對得起天地即可。

有機農業是美濃稻作轉型的契機，提高農產品品質，才能提高售價；而農業機械化普及，即使人手不足，仍可以繼續種田，因爲水稻對美濃人有無法割捨的感情，米是不可或缺的主食。接著討論美濃的水稻文化。

四、水稻的承傳

美濃種植水稻的歷史悠久，稻米在生活中扮演重要角色，它是居民的主要糧食，並發展出豐富的米食文化。因水稻與美濃息息相關，甚至將種稻看作養兒子，不能去計較金錢的，可知美濃人對種稻有無法割捨的情感。故筆者將分析美濃作家的在地書寫，如何建構稻田與美濃地景的關係，當稻米收入不如以往後，美濃人的心理轉折。

（一）稻田與美濃地景

稻田一直以來是美濃地景中不曾缺席的景色，傳統文學與現代文學皆有以稻田爲背景的描寫：

〈田家樂〉陳保貴

田家煩惱少，天籟自多聞；蛙鼓昏敲亂，蟬歌晝唱紛。

稼時翻綠浪，穡近降黃雲；前後庭栽木，爭樓集鳥群。

農家慾望少，煩惱自然少，到處都是青蛙、蟬兒的天籟之音。稻秧翠綠像綠浪，結穗的稻子像黃雲，住家則栽種樹木，鳥兒群集。整首詩呈現出農家的恬淡生活，享受自然，期待豐收，如此簡單而已。

鍾理和〈笠山農場〉描寫日據時代的美濃，就像中國畫中的農村景色：

在山岡之傍，在曲水之濱，在樹陰深處，就有此種田家；有的是竹籬茅舍，有的白牆紅瓦，野趣盎然。由山巔高處看下來，這些田家在田隴中錯落掩映，儼然一幅圖畫，就如他在中國畫上所見的那樣。這是在他們下庄所看不到的。〔註25〕

美濃最早的地景，是以稻田爲主，由高處往下看，「田家在田隴中錯落掩映」，周圍都是稻田，白牆紅瓦配上周圍翠綠的稻田，很能令人印象深刻。美濃在日據時已是南臺灣魚米之鄉，從高處看美濃，水與稻田的結合，令人讚嘆：

〔註25〕　新版《鍾理和全集4》，頁35。

由這裡，北瞰南眉，南望淡水平野，二處風景不同。淡水平野，景
色柔媚細膩，充滿了人間的溫暖和親切。本區爲南台灣首屈一指的
魚米之鄉，土地膏腴，田疇平展，物產豐饒，人煙稠密。由這裡望
過去，就好比把望遠鏡掉轉了頭，在視野裡的東西都變小了，但也
還清楚可觀。坦坦的康莊大道，祇有蚯蚓大；錯綜交織，恰似棋盤。
路上行人車輛，負荷提攜，來去匆匆，大小和忙碌，都同螞蟻。田
地散佈，又如棋子點點。〔註26〕

美濃與南眉隔著美濃山系，南邊的美濃，得天獨厚，水文的優勢造就了此地
的豐饒，土地肥沃，田疇平展，在在展現美濃的富足景象，且大家都種稻，
配合氣候與水文，使此處成爲魚米之鄉，人口成長快速，充滿了生命力。

鍾鐵民〈家園〉亦從高處看美濃，稻田仍是地景的重要元素：

一格格方正蒼翠的稻田、房屋密集的小村落、稀疏散佈各處的農家
三合院、整齊的道路四通八達、河流、水圳、池塘錯落其間，一眼
可以飽覽無遺。這眞是一幅美得令人神迷心顫的田園景象。〔註27〕

因農民的生活是依賴著土地，所以，一塊有限的土地和村莊的形象，連同村
莊的所有特別之處、地界、房子的相對位置以及阡陌縱橫的各塊土地，很早
就被銘刻在村莊成員的頭腦裡了。〔註28〕故美濃平原的景色：蒼翠的稻田、
房屋密集的小村落、三合院、四通八達的道路、河流、水圳、池塘等，由這
些元素所構成的地景，早已成爲美濃人的共同記憶，而在記憶裡，永遠少不
了稻田。

（二）耕與不耕之間

既然記憶中少不了稻田，農家對於種稻無法忘懷，也是因爲記憶，故即
使沒有收益，種稻已成爲生活習慣，如鍾鐵民〈田園之夏〉，農家自給自足，
家裡一定要種稻，才會有安全感：

可能深受日據時代戰亂的影響，古進文知道他母親堅持要蒔稻子是
爲了先謀糧食，農家不存糧食讓她失去安全感。其實一家三口能吃
得多少呢？她卻堅持要吃自己家的稻米，連遠在高雄的大哥二哥，

〔註26〕 新版《鍾理和全集4》，頁232。
〔註27〕 《鍾鐵民全集4》，頁350。
〔註28〕 《論集體記憶》，頁113～114。

也都每個月定期回家搬取米糧，過期不回家，她一定逼著古進文給輾好了送去。〔註29〕

受日據時代戰亂飢荒影響，種稻是爲了存糧食，否則無安全感，即使吃不了這麼多米，仍繼續栽種，自己的米供應全家，連外地工作的孩子，都能吃到自己家的米，這是主角母親的堅持。即使滿倉庫穀子最後得賤價出售，但農家不仍願放棄種稻，因爲「養兒子莫算飯食錢」的情感無法改變：

> 一季又一季辛苦栽培，滿倉滿庫的穀子最後只有賤價出售。固然如
> 母親所説：「養兒子莫算飯食錢」，但他工作起來未免意興索然。父
> 母種地把它看作是一種義務和責任，同時帶著濃濃的感情。他種地
> 可是一種時間勞力和資金的投資，純粹爲了求利。沒有利潤的事有
> 什麼好做的呢？〔註30〕

老一輩的將種田視爲一種義務與責任，如同養育子女，是天經地義的事，怎能向子女收取養育費呢。種了一輩子的田，對稻子有濃濃的感情，即使沒有利益，仍不放棄種田。散文〈世外桃源・客家小鎮〉〔註31〕同樣表露美濃人對稻作的感情，「養兒莫算飯餐錢」是執著種稻的心情寫照。不過，年輕人則不這麼認爲，他種田純粹爲了求利，沒有利潤，寧願改種別種作物，也不想在稻作上浪費時間。不僅〈田園之夏〉有此種心情，〈鄉愁〉同樣反映出農村的困境：

> 前年冬天老阿昆騎摩托車摔了一跤，跌斷了兩條肋骨，這兩年來田
> 裏的工作做起來就很勉強了。好得有機器可以代替人力，不過，無
> 論如何他對種作的事不再有年輕時那種興頭了。尤其是滿倉滿屋都
> 堆積著賣不出的稻子，賤價賣給糧商又不甘心，許多本錢結果都積
> 在那兒，這也是銀來夫妻堅持要遷走的理由了。〔註32〕

主角老阿昆即使跌斷了兩條肋骨，仍堅持繼續種稻，還好有機器可以代替人力，讓他不會太辛苦。不過他也即將放棄種稻，要離開故鄉到都市生活，這對他而言，是一件難以接受的事，但又能如何呢，種稻毫無利潤，堆滿倉庫的穀子，全是辛苦換來的，卻常常得賤價賣給糧商，讓他非常不甘心，農村的貧困，讓孩子堅持搬到都市，留在農村沒有任何發展的可能性，現在更慫

〔註29〕　《鍾鐵民全集 2》，頁 514。
〔註30〕　《鍾鐵民全集 2》，頁 514。
〔註31〕　《鍾鐵民全集 6・世外桃源・客家小鎮》，頁 346。
〔註32〕　《鍾鐵民全集 3》，頁 105～106。

愚主角到都市生活，這個決定讓他寢食難安，對於稻田，仍有濃濃的不捨之情。因為，耕田已成為農民的生活記憶，不管是自己犁地，或是和父母一起收割莊稼、打穀，還是在雞欄裡忙碌，實際上都是與整個村莊和地區的農民集體聯繫在一起的，在思想中也禁不住要形成這樣的聯繫，這個農民集體的成員和他一樣，採取同樣姿勢，進行同樣的操作。〔註 33〕所以，要他放棄種田，等於要割斷這條記憶的鎖鍊，令他痛苦不已。

農村生活要改善，種植的技術必須先改進，一九六〇年以後，工業開始發展，農村人力漸被工廠吸收而導致農村人口大量外移都市。故一九七〇年前後政府大力推行農業機械化，初期以整地機械化開始，鐵牛取代了水牛。接著，插秧機自日本引進並大力推廣，因插秧機之育苗不再利用傳統秧田，而是必須用箱式育苗以配合插秧機之插秧工作。〔註 34〕一九七七年美濃成立第一個育苗中心，供應插秧機用秧苗，此後陸續成立了十幾個育苗中心。〔註 35〕育苗不再由農家自己來，一切走向機械化，農村才會進步：

> 美濃農村的經營方式確實是改變了。往昔一切自力耕作的方式已不
> 合經濟原則，於是禾苗有育苗中心代工培育，翻土、插秧到割稻有
> 機器代勞，這些全都可以雇用得到，大家也不再堅持所有的工作一
> 定要自己去做。分工可以減少生產人力，也就是降低了生產成本，
> 這是進步的，或許將來可以組織合作農場，一舉解決農村土地分散
> 和人力不足的問題。〔註 36〕

農業機械化已被農村接受，因過去自立耕作的方式已不合經濟效益，且人口外移，沒有多餘的人力可以種田，機械剛好補足這個缺口，且快速有效率；秧苗由育苗中心提供，又節省人力，於是農民不再堅持自己來，亦不再排斥機械化。甚至可組織合作農場，將單打獨鬥的農民集合起來，自產自銷，避免被盤商剝削。這些皆為農村發展必要的改變，接受新技術與新觀念，農業才能永續經營。後來〈美得濃莊〉再度表達同樣想法，美濃要進步就得接受現代化，適應新物質生活，耕種方式要改變，經營模式也要改變，才能走出農業的困境。

〔註 33〕 《論集體記憶》，頁 115。
〔註 34〕 《美濃鎮誌》，頁 634。
〔註 35〕 《美濃鎮誌》，頁 634。
〔註 36〕 《鍾鐵民全集 6．月光山下．美濃》，頁 324。

最後，水稻種植眞的毫無利益嗎？作者予以否定，稻田還是有其重要性：

　　水稻的種作眞的是徒然無益的嗎？美濃種植菸葉的老農都知道，菸葉收成後的土地如果不種一兩季水稻，這塊土地便不能再繼續種菸葉，否則一定枯黃、病變。最近連種木瓜、種香蕉和作小冬種菜的農友也有同樣的經驗，我們不知道原因，最近看到一篇報導才恍然，原來水稻可以改良土壤，稻根能製造土壤中不可少的養分呢！此外，水田還是雨季時吸納大量雨水的天然池塘，大量的水田廢耕或移作他用，特別是都市邊緣的農地，下大雨時大家也只好忍受淹水之苦和接受人命和財物的損失了。〔註37〕

種植菸葉不能不種水稻，若沒種稻，菸葉容易生病、枯黃；連種木瓜、香蕉、蔬菜也有同樣經驗。因爲水稻可以改良土壤，製造養分，若不種稻，土地會貧瘠，菸草等作物自然無法生長。而水田的另一個功能，則是蓄水防洪，減少淹水發生，然而，都市邊緣的田地，幾乎全蓋了房子，每逢大雨缺少水田吸納，就容易造成淹水，受害者還是當地居民。故水稻仍有其重要性，值得大家重視。

　　水稻是美濃傳統作物，它影響飲食文化、夥房建築，也影響菸葉與其他作物的種作，美濃人對稻田至今仍存有感情，即使沒有利益，仍盡責的繼續種稻，由稻田構成的地景，是當地人的共同記憶。

第二節　菸葉種植的興衰

　　菸葉是美濃特殊的經濟作物，也是重要的收入來源。一九三六年菸草由屏東地區引入美濃種植，當時街長林恩貴先生深感美濃的氣候、土壤及民情適合種植，並深具長遠發展潛力，遂於一九三九年籌募款項，購買土地成立美濃菸葉輔導區。一九四七年後由雪茄菸種全面改種黃色種。菸葉種植面積於光復後逐年增加，至一九七五年達到最高峰，面積高達二千三百二十公頃，菸樓多達一千多座，總生產估計占全國四分之一以上。一九八七年起控制菸葉產量，至一九九一年種植面積縮小，後因加入國際貿易組織，菸草種植即將走入歷史。〔註38〕

　　因爲種植菸葉，讓美濃產生與其他農村不一樣的風貌，培養出數十位博

〔註37〕　《鍾鐵民全集 5・淚滴禾下土》，頁88。
〔註38〕　《美濃鎮誌》，頁636。

士,是全國密度最高的鄉鎮。但種菸是非常辛苦的事,從開始到結束,需要大量密集的勞力,因此夥房間產生了以「交工」來互相幫忙的方式。菸葉與冤業,客語念起來諧音,因此菸農常以此來自嘲。然而不管是不是菸農,美濃人的生活少不了對菸葉的記憶。

因此,美濃書寫中,與菸葉相關的作品很多,鍾理和的〈菸樓〉;鍾鐵民有小說〈菸田〉、〈雨後〉、〈酒仙〉、〈殺狗記〉、〈憨阿清〉、〈分家〉、〈菇寮〉、〈慘變〉、〈送行的人〉、〈過程〉、〈送〉、〈竹叢下的人家〉、〈黃昏〉、〈祈福〉、〈田園之夏〉、〈三伯公傳奇〉、〈女人與甘蔗〉、〈偷雞的人〉、〈丁有傳最後的一個願望〉、〈阿公的情人〉、〈阿月〉、〈起誓〉、〈夜路〉、〈尋春〉、〈夜獵〉、〈谷地〉、〈荒村〉、〈月光下的小鎮〉、〈蘿蔔嫂〉、〈阿耀的作業〉;散文:〈懶人無懶土〉、〈冤業〉、〈我寫我的家鄉美濃〉、〈大葉菅芒與蘭花〉、〈鍾理和文學的原鄉〉、〈月光山下‧美濃〉、〈美得濃莊〉、〈菸葉與美濃〉、〈晴耕雨讀——美濃人〉、〈水庫的終結 小鎮之復活〉等。吳錦發有〈閣樓〉、〈秋菊〉;鍾永豐有〈目苦看田〉、〈都市開基祖〉、〈菸田〉、〈我庄〉;劉洪貞〈客家村裡溫情多〉、〈鄉親真好〉;鍾鐵鈞〈祭伯公〉等,至於其他的雜誌報導,則多不可數。

以往研究美濃菸葉者,都以經濟、社會、建築方面為主,包括菸葉帶來的經濟效益,菸樓建築的特色,種菸對族群的影響等,即使有涉及文學作品,也是一筆帶過,並沒有深入分析,因此,為了補足此一缺憾,筆者將從文學角度來探討,分為繁瑣的種植過程、告別輝煌時代、與菸葉的集體記憶。探討內容包括種菸歷程,烤菸的污染、菸葉沒落與美濃作家對菸葉的共同記憶,何以將菸葉稱為冤業,其中包含了哪些深刻的記憶?

一、繁瑣的種植過程

五○年代國內產業不發達,人民無法充分就業,農村勞力閒置,而菸草的種植,有許多細碎的工作,正可使這些閒置勞力發揮最大功效,加上菸草的經濟利潤高,菸酒公賣局的鼓勵種植,所以美濃地區從一九四六年,只有一百七十七戶種植,至一九七五年增加到一千七百九十一戶,約佔全鎮住戶的百分之二十,種植面積達二千三百多甲,佔全省菸田面積 15.6%。〔註39〕由

〔註39〕《美濃鎮誌》,頁 121。

於菸葉種植歷史長達七十幾年，對於美濃人而言，冬天的菸葉，是家鄉的符碼，居民的共同記憶。因此，美濃作家常在作品中，或多或少加入菸葉元素，讓作品更具美濃特色。

鍾理和的〈菸樓〉寫於一九五七年，是首篇描寫菸葉的作品，那一年美濃種菸許可面積首度超過一千公頃，〔註40〕本篇以新菸農為主要對象，尤其對抽中種菸許可時，那種興奮之情，與為了建造菸樓的沈重負擔，有深入描寫。鍾鐵民的作品以〈菸田〉、〈雨後〉敘述最仔細，這兩篇分別完成於一九六四年與一九七二年，正值菸葉生產的高峰期，因此對於菸農的辛苦有深入地敘述。吳錦發的〈秋菊〉寫到串菸與燻菸。接著，筆者將依照作品內容所敘述的種菸歷程，分別分析這些既繁瑣又辛苦的種菸過程。

美濃菸草的種植，每年於七月間辦理種菸許可，八月下旬播種，九月間育苗及苗床管理，九月下旬到十月上旬移植到田裡，中間經培土、施肥、噴藥、摘菸筍、摘菸花。至十二月下旬開始分次採收菸葉，歷經搬運、串菸葉、上菸架、燻菸葉到下菸葉乾燥完畢，隔年三月中旬起開始收購工作，於六月間結束。〔註41〕以下本文將依種植順序來論述。

首先，是菸苗培育與移植：

菸苗移植的前置工作，是用耕耘機犁田成菸行：

> 種菸是很辛苦的工作，稻田翻過來，用割耙切碎，再犁成一行行的菸行，每行的距離用線量好拉直，橫直位置都要量得十分正確。菸行做好後挑著畚箕撒放底肥。這是用豆餅、牛糞、豬糞、稻稈草屑混在一起，發酵後幾次翻揉的粉末肥料，抓在手中又熱又臭，那股刺鼻臭味沾染久了，到晚上肥皂洗過澡，皮膚上還留有洗不去的臭味。〔註42〕

稻子收割後，田馬上要翻土，並且犁成一行行，行距要量好，因為不能讓菸草的葉子互碰，這樣會有所損傷。還要在菸行裡參入肥料，這些有機肥料經過發酵後，是非常臭的，洗也洗不去。

菸行做好後，就要將菸苗移植到田裡，菸苗的取得有兩種方法，一種是由育苗廠培育，然後再由菸農移植到自己的田裡；另一種是菸農自己培育，

〔註40〕　洪馨蘭：《台灣的菸業》，臺北：遠足文化事業股份有限公司，2004.4，頁113。
〔註41〕　《美濃鎮誌》，頁636。
〔註42〕　《鍾鐵民全集2‧雨後》，頁196。

在八月下旬，稻子開始收割時，就會在田的旁邊整理苗床，先將菸種灑下育苗，一個月後再移植到田裡。鍾理和〈菸樓〉寫到移植情形：

> 由開犁起，我們整整趕了五天，才把菸種落土，最後一天還是點了
> 燈火趕夜工，才全部趕完。當我站起身子，卻發現遠近有不少火光
> 在搖曳，有如秋夜曠野裡的螢火蟲。原來點著火把在田裡做活兒的
> 並不止我們一家。〔註43〕

由於移植菸苗全靠人工，費時又費力，主角種植六分地，五個人趕了五天，最後一天還是挑燈趕夜工，長時間維持彎腰的姿勢，常常站起來，腰都無法挺直。這種趕夜工的人家，不只他們，到處都有點點火光，如同螢火蟲般，大家都在與時間賽跑。鍾鐵民〈雨後〉同樣也是如此：

> 菸苗由苗床一箱箱移來，女工挑著在做好記號的位置上一株株放下
> 去，放完菸苗後回頭栽種，栽完後將水引入行溝，用水杓一株株澆
> 水，還得注意不能澆濕了葉子，工人們用右手拿水杓，左手翻開菸
> 葉，這一切工作都要彎著腰完成，往往澆完水後身子一時不能伸直。
> 而且種菸一定要在下午，澆水常澆到天黑，每天常見田裡一盞盞煤
> 油燈發亮，人聲不絕，很像元宵節玩花燈。〔註44〕

菸葉開始移植後，間隔的時間不能太長，因為菸草生長快速，若時間拉太長，菸葉生長速度不同，會影響採收工作，通常菸農以「交工」的方式互相到對方家裡摘菸，一次就要摘完，沒有時間為生長慢的菸草再摘一次，所以必須與時間賽跑。在這段過程裡，美濃像不夜城，作者以元宵節來比喻這景象，說明了挑燈夜戰的菸農有多少家，看似熱鬧歡樂的情景，其實暗藏了不為人知的辛苦，即使工作一整天，到夜晚還是不能休息，因為大家都得跟時間賽跑，趕快完成這項工作。

其次，是培土、施肥：

移植完後有兩次培土，也就是將菸行再加高，一方面要施肥，另一方面是避免排水不良。

> 田野間還有幾處人家在做培土的工作，男男女女彎著腰揮動鋤頭，
> 一鋤頭接著一鋤頭的把鬆土堆向高高凸起的菸行上。駛犁的人將菸
> 行兩邊先犁掉一半，施肥的人挑著畚箕，把黑褐色滲和著糞肥和化

〔註43〕 新版《鍾理和全集2·菸樓》，頁6～7。
〔註44〕 《鍾鐵民全集2·雨後》，頁196～197。

> 學肥的肥料，大把大把的撒進犁開來的土溝裏，使鋤頭的人最後將
> 鬆土培上菸行，就完成了第一次培土的工作。這個工作人們不喜歡
> 用耕耘機，鐵牛體積太大，菸葉這時已有兩個手掌那麼長了，一碰
> 就要折斷，所以處處又可以聽到趕牛的聲音。〔註45〕

培土無法用機器，必須要用牛來犁田，然後以人力方式將土堆向菸行上，第
一次培土時，菸苗已有兩個手掌大，若用機器會折斷葉子，此外還要施肥，
這個工作若做得好，菸草就能很快長大。

> 菸葉第二次培土，肥料充分被吸收，菸草差不多有人腰那麼高了。
> 鄉人將這次培土稱作「培大土」，牛犁將菸行兩邊的土翻鬆，然後施
> 下第二遍堆肥，用鋤頭一鋤一鋤將行底的泥土培上菸行，把菸行做
> 得高高的，這時差不多所有能出力的人手都出動了。〔註46〕

等菸草有人腰那麼高時，就要進行第二次培土，然後施肥，這需要大量人力，
此後就不再培土與施肥，所以是攸關菸葉成長的重要工作，菸農無不小心謹
慎。培土後，要噴藥避免蟲害。

第三，噴藥：

七○年代大量引進化學農藥之後，噴農藥變成菸草種植期中「難走回頭路
之惡」。菸葉容易遭蟲害，菸葉破洞或產生白點，烘烤後品質會變差，價格也
就受影響，所以必須噴藥防止蟲害。一般而言，菸草種植期一共分四次噴藥：
〔註47〕

> 「要噴白星兒嗎？波爾多劑很有效，我那裏還有一些兒。」阿木伯
> 很熱心地說：「今年白星兒特別多，種菸的家家都傷腦筋。聽說這白
> 點兒一燻會變黑點，彈一彈全往下掉，可是真的？菸葉破了洞，價
> 錢不是要差了嗎？」
>
> 「唉！差又有什麼辦法呢？種菸的慘不就在這裏嗎？沒早沒晚，沒
> 老沒少，一年裏就要忙半年，而且赤星兒啦，白星兒啦，上粉啦，
> 反種啦，一大堆毛病。要是天要作壞，一場霜下來，大家全完蛋。
> 就算全部平平安安吧，繳上去沒有好等次，也是白辛苦。」頭家說
> 著不住地搖頭。〔註48〕

〔註45〕《鍾鐵民全集2‧雨後》，223。
〔註46〕《鍾鐵民全集2‧雨後》，頁271。
〔註47〕洪馨蘭：《台灣的菸業》，頁115。
〔註48〕《鍾鐵民全集1‧菸田》，頁407。

菸葉的疾病很多，農藥使用量很多，若防護不夠，菸農容易中毒。尤其當菸草長到跟人一樣高時，噴藥工作更是辛苦，容易吸進有毒物質，是一項危險的工作。

第四、採收：

以黃色種菸草來說，較好的採收方式，是一葉一葉地人工摘葉，是保持菸葉完整性最佳方式。〔註49〕菸葉的成熟過程是由下而上，因此採收亦是從底葉開始，依序採收。〔註50〕時間約在十二月下旬開始，直到翌年二月底。

> 安妥車板，我兩手不停地把菸葉撿齊了往車上裝。山歌儘管好唱，
> 活兒卻不能不趕，下午是不能摘菸葉的，這活兒比什麼還緊，跟趕
> 救火似的，延不得。〔註51〕

早年菸農都是上午摘菸，下午串好，傍晚送進乾燥室掛妥，當晚便開始升火烤菸。現在，摘菸的時間改爲下午摘收，〔註52〕鍾鐵民的〈菸田〉仍是早上採收。因要摘的菸很多，所有人都是在趕時間。

> 貴香挑著大擔的菸葉，沿著田塍走過來。綠色的雨衣被菸油染成了
> 黑色。只剩領子上還依稀能辨出它本來的面目。〔註53〕

由於摘了大量的菸葉，菸農的雨衣、手套已被菸油染黑，早期還沒有這些防護裝備時，直接以皮膚接觸，以致雙手長年是黑的，被稱爲「黑手黨」，而美濃正是「黑手黨的家鄉」，〔註54〕說明菸農耗費一生的精力，卻得不到該有的尊敬，也因此年輕一輩不願繼承當黑手的工作，致使菸業衰微。

第五、串菸、掛菸：

當菸葉採收回來後，必須要以長長的菸針，從菸葉基部穿過，然後將一片片的葉子串起來，此種串法稱爲穿聯法，一九七○年代改用新式烤菸機後，改採鐵製強力夾把菸葉排整齊後，一次夾緊，省力不少。〔註55〕吳錦發〈秋菊〉的故事年代，仍以穿聯法來串菸，因需要耗時耗力，故此時爲菸農閒話家常的時間：

〔註49〕洪馨蘭：《台灣的菸業》，頁117。
〔註50〕黃森松：《寂靜的小鎮》，高雄：德馨室出版社，1977年，頁99。
〔註51〕《鍾鐵民全集1‧菸田》，頁391～392。
〔註52〕黃森松：《寂靜的小鎮》，頁99。
〔註53〕《鍾鐵民全集1‧菸田》，頁392。
〔註54〕黃森松：《寂靜的小鎮》，頁7。
〔註55〕洪馨蘭：《台灣的菸業》，頁129。

> 我拉拉板凳，離開秋菊遠一些，然後埋頭用串菸針線把菸葉一片片
> 串列到竹菸篙上。
>
> 兩人默默地做著手上的工作，一時間，耳邊只傳來「喙喙」不已
> 的鋼針穿過菸葉梗的聲音，空氣中瀰漫著生菸葉的獨特味道。
> 〔註56〕

原本是能與年輕女子談天的好機會，主角卻因旁人的鼓譟，故意與秋菊保持
距離，也不敢跟她講話。菸葉串好後要掛進菸樓：

> 由於掛菸時少了一個人，阿信哥要我上菸架幫忙；我從沒上過菸架，
> 當我把兩腳岔開，分踏在兩條木架上時，兩隻腳仍止不住直發抖，
> 我半睜著眼睛往下瞄，發現自己懸空站在那麼高的地方，一陣昏眩
> 差點沒栽下去，趕緊又閉上眼睛。〔註57〕

掛菸需要三個人，因為缺少人手，所以主角臨時被叫去幫忙，從沒有實務經
驗的他，站上高空的菸架時，兩腿因害怕而發抖。接著吳錦發詳細敘述如何
將菸葉掛上菸架的過程：

> 由木條構成的菸架，分成三排九層，橫直交錯地釘牢架滿在菸樓內
> 部，串好的菸，必須連同菸篙一串一串從地面傳上來，站在菸架上
> 的人，接過手，有條不紊地掛在木架上，這些掛好的菸，必須經過
> 一星期的烘烤烤熟，再從木架上取下，另外經過選別，打包等程序，
> 才能繳賣給菸酒公賣局。
>
> 現在攀在菸架上的有六個人，分成二組，每組三個人，一個攀在菸
> 架最上端，一個在中間，另一個在下方，我和阿信哥分在一組，秋
> 菊在地面上把菸篙豎起來傳給我，我俯腰抓住菸篙的另一端，把菸
> 篙往上傳給阿信哥，再由他往上傳給最上端的人，把菸一串串由上
> 往下列掛在菸架上。
>
> 兩組人不停地吆喝著，半嬉鬧地比賽誰掛得快，還濕、生的菸葉相
> 當重；剛開始的時候，我為了不在秋菊面前表現得不如人，故作英
> 雄地追趕旁邊那組人的速度，但這樣的姿態維持不到半個小時，我
> 就感到手酸腳麻了，汗水淋漓，早已漬濕了全身的衣服，我咬牙強

〔註56〕 吳錦發：《秋菊》，頁17。
〔註57〕 吳錦發：《秋菊》，頁17。

撐，乾脆把眼睛半閉著，僅由雙手重覆做著機械性的動作，接過來，

傳上去，接過來，傳上去……。〔註58〕

掛菸是一項辛苦的工作，需要耗費大量體力，於是菸農們為了排解掛菸的沈悶與激勵士氣，便分成兩組比賽，讓掛菸過程充滿了刺激。主角為了要博得秋菊青睞，在眾人面前逞英雄，一下子耗費太多體力，不到半小時，就感到手酸腳麻了，之後只能咬牙硬撐，重複做機械性的動作，已經沒有開始時的氣勢了。由此可以知道，掛菸並不是一項簡單的工作，就像馬拉松一樣，必須要調節自己的節奏，這樣才能保持體力，主角是第一次參與這工作，自然無法掌握其中的訣竅。

第六、烘乾：

早期菸樓以木柴為燃料，來源多半是「就地取材」，故鄰近的山坡丘陵往往先遭殃，每逢秋冬燻菸之前，就已光禿一片。〔註59〕因需要大量木柴，故發展出專門砍木頭的短期工作，鍾鐵民〈酒仙〉、〈殺狗記〉〈憨阿清〉、〈起誓〉等，即描寫到此類工作。如〈酒仙〉寫到主角砍木頭賣的拼勁：

尤其村上到了烤菸期，他一夜三四次從深山揹木柴賣給種菸的人

家，他整夜不停地運送木柴，既不怕摔跤也不怕蛇咬，烤菸的烤兩

個月，他也運兩個月木柴，從不間斷。〔註60〕

酒仙平常在山上種樹薯，到了烤菸期，是最好賺錢的機會，他勤奮、且知道哪裡有木柴，一個晚上可以運出三四次，整個烤菸期，他完全不缺席。而〈殺狗記〉則寫幫人砍木柴的工作：

菸葉轉黃時節，已是嚴冬十二月前後了。種菸葉的人家正忙著料理

菸樓柴木，整台整台從深山裡買出來的大木頭一堆堆積在屋前屋

後，有合抱甚至幾人合抱的粗大木頭，都急著要鋸短，劈成一片片

的火柴以備烤菸，一期菸的燃料就要兩萬多斤的柴木，幾乎每一家

都為張羅柴火心焦。〔註61〕

因買回來的大木頭需要鋸短，還要劈成一片片，才能放進爐火燒，而這種工作，年輕人最愛，他們以包工的方式，包下某一戶人家的木柴劈，整個烤菸期，賺個三五千很平常，可以貼補家用，亦可當作零用錢。對年輕人來說，

〔註58〕 吳錦發：《秋菊》，頁18。
〔註59〕 洪馨蘭：《台灣的菸業》，頁135。
〔註60〕 《鍾鐵民全集4・酒仙》，頁31。
〔註61〕 《鍾鐵民全集4・殺狗記》，頁146。

他們身強體壯，精力充沛，砍木頭雖辛苦，卻是打工賺錢的好工作。因此，菸葉替農村創造了不少工作。

依菸試所的標準，天葉及本葉燻烤的最高溫為 72°C，相對濕度 16%；中葉及土葉要 70°C，相對濕度為 18%。〔註62〕因相對濕度要很低，才能烤出漂亮的顏色，若在採收期碰到下雨，水分太多會讓已經轉黃的葉片回復到青色，烘烤時相對濕度太高，顏色就不漂亮，且容易發生火災：

> 今年雨水太好，淋了這陣雨，把黃葉又給弄得回青回嫩，烤起來顏色先就差了。排水又排不好。菸葉像在菸樓裡蒸，葉蒂一爛，都掉了下來。如果不幸碎葉穿過鐵線網，觸到燒得紅紅的鐵筒，連屋子都會燒掉，那才倒霉哩！葉子長大，肥厚也是沒有用的。〔註63〕

文中的菸農就遇到採收前下雨的情況，烤出來的顏色不漂亮，葉子長得再好也沒用，而且吸滿水分的葉子，烘烤時要特別小心，否則房子都會被燒掉。

> 「昨天下葉了，這場菸葉烤得怎麼樣？」頭家低低的，滿不在意似的問，我早看出他眼裏迫切的閃光了。一場葉子值數千元，辛苦了多少時間，也不過八九場葉子啊！
>
> 「爛是沒有爛掉，就是顏色褐褐的沒有油性，而且十多竿葉子不太乾。」我說。
>
> 「沒有爛掉就太好了。外面情形壞，實在教人心寒。」頭家乾笑著說：「幾千元的東西挑去糞堆裏搭肥哩！」〔註64〕

菸葉烤得如何，頭家看似不在意，其實並不然，辛苦了這麼久，若在烘烤時失敗，數個月的辛苦全都會付諸流水，讓菸農損失慘重，他們的無奈全寫在臉上。

菸葉掛好後，就要進行「烤菸」的程序，這個過程要日以繼夜連續不斷的進行七天，這期間不能出一點差錯，菸葉烤得好不好，會影響收購價格，所以看管菸樓的爐火，便是一個很重要的工作：

> 烤菸期間，溫度的昇降是非常重要的，稍一不慎，使得溫度昇降得太快，菸樓裡的菸很容易便會烤焦。所以晚上看管爐火的人，都無

〔註62〕 洪馨蘭：《台灣的菸業》，頁 134～135。
〔註63〕 《鍾鐵民全集 1 · 菸田》，頁 394～395。
〔註64〕 《鍾鐵民全集 1 · 菸田》，頁 396～397。

> 法安心地睡覺，雖然行軍床擺在爐火邊，但整夜得不停地醒來，換
> 新柴，看溫度表。〔註65〕

看守菸樓的溫度，通常是由大人執行，但若家中小孩已上高中，也會交由年
輕一輩來做，因為需時時注意溫度，晚上無法安心休息，連續七天，會令人
身體受不了，才會由子女輪晚上的工作。看守的人會用各種方式度過漫漫長
夜，主角準備一壺濃茶，又拿一大堆的花生、毛豆來解饞，孩子們喜歡守晚
上的烤菸工作，因為可以利用碳火烤蕃薯、毛豆、小魚、小蝦，只要能烤的
食物，都可以拿來當點心。鍾鐵民〈大葉菅芒與蘭花〉〔註66〕亦寫到守夜看
火的工作，連學童都要參與，是種菸人家的共同回憶。

因為看顧爐火太辛苦，一九六〇年代，引進「重油燃燒機」，此種油爐烤
菸不會有火力不均的現象，溫度容易控制，此外，最大的誘因是不必再三班
制輪流看顧爐火，減輕精神上的重擔，〔註67〕故許多人家改燒柴油：

> 很多人家燻菸葉已經改燒柴油，一套設備要花幾千塊錢，不過比起
> 燒木柴，便宜又省事。天星家一向燒木柴，他和父親對於控制溫度
> 很有把握，如果改用柴油，反而不習慣。但是再想一想，燻一灶菸
> 葉要七天七夜輪班燒火，不分晝夜，往往一季十灶菸葉燻烤完，他
> 和父親都已兩眼黑圈了。天星考慮著，不知道今年是不是該買一套
> 燒柴油的機器，那只要按時去巡看，不必再徹夜不眠了，似乎也很
> 值得。〔註68〕

設備雖然貴，但農會可以貸款，重點是可以好好睡一覺，不用擔心爐火，對
於主角來說，非常心動，否則一灶菸要燻七天七夜，一季十灶，就得燻七十
天，父子兩人輪班，等全部烤完，已經兩眼黑圈了，對精神與肉體而言，是
很大的折磨，因此菸農改用油爐蔚為風潮。

第七、繳菸：

整個菸葉種植的最後一個階段，便是繳菸。菸葉的收購工作，是由菸廠
視當年菸葉產量，組成若干買菸組，分赴各買菸廠執行菸葉收購任務。菸葉
等級鑑定人員由廠方調派，每天上午八點以前到各買菸廠執行收購任務。〔註69〕

〔註65〕 吳錦發：《秋菊》，頁39。
〔註66〕 《鍾鐵民全集6・大葉菅芒與蘭花》，頁90。
〔註67〕 洪馨蘭：《台灣的菸業》，頁136。
〔註68〕 《鍾鐵民全集2・雨後》，頁271～272。
〔註69〕 《美濃鎮誌》，頁637。

然而菸葉收購方式一直為人所詬病，尤其是菸葉等級的鑑別工作，完全依賴技術人員的肉眼裁決，無論是公賣局或菸農，雙方都缺乏客觀標準，有些鑑定人員專業不足，或受人情壓力，會誤判菸葉等級，等級之間的價格差別很大，常使菸農遭受損失，因此有「種菸容易，賣菸難」的感嘆。〔註70〕下面鍾鐵民描述了這種不合理的收購制度，以菸農間的對話，凸顯問題嚴重性：

> 「可不是？我認為天下最不公平的，莫過於繳菸了。自己老命拼出來的東西，隨別人去分等分價，還不得異議，天下那有這等的生意？」
>
> 頭家說：「我們那組裏我繳得最差，無形無跡就虧上萬元啊！」
>
> 「去年，論色澤、葉子，我們並不比他家差，等級卻最壞，繳菸葉那天，我真恨不得找人算賬。他媽的把人當瞎子，他的口比佛祖的法言還靈，一等二等三等隨他高興。六七包上等的貨色，我從十包中精選出來的，他輕輕鬆鬆就統統喊二。要不是頭家拉的緊，當場就有他看的。不過，我怕也要去吃幾年飯團去了。」〔註71〕

菸葉鑑定是很主觀的，鑑定員與菸農的看法常常有出入，對於菸價農民沒有談判權，等級的差別影響收購價格，以一九七六年為例，第一等價格是六十二元，第二等是五十八元，第三等是五十三元，第四等是四十九元，第一等與第四等就差了十三元，〔註72〕以一甲二千五百公斤來算，就少賺三萬多，對於辛苦了六、七個月的菸農來說，是一筆很大的損失。收購菸葉的技術員，會因感情好惡而將等級私相授受，於是每年繳菸時都會出現「不服技術人員制定等級」的場面，〔註73〕尤其鑑定員輕率的態度，更讓菸農感到不平。關於繳菸的真實狀況，鍾理和在日記裡，有這麼一段紀錄可以佐證：

> 據說自今天起開始繳菸，菸草收買站擠滿了人，黑壓壓的。這些人全都一樣，像昨天才死了母親似的滿臉的晦氣。由窗外看，只見鑑定員旁邊的長凳上，並排兒坐了幾個不尋常的人物。靠這邊的是一個肥滿的穿黑色西服的中年男子，鼻下一撮日本式的牙刷鬚，甚覺礙目。他神氣地揮動著兩隻手，樣子像要找人打架。
>
> 後來我在車店裡聽到一個菸農搖頭嘆息地說：

〔註70〕黃森松：《寂靜的小鎮》，頁 123。
〔註71〕《鍾鐵民全集 1・菸田》，頁 409～410。
〔註72〕黃森松：《寂靜的小鎮》，頁 111。
〔註73〕黃森松：《寂靜的小鎮》，頁 109。

「頭一次，就是三等四等，那以後還不是白送他嗎？他倒很客氣地
勸你，要是種菸不合算，可以不種。你聽聽這話多氣人！他知道你
不種也得種嘛！他要我們死，沒有別的！」〔註74〕

菸農的表情像死了母親，而廠方卻非常神氣，兩者是強烈的對比。菸農被剝
削，卻不能反抗，若是拒繳，公賣局以收回種菸許可證作為威脅。菸農不滿
等級評定，他們卻說不合算可以不種的風涼話，因為公賣局吃定菸農不可能
不種的心理，菸農只能自認倒楣。

以上是菸葉種植的七個階段，美濃作家以小說的方式，將種菸歷程融入
情節中，藉由菸葉的種植，表現美濃的菸葉種植過程，讓人體會菸葉背後的
種種辛苦。

二、告別輝煌時代

一九六六年政府在高雄市建立前鎮、楠梓加工出口區獎勵投資，發展工
業以來，工業區吸引了大部分勞力；工資成本高漲，這種需要許多勞力的經
濟作物，就漸漸在美濃平原上衰退，至一九九一年，種菸戶只剩一千零八十
四戶，面積一千五百二十三點九甲，此種衰退的情況尚在延續中。〔註75〕

一九九七年後，作家關注的焦點已轉為菸業的衰微，造成衰微的原因有
幾項，第一是人口外移，留在農村的都是中年以上的農民，年輕人不願繼續
種田，尤其是需要高勞力的菸業，更沒有人願意再投入其中。其次是加入世
界貿易組織（WTO），臺灣菸葉的種植面積有計畫的縮減，甚至連保障價格都
將被取消，若無保障價格，菸農的收入不再穩定，種植意願自然降低。再其
次是洋菸的開放，直接衝擊國產菸的銷售量，國人吸煙的習慣改變，使得公
賣局不再大量收購菸葉。最後環保意識抬頭，烤菸過程需砍伐大量木柴，破
壞森林，而燃燒的煙，則會污染空氣。在眾多因素影響下，美濃菸葉輝煌的
時代已結束。

首先是人口外移：

大都市的形成吸走農村大部分的勞動人口，特別是年輕人的外流。
近年來菸葉的種作愈來愈困難，看看菸田裡工作的人，全是阿公阿
嬤級的長者，他們在子女的反對聲中，不能忘情的一年接一年仍在

〔註74〕 新版《鍾理和全集6》1952年3月20日日記，頁172～173。
〔註75〕 《美濃鎮誌》，頁121～122。

　　苦苦支撐，但洋菸的長驅直入，WTO 對農業的威脅，加上年老體衰，
　　更重要的是社會普遍的禁菸觀念，使他們知道結束菸葉事業的日子
　　不遠。〔註76〕

留在農村的父老，對於菸葉仍舊難以忘懷，除非政府下令不再種植，否則
他們仍會繼續種下去。菸葉的種植繁榮了美濃農村的經濟，直接或間接強
化子弟接受較高教育的基礎與動力。直接原因為菸葉收入豐厚，農家有財
力提供孩子讀書；間接原因，則是因為菸農太辛苦了，父執輩的菸農因菸
葉纏身不得解脫，連累在學的兒童，在農忙時也要成為勞動人口，為了脫
離菸葉之苦，唯有讀書一途。鍾永豐〈菸田〉〔註77〕即寫出菸農家庭的心
聲，全篇分五段：

　　姊擺腳長貿天葉（姊姊腳長負責天葉）
　　哥擺手快呵中葉（哥哥手快負責中葉）
　　抹腳葉跍到撐腿（抹下葉蹲到腳酸痛）
　　想要趕緊又驚徑斷葉（想要趕快又怕折斷葉）
　　驚啊分人開磅徑斷葉（怕被人罵折斷葉）

第一段寫摘菸葉時孩子也要幫忙，三個小孩依身高分配工作，姊姊最高，
負責天葉〔註78〕，哥哥負責中葉，自己則是下葉，蹲著摘葉，雙腳已經酸
麻了，想快一點又怕損害菸葉，會遭到父母責罵，內心十分煎熬。鍾永豐
不用「罵」，而是用「開磅」，程度上比罵還要嚴重一點，十分貼切孩子們
懼怕的心理。

　　菸田菸筍茫茫渺渺（菸田菸筍一望無盡）
　　菸行恁深奈久抹透（菸行如此深何時抹完）
　　那河壩唇籲籲嘜嘜（那河邊吵吵鬧鬧）
　　這兜做一堆介死田螺（這些做一堆死田螺）
　　這兜做一堆介死田螺（這些做一堆死田螺）

第二段描寫菸田一望無際，要做到何時才能結束，河邊那裡也是很熱鬧，大
家都在抹菸筍，都是困在菸田裡的人。「籲籲嘜嘜」形容熱鬧吵雜的樣子，大

〔註76〕　《鍾鐵民全集 5・冤業》，頁 344。
〔註77〕　鍾永豐：〈菸田〉，《客家電視台連續劇主題曲》，2008.6。
〔註78〕　天葉指最上層的菸葉，最厚也最重，是整株菸葉中最重要的部分；中葉指中
　　　　　間的葉子，厚薄各半，色澤最佳；下葉指最底層的葉子，較薄，成熟度最低，
　　　　　烤乾以後亦最輕。見《寂靜的小鎮》，頁 99。

家一邊抹菸筍，一邊聊天很熱鬧。「做一堆介死田螺」為「死田螺做一堆」的倒裝句，意指壞的都聚在一起，物以類聚，作者用來形容河邊的人，全都做同樣的苦工，大家都被困在菸田裡。

> 大細抹到日頭無志願（老小抹了整天無意志）
> 到冬下交工來摘菸（到冬天交工來摘菸）
> 美濃山下摘到龜仔山下（美濃山下摘到龜山下）
> 偃晝偃暗好才食到阿母煲介鹹粥（從早做到晚才吃到母親煮的鹹粥）
> 傍伯母講介雄話（配著伯母講的吹牛的話）

第三段敘述抹菸筍抹了一整天，不管是誰都會感到氣餒，等到冬天還要去別人家交工，換取自家需要的勞力，從美濃山下摘到龍肚龜山，幾乎摘遍整個美濃，點出了美濃特殊的勞動文化「交工」，大家以勞力交換，互相支援。工作整天後，最享受的是吃一碗母親煮的鹹粥，那是溫暖的安慰，能解除一天的辛苦。

> 滿叔滿叔奈久歸到（小叔小叔何時回到）
> 想汝陪偃菸樓掌火（想你陪我菸樓顧火）
> 讀毋落又睡毋落（讀不下又睡不著）
> 夥房裡是緊來緊冷卻（夥房裡是越來越冷）

第四段寫燻菸的辛苦，希望出外的小叔能回來陪伴；看顧爐火的工作單調，又不能疏忽，因此要讀書讀不下，要睡也睡不著，這時才感到夥房裡人口越來越少，空氣越來越冷。此段點出了讀書的重要，那是脫離農村的方法。

> 耕讀耕了要分偃等讀（耕讀耕了要給我們讀）
> 讀了又挽偃等毋好耕（讀了又叫我們不要耕）
> 爺哀耕多緊耕緊老（父母耕多越耕越老）
> 後輩讀多緊讀緊遠田坵伙房緊來緊寂寞
> （後輩讀多越讀越遠田畝夥房越來越寂寞）

最後一段則是父母期待孩子多讀書，他們耕田就是為了要供應他們讀書，而且到外謀生別回來耕田，感嘆自己被泥土騙到老，不希望孩子再從事農業；孩子書越讀越多，離土地越來越遠，將來離開故鄉出外工作，夥房就會越來越寂寞。鍾永豐的〈菸田〉，以擅長的長篇敘事手法，將美濃菸農的苦悶與心聲表露無遺。

菸葉沒落的原因之一，是禁煙與環保觀念的普及，吸煙人口變少，導致菸葉需求減少，且年輕一輩將種菸當成罪惡：

　　燻菸的菸樓有許多已經破落倒塌了。當年因為有菸葉收入而能接受高教育的年輕一代，開始感覺靠種植毒害人們身體的菸草謀求生活，絕不光彩。而且反省家鄉早年燻烤菸葉，每一季每一棟菸樓都要燒掉兩大卡車的木材，破壞大自然森林水源，有違道德。有些人對家鄉的種菸歷史感到羞愧，不願再凸顯家鄉數十年來所形成的菸葉文化特色，連美濃客家文物館採用菸樓型式的建築都大加撻伐。〔註79〕

菸葉曾經培養出數十位博士，是美濃最重要的經濟作物，但他們開始有環保意識後，認為烘乾菸葉要燒掉大量木材，會破壞大自然，有些人甚至對種菸歷史感到羞愧，不願提起，然而歷史記憶並不會因為人的否認而抹滅，應該要正確地看待即將消失的菸葉文化。菸葉走入歷史是不可避免的，但因為菸葉才有今日的美濃，這是不爭的事實，如何保留記憶，成為地方的文化，這才是該有的態度。

　　臺灣加入 WTO，是導致菸葉沒落的因素之一，鍾永豐將 WTO 對農業的影響反映在〈菊花夜行軍〉：

　　　　月光華華，憂愁千千結。WTO，種菸養豬全潦倒。〔註80〕

加入 WTO 對臺灣農業的打擊很大，菸葉不再享有保障價格，且國外低價菸草進口，國內菸草根本無法與之競爭，最後勢必停止種植，於是菸農處在隨時停種的危機中。作者用「全潦倒」形容農民的絕望，一旦加入，菸葉養豬全都完了。

　　近年來，菸農與民意代表向政府抗議，希望爭取續種與保障價格，雙方為此事開了幾次協調會，〈目苦看田〉呈現了菸農對協調會後的看法：

　　　　那會議室半分大擠滿滿，

　　　　個個官員像鱸鰻滑溜躲閃，

　　　　任由你們罵任由你們喊任由你們幹，

　　　　講來講去就是全球化沒能耐。

　　　　長輩他們選我做頭人，

　　　　我也不願菸業命脈斷根……

　　　　領到豬頭要認命勞碌，

〔註79〕　《鍾鐵民全集 5．冤業》，頁 344～345。
〔註80〕　收錄於《菊花夜行軍》專輯。

> 打死不做風吹竹。
>
> 形勢渺茫大家都愁，
> 若抗爭失敗是無路走投，
> 我想起從前，阿爸教我，
> 敢去就一擔柴，不敢就家裡愁。
>
> 我思想起——
> 車載阿爸東邊地，
> 車到田頭，
> 我牽阿爸下車來。
> 你要小心走好路，
> 前面是我們的田地，
> 已經上土折過心，
> 菸葉烏晶。〔註81〕

作者以長篇敘事手法，描寫年輕人代表菸農去開會，他對政府官員的態度十分不滿，菸農都不希望菸葉命脈在他們手中結束，然而不管大家怎麼罵，怎麼請求，官員就只搬出一句全球化，完全沒有辦法解決問題。農民原本是沈默的一群人，但若再不出聲捍衛自己的生存權，是不會引起別人注意的，因此敘述者「我」就想到父親講的話：「敢去就一擔柴，不敢就家裡愁」，即使抗爭會失敗也要去做，因為不去抗爭就一點機會都沒有，權力是不會自己掉下來的，必須要去爭取，讓政府重視臺灣農民的處境。

最後，本文將綜合探討美濃作家對菸葉有何共同記憶？

三、作家的共同記憶

分析完作品中關於菸葉發展的問題外，接著將綜合探討作家們對菸葉的共同記憶。本文將分成兩部分，第一是菸葉與冤業，其次是菸田與美濃地景。

（一）菸葉與冤業

菸作的勞動天數幾乎是一季稻作二〇四天的三倍之多，也就是要花七百八九十個工作天才可以完成菸作。所以菸農們愛把「菸葉」說成「冤業」，

〔註81〕收錄於《種樹》專輯。

還大嘆「種菸容易繳菸難」的苦經，卻又世世代代死守著這份工作而不敢輕言放棄——爲的是這份工作有一個其他行業所沒有的保障價格，風險不大，只要努力和認眞，辛辛苦苦掙得的幾許利潤，正足夠給他們支付子女的教育費。〔註82〕

依照一九七六菸葉收購價格而言，菸葉平均每公斤約五十二元，而每甲地平均產量二千五百公斤，若種植一甲，則約可售得十三萬元，扣除成本後約可賺九萬元。若拿稻米來比較，一甲約可收成四萬六千元，扣除成本後不到四千元利潤，〔註83〕相形之下，菸葉經濟價值超出稻米許多。菸葉在政府保證收購制度下，相對於其他農作物保有相當的利潤，使得美濃農民的生產有剩餘利潤，也成爲子弟就學的經濟基礎，因此培育出眾多的老師、碩士及博士。因此才會有人大嘆：

> 嘿！誰不知道你發貴哥是大主兒？我領五年月給也抵不上你一年菸葉。〔註84〕

公務員那時一個月的薪水約四、五千元，五個月大約二萬五千元左右，當然比上菸葉約九萬元的收入，所以菸農在鎮民眼中是令人稱羨的有錢人。而菸農對於菸葉更寄予厚望，無不細心照顧：

> 稻子割完，立刻就是菸草下土的時候，這才是全年最重要的耕作，大部分人家全年開支就看在這一期菸草的耕作，地方上的繁榮全仗它。香蕉雖然光景不錯，但是剛剛興起，並且不太可靠，還是菸草穩定，這個收入是可以預算的，兒子結婚的聘金，女兒的嫁妝，孩子們的學費，從菸草入土後，每家人都把希望寄託在幾個月後的收成上，誰也不敢輕心。〔註85〕

菸葉的收購價格在菸葉成長以前已經公告，菸農較能掌握隔年的收入，這時各家對於要如何運用這筆收入，都有規劃，比如結婚的聘金、嫁妝、學費，全都要從這裡支出。

> 菸苗紛紛種下土，稻田變成了一行行菸行，大地看過去，除開偶然點綴一兩處蕉園外，全是橫豎排列整齊的菸葉在迎風招搖，菸葉有手掌大小、翠綠、嬌嫩，農民們全部精神都用在照顧它們，看它飄

〔註82〕 黃森松：《寂靜的小鎮》，頁6。
〔註83〕 黃森松：《寂靜的小鎮》，頁105、160。
〔註84〕 《鍾鐵民全集1‧菸田》，頁410。
〔註85〕 《鍾鐵民全集2‧雨後》，頁137。

搖，就像鈔票在搖擺一樣。〔註86〕

因為菸葉有保障價格，收入又比稻作高出許多，所以只要看到菸苗落土，就等於看到白花花的鈔票在田裡搖擺。對美濃社會來說，菸農有兩種不同標籤，第一是財富標籤，種菸的人都是有錢人，菸葉是財富的象徵，女孩子都要嫁給有菸樓的人家；第二是辛勞標籤，種菸的工作需要大量勞力，從苗床準備到繳菸，沒有一天可以休息，菸農都是為了後面的收益而咬牙工作。〔註87〕因此菸農將菸葉稱為冤業，既痛恨它卻又不得不種，對他們來說，每年到種菸季節時，就是一場內心的拔河戰，想不種，又捨不得，最後還是為豐厚的收益而再度投入辛苦的勞動。這種心裡的交戰，鍾理和在〈菸樓〉有這樣一段敘述：

「真是冤業（菸業）！」得來說：「半個多月來，屁股就不曾粘過凳子，累得腰都伸不直了。」

「阿容伯你是知道的，」得來又說：「他年年臨到種菸，總要發誓明年殺了他也不種了，他要留起老命來喝稀粥。可是到了下一年，他比誰都種得多，種得早。」

「這是他說了好聽，哪裡真捨得不種！」

「可不是嗎？兩年娶兩個兒媳婦，第三年又做了一所伙房，哪裡去找這樣好的『光景』？」〔註88〕

菸葉讓農民又愛又恨，愛其收入好，恨其極辛苦，每年發誓不再種菸，可是隔年還是繼續種植，兩年娶兩個媳婦，又蓋一所夥房，除了菸葉外，沒有其他農作可以達成，雖然半個月沒有休息，只要想到未來，還是繼續撐下去。

鍾永豐在〈都市開基祖〉也寫到菸葉對家族的重要性：「禾菸豆芋，屋起堂開振鴻圖。」〔註89〕除了種稻外，菸葉也可以使家族脫離貧窮，讓夥房興盛起來。可見菸葉的收入是相當可觀的。

至於為何稱冤業？「冤」當形容詞有受到枉屈或仇恨之意，將菸業戲稱為「冤業」，除了是諧音外，還有菸作是賣命的工作，若種其他作物，這些勞力是可以節省下來的，意即種菸要耗費許多冤枉的勞力：

〔註86〕 《鍾鐵民全集2・雨後》，頁196。
〔註87〕 洪馨蘭：〈菸草美濃：美濃地區客家文化與菸作經濟〉，清華大學社會學人類研究所碩士論文，1997年，頁101～102。
〔註88〕 新版《鍾理和全集2》，頁7～8。
〔註89〕 收錄於《臨暗》專輯，臺北：大大樹音樂圖像，2004年。

順妹把菸葉叫做冤業，可不是沒道理的，從做苗床到種菸，那樣不是把人當作牛使？就說移植後的照管吧！白紗帳子白天掛起晚上收下，或半夜三更下幾滴雨，慌慌張張又要鑽進苗床撐起來，怕蚯蚓把苗根鑽鬆，又怕土狗仔將菸葉咬破，日夜不住要巡視，到葉子有巴掌大了才可以種植。菸畦一行行用尺量，用線牽，澆水，把腰彎到站不直。然後呢，中耕培土，施肥，捉蟲噴藥，沒有一天不往菸行裏鑽。菸兒長到齊胸高了，開始三五天一次地斷芯拗芽，這才是最惱人的工作。就算菸葉燻乾了！也還得壓製，撿選、分等、包裝，全家老少都沒閒著。人手少的家庭，真夠瞧的了。過度的工作，菸葉的辛辣，癆病鬼多了，沾上葉子上露水的倒了，因噴農藥自中毒的也不少，誰說不是冤業呢？賣命賺飯吃。除了這行業倒也沒有更好的。〔註90〕

如同文中所言，種菸沒有一天可以休息，菸葉可算得上是「貴族作物」，每一個階段都要人力照顧，無法用機器代替，許多菸農都因此累出病，不然就是吸入菸葉釋放的有毒氣體或農藥而病倒。既然如此辛苦，卻沒人願意放棄不種，就像冤家一樣，既愛又恨，所以才會有「冤業」之稱。

　　除了辛苦的記憶外，對於菸田所構成的地景，也是他們的共同記憶。

（二）菸田與美濃地景

　　每年十二月後，菸葉進入採收期，菸田就像綠色海洋，一望無際，來到美濃的人，必定會被馬路兩旁的菸田景觀迷住，是美濃重要的地景，讓這裡擁有不同於其他客家鄉鎮的風貌。

　　　西面的山頭，浸浴在耀眼的陽光下，山坡下的相思樹，正隨風翻起
　　　陣陣樹浪，谷地卻處在山的陰影中。摘菸葉的人們全淹沒在綠色的
　　　菸海裡，只見一頂頂的草笠在表面浮動著。〔註91〕

美濃的特殊地景，是由菸葉構成，在這片綠海中，摘菸的人隱身其中，只有斗笠露出來，這種景象在美濃各處都看得見。吳錦發〈秋菊〉中主角回鄉所看見的景色：

　　　由鄉道向前方望去，一片蒼蒼茫茫的綠海，直漫到金字山下才停住；

〔註90〕　《鍾鐵民全集 1・菸田》，頁 408～409。
〔註91〕　《鍾鐵民全集 1・菸田》，頁 391。

> 這是家鄉菸田的景觀；這時期正是菸葉採收的季節，綠中帶點淺黃
> 的葉片，隨著柔風，以雅致的姿態輕輕擺動著，像跳「扇子舞」的
> 女們手中的羽毛扇子一般，從葉尖細碎地抖動到葉柄，那種搖動如
> 水樣柔和，一陣風過來，只見那葉海由近及遠，一波波漾動不已。
> 齊人高的菸海裡，到處浮浮沈沈著摘菸婦女包著洋布巾的斗笠，看
> 著眼前的美景，不自覺地腳步便清快了起來。〔註92〕

當出外讀書的主角回到美濃，看到由菸葉構成的一片蒼茫綠海時，心情自然
愉快起來，又回到熟悉的家鄉。正是菸葉採收的季節，摘菸婦女包著洋巾的
斗笠與菸田結合，是最具代表性的畫面，亦是美濃人對採菸季節的記憶。菸
田在美濃人的心裡，已經成為故鄉的符碼，旅居在外的美濃人，不管是否有
菸作經驗，記憶最深的就是一望無際的菸田景觀。劉洪貞於〈「鄉親真好」〉
中，寫出她記憶中的菸葉：

> 走出鄉間彎至那不算窄的鄉間小路上，一望無邊的菸波綠浪不斷的
> 呈現眼前，好美、好壯觀，菸葉是美濃的特產，它帶給美濃父老的
> 不僅是財富，更是一幅充滿朝氣、希望，以「血汗」繪成的最亮麗
> 的圖畫。〔註93〕

一望無際的菸波綠浪，讓遊子感受到家鄉的獨特風貌，它是財富，更是朝氣
與希望，菸葉為美濃人帶來繁榮的農村經濟，作者特別點出「血汗」，因為這
些美景，是菸農以血汗繪成的，以繁重的勞力換取來的。

除了視覺外，嗅覺也能喚起記憶，如〈夜路〉：

> 右邊田間有微弱的燈光，是從新蓋的菸樓窗縫裡透出來的，咿咿唔
> 唔地有唱歌仔戲的喧鬧。聽！那邊傳來水聲淙淙，是大井在抽水灌
> 田。到爛泥塘了，那股令人窒息的水潮氣飄浮著。喔！周圍是菸田
> 了，菸葉正散發出陣陣辛辣的氣息。〔註94〕

主角從外地返鄉，回到故鄉夜已晚，他騎著腳踏車，懷念家鄉的一切，右邊
有新蓋的菸樓，聽到由裡面傳來歌仔戲的聲音，還有淙淙水聲，最引人注意
的菸葉散發出的辛辣氣息，一聞到這個味道，就知道回到故鄉，主角不禁發
出驚喜，這是故鄉的記憶，菸田與辛辣氣息，無法忘懷的氣味。除了〈夜路〉

〔註92〕 吳錦發：《秋菊》，頁6。
〔註93〕 劉洪貞：《未上好的袖子·「鄉親真好」》，頁50。
〔註94〕 《鍾鐵民全集4》，頁90。

外，〈送〉與〈分家〉亦描寫菸葉辛辣的氣味，是菸田最強烈的標誌。

　　菸葉構成美濃特殊的農村文化，是美濃人無法遺忘的記憶，美濃作家透過作品記錄了種菸的辛苦。美濃作家中，唯一家裡有種菸的是鍾永豐，他父親是菸農，雖然鍾永豐出外讀書，沒有直接從事種菸，但他對菸葉的未來還是很關心。不管是否有種菸經驗，他們對菸葉的記憶是無法抹滅的。早年，幾乎每個美濃人都曾參與菸葉種植，所以作家依照自己的印象，或與菸農聊天所得到的資訊來創作，他們以筆關懷菸農，讓小說與地方文化結合，除了能貼近現實生活外，更能增添濃濃的地方色彩。

　　菸葉塑造了美濃，是美濃人的共同記憶，也因為菸葉，才使美濃人對自身歷史有深刻認同與對地域的強烈歸屬感，這就是地方特殊性，假使地方的特殊性真的逐漸瓦解，那麼我們的生活終究會逐漸消散。〔註95〕所以不管對菸葉的記憶是好還是壞，少了它，美濃聚落文化將不再完整。

第三節　經濟作物的經營

　　美濃的農作物，除了水稻與菸葉兩大作物外，尚有其他經濟作物，過去菸草種植面積一直維持在一千五至二千公頃之間，而菸草必須種植在第二期作水稻收穫後，由於這種特殊耕作制度，使美濃水田之耕作模式單純化，最大面積之耕作制度為一期水稻、二期作水稻、裡作菸草，其次為水稻、水稻、裡作豆類，蔬菜及其他雜作。〔註96〕美濃作家作品中，關於其他經濟作物的書寫很多，亦很雜，作家們關心農民的收入，亦關心產銷問題。美濃的經濟作物種類繁多，農民們以多角經營的模式種植經濟作物以增加收入，本文梳理作品後，將其他作物分為雜糧作物與園藝作物，前者包含蕃薯、芝麻、毛豆等雜作；後者包括果樹類、蔬菜類、花卉類等。兩者以園藝作物價格比較高，因此種作的農民亦較多。然而，不管是雜糧或園藝作物，其面臨的產銷問題是一樣的，作者將這些問題反映出來，希望能得到改善。

一、雜糧作物

　　光復初期美濃主要之雜糧作物為甘藷、烏豆、青皮豆、花生及胡麻、黃

〔註95〕《文化地理學》，頁137。
〔註96〕《美濃鎮誌》，頁639。

麻、苧麻等。這些作物一般在旱田種植，但甘藷、豆類等亦有在秋冬季節栽培。〔註97〕一九八○年後毛豆已漸有栽培，一九八六年以後則以毛豆為主。甘藷隨著家庭養豬事業漸趨式微，種植面積已不多，多數改為庭園式栽培。〔註98〕本文將分析蕃薯、毛豆、樹薯等，在美濃較重要的雜糧作物。

（一）蕃薯

首先是蕃薯，美濃蕃薯的種植，以竹頭背最有名，因竹頭背地勢高亢，所開墾的大半是埔地而非水田，此種土質最適合蕃薯生長，故竹頭背的大蕃薯一直都很有名。〔註99〕尤其又有美濃進士黃金團向皇帝獻上蕃薯的故事，使得竹頭背的蕃薯更出名。

蕃薯在物質缺乏的年代，養活了許多人，鍾理和「故鄉四部」中，故鄉遭受天災摧殘，五穀欠收，鄉民全靠蕃薯過活。故一般農家，常會在菜園種上一些蕃薯，既可採葉子食用，又有蕃薯可吃。鍾理和〈賞月〉描述夫妻兩在月光下種蕃薯的情景：

> 庭邊有二坵田，要種蕃薯的，已經犁兒起成一壟一壟了，日間妻種
> 了幾壟便已天黑了，剩下一坵多一點兒沒種完。此刻，我和妻的視
> 線都不約而同的落到這上面。〔註100〕

他們將田犁好，準備種蕃薯，白天種了幾壟，還有一坵多一點沒種完，當月亮照在大地，引發作者與妻子種蕃薯的想法，想趕快把剩下的田種完。鍾鐵民關於蕃薯的作品較多，如〈家園〉：

> 涂嘉興的祖父時代在這裡買下了靠河邊的一小塊埔地，距離他們家
> 有四十分鐘的步程，他們一直在這裡種蕃薯、番豆、包黍等雜作。
> 涂嘉興還很小的時候就常常跟母親來這裡割蕃薯藤當豬飼料。
>
> 〔註101〕

主角的祖父買下了靠河邊的埔地，用來種蕃薯、番豆、包黍等較耐旱的作物，因埔地缺少水源，不利於種水稻，但種蕃薯剛剛好，蕃薯就喜歡此種土質。蕃薯在農村扮演了重要角色：

〔註97〕《美濃鎮誌》，頁 634～635。
〔註98〕《美濃鎮誌》，頁 635。
〔註99〕蕭盛和：《右堆美濃的形成與發展》，臺北：文津出版社，2009.6，頁 81。
〔註100〕新版《鍾理和全集 5・賞月》，頁 122。
〔註101〕《鍾鐵民全集 4》，頁 365～366。

> 蕃薯在缺糧時代不知救了多少人命。它全身上下沒有一點浪費。它
> 的藤葉是餐桌上最好的青菜，也是養豬餵豬的主要飼料。早期養豬
> 是農村家家不可少的副業，餵豬的汁湯就是蕃薯藤和葉剁細煮熟，
> 再摻上飯湯洗米水調合而成的。割豬菜剁豬菜和煮「汁」是農村婦
> 女每日份內的工作。現在三、四十歲的農村婦女，她們左手食指很
> 少沒有纍纍刀傷疤痕的，這都是剁豬菜留下來的標記。蕃薯是地下
> 塊根的部分，除生吃以外還可以刨刷成簽條，曬乾貯存。簽條用水
> 先洗過，水中沉澱下來的白色粉末就是蕃薯粉。蕃薯的貢獻太大了。
> 〔註102〕

缺糧的時代，蕃薯成為主食，其豐富的營養，救了無數人命。此外豬飼料也
會用到蕃薯，作者仔細描寫準備豬飼料的辛苦歷程，那是五、六十歲以上婦
女的集體記憶。蕃薯可以給人吃，葉子可以餵豬，還可提煉蕃薯粉，用處極
廣，因此幾乎每個農家都會種蕃薯。鍾鐵民其他關於蕃薯的作品尚有〈帳內
人〉、〈竹叢下的人家〉、〈籬笆〉、〈月光下的小鎮〉、〈蘿蔔嫂〉等。

（二）毛豆

其次是毛豆，美濃毛豆栽培從一九七○年後，開始有人種植。對毛豆最深
的記憶，是採收期毛豆田裡的朵朵雨傘：

> 桂枝來邀她一同去摘毛豆。在這毛豆採收期，只要附近有豆田收割，
> 她們總是去幫忙，坐著輕輕鬆鬆的摘下豆莢，賺點工錢。因為是論
> 斤計酬的，所以時間早晚長短都沒有限制，只是去遲了太陽曬得厲
> 害。〔註103〕

摘毛豆是賺零用錢的好時機，工作沒有任何年齡、性別要求，亦無時間限制，
只要你能負荷，採多少算多少，還可以互通消息，因此成為農村婦女賺錢的
最佳選擇。另一篇〈菸葉與美濃〉中，亦描寫到採收毛豆時的熱鬧與緊張：

> 自從人們知道抽煙有害健康以後，抽煙的人口減少了，再加上外國
> 香煙進口競爭，使美濃菸田的面積明顯的縮減。少抽煙總是好事，
> 美濃的農人不種菸葉的便改種毛豆。於是這幾年摘菸時期又出現了
> 另一種景象，那就是毛豆田間採收時的熱鬧和緊張。只見一把把海

〔註102〕《鍾鐵民全集5·大蕃薯》，頁74～75。
〔註103〕《鍾鐵民全集3·三伯公傳奇》，頁12。

> 灘傘底下，許多婦女忙碌的採擷毛豆，老太婆和小女孩都有，全都
> 興高采烈的在賺外快。〔註104〕

菸葉栽種過程辛苦，且美濃菸田面積明顯縮減，因此農人開始改種毛豆。於
是，過去多天摘菸的景象外，又出現了另一種景象，那就是在一把把陽傘底
下，老人小孩都有，大家都忙著賺外快，雖然辛苦，但值得。

　　劉洪貞〈勤勞刻苦的鄉親〉一文，對於摘毛豆的工作，有較詳細的描寫：

> 每年秋天好不容易忙完稻子的收割，接下來是工作瑣碎的種菸工作
> 和毛豆採收。種菸還好有的工作可以用機器來代替人工，減少人力，
> 而採收毛豆可就不同，每個細節不靠兩隻手，可就成不了事，因此
> 只要採收毛豆，家家就總動員，在年輕人口外流下，中老年人和小
> 朋友都得參與。〔註105〕

稻子收割完，接下來瑣碎的工作是種菸與毛豆採收。菸葉部分工作可以用機
械，如電腦烤菸，然而毛豆不行，全得靠雙手，包括割豆苗，採豆夾，都無
法靠機械幫忙，因此在年輕人口外流下，中老年人和小朋友全都得參與採收。
於是白天可看見豆田裡一朵朵的傘花，從白天到忙到夜晚，摘不完用機車帶
回家繼續摘。在星空下摘毛豆，成了不少人的記憶。

（三）樹薯

　　第三是樹薯，五〇年代後，樹薯的價格好，吸引一批退伍軍人燒山墾地種
植，本地人亦有志一同，搶種樹薯。種樹薯情形在一九六四年左右到達最高
峰，此段時期可說是美濃林業史上最令人痛心的黑暗期，滿山遍野但見曝曬
之樹薯，到處是濫墾地，一片禿山不見翠綠之森林。種樹薯之風氣，後來因
價格低落，不敷成本，才逐漸自行消滅。〔註106〕美濃作家中，鍾鐵民最早關
注到樹薯種植的情形，一九六二年完成的〈山谷〉是第一篇描寫樹薯種植的
作品：

> 高高的山腰上，一塊平坦向陽的地面長滿整齊青翠的薑苗和芋苗，
> 邊緣較陡的地方，泥土都被翻轉過來，露出黃色的地面。上頭阿魯
> 正在一鋤一鋤的翻土，珠妹在下面彎著腰插木薯。〔註107〕

〔註104〕《鍾鐵民全集6・菸葉與美濃》，頁338。
〔註105〕劉洪貞：《紙傘美友情濃・勤勞刻苦的鄉親》，頁166。
〔註106〕《美濃鎮誌》，頁682。
〔註107〕《鍾鐵民全集1》，頁146。

種植樹薯須在山坡向陽處，主角去種植樹薯，懷孕的妻子同去，樹薯對他們而言，是經濟來源，故即使懷孕，還是要去幫忙。同一年稍晚的作品〈酒仙〉，則描述酒仙強佔國有地種樹薯的故事：

> 他開了一片山坡地種著薑、蘿蔔和木薯，住的和種的都是國有財產局的山林地。一家五六口人幾乎全靠他一個人一副擔子養活。〔註108〕

酒仙在山坡地種植薑、蘿蔔、木薯等作物，開墾的是國有地，而一家五六口人全靠他賺錢，於山坡地種植薑與木薯，對水土保持破壞很大，因這兩種作物的根很淺，為了種植它們，必須將原有植被剷除，露出黃色泥土，大雨一來，常發生土石坍塌。然而，對於一窩風種植樹薯的熱潮，主管機關卻無計可施，放任他們種植。

除了〈山谷〉與〈酒仙〉外，描寫到樹薯的作品，尚有〈籬笆〉、〈風雨夜〉、〈雨後〉、〈荒村〉、〈谷地〉、〈我的夥伴〉、〈好男好女〉等。

關於雜糧作物的作品，尚有鍾理和〈西北雨〉寫芝麻、鍾鐵民〈雨後〉與鍾鐵鈞〈樹豆〉寫樹豆種植、鍾鐵民〈女人與甘蔗〉寫甘蔗種植等，種類繁多。

二、園藝作物

園藝作物一般指以較小規模進行集約栽培，具有較高經濟價值的作物，通常包括果樹、蔬菜、各種觀賞植物、香料植物及藥用植物等。近年來由於園藝作物之價格比雜糧作物高，故園藝作物面積最近十幾年來，開始逐漸遞增。〔註109〕美濃作家對園藝作物的書寫，以香蕉、木瓜為大宗，其餘尚有荔枝、椰子、咖啡、蔬菜等。因書寫園藝作物的作品眾多，筆者以較重要作物香蕉、木瓜、荔枝、咖啡來討論，探討作品中反映的農業問題。

（一）香蕉

首先是香蕉。美濃香蕉的種植，於一九六六年至一九七七年間，進入鼎盛時期，全美濃植蕉面積多達一千五百餘公頃，幾乎佔全鎮可耕面積四千餘公頃的五分之二強，當時美濃平原一眼望去一片蕉海，真是美而濃綠。香蕉在本區，

〔註108〕《鍾鐵民全集4》，頁29。
〔註109〕《美濃鎮誌》，頁639。

與菸草、水稻同居美濃農業的重要地位。〔註110〕鍾鐵民兩篇寫香蕉的作品〈谷地〉、〈雨後〉，即寫於此時期，農民一窩風搶種香蕉，一開始有賺錢，但最後都產生滯銷問題，作者對於蕉農的心情，給予同情，並檢討當時的產銷制度。

〈谷地〉的男主角，原本反對父親將稻田改種香蕉，認為那是投機事業，風險很大。當他服完兵役回來時，態度卻改變了：

> 回轉身子他向園子中走去。面對著香蕉園，他的心智慢慢復原，心情又輕爽起來。清風吹著，他這才感受到四周景物的協調優美，巨大的香蕉葉子沒有一刻停止舞動，一連串劈劈拍拍輕柔的響動讓人心怡，大地顯得無比生動。他漸漸將心思全拋開了。〔註111〕

當初離開時剛種的香蕉，已經長大，巨大的蕉葉隨風舞動，產生劈拍的聲響，令人感到愉快。看著蕉園，當初反對的想法全消失，他愛上了香蕉。作者進一步描述香蕉樹的外表與觸感：

> 香蕉樹身每根都有人頭那麼高了，有些老樹還吊著大串的香蕉。深紫的樹身，配著碧綠的葉子，整個看起來給人粗壯的美感。一排排一行行，又整齊又清爽，涼風習習，他幾乎立刻就深深喜愛上這種情調了。地面泥土平坦光潔，踏上去鬆鬆軟軟的，一切都跟離家時所指望的一樣。能夠在這底下終日工作，多令人欣喜！他站在樹底，手扶著冷冰冰的樹幹，整個心都醉了。他忘了當初是如何反對種香蕉的事情，那似乎也不再緊要，他回來了，現在香蕉成了林，這就夠了。〔註112〕

深紫的樹身，碧綠的葉子，給人一種沈穩的感覺，蕉園裡香蕉一排排整齊的生長著，給人清爽之感；泥土是鬆軟的，香蕉怕積水，因此土必須排水良好。再撫摸樹身，那種冰涼之感，令他「整個心都醉了」。現在看到美麗的蕉園，已忘了當初如何強烈反對種香蕉的事。

主角父親改種香蕉，是因為利潤好：

> 有人租田種菸葉，三個多月一期的菸田租金高到三百五十斤稻子一分地，而且有地租到無地。大家都說這一帶土地價值高，確實是有道理的。普通一年兩季稻子加一季菸葉，有七分地的人家可稱小康，

〔註110〕 《美濃鎮誌》，頁638。
〔註111〕 《鍾鐵民全集4》，頁214。
〔註112〕 《鍾鐵民全集4》，頁214～215。

一甲以上可就是富家了。像樹旺哥那樣，一年常常就等著繳香蕉，

除非香蕉利潤特高，誰願意那樣糟蹋土地呢？〔註 113〕

那時菸葉種植正處於高峰期，有人到處租田種菸，兩季稻子加一季菸葉，就可稱小康，一甲以上就是富家了。而樹旺哥不種稻，田也沒租給人種菸，稻子收益不好，種菸太辛苦，而香蕉價錢正好，農家想靠它來翻身，因此將田地全種香蕉，這是很大的賭注。然而一切看似美好的表面，實際上卻是香蕉滯銷，一九六九年青果社爆發「香蕉弊案」，使臺灣香蕉事業一蹶不振，〔註 114〕美濃亦受影響，〈谷地〉寫作時間，正是這一年，作品描述香蕉滯銷的慘況，蕉農哀鴻遍野，整園的香蕉無人收購，只能任憑腐壞，許多蕉農忍痛廢園，重新種回水稻。主角家同樣也為這件事父子又產生爭執，當初父親想種兒子反對，現在反過來，父親想廢園，兒子卻想留下，認為香蕉價格會有好轉的時候，只要能堅持，不要見風轉舵，將來一定能有豐厚收入的。

美濃香蕉要外銷日本才能有好價格，因此在集貨場檢別香蕉很嚴，〈谷地〉描述檢別員無情地對待香蕉，看在蕉農眼裡非常不捨，那是他們用感情栽培出來的作物，檢別員卻以不屑的態度對待淘汰的香蕉。〈雨後〉則描述集貨場檢別香蕉與裝籠的情形：

年輕的選別員在檢驗，兩個搬運工將合格的香蕉放入竹筐中一一過磅後，倒入場中央大堆裡；三四個女工切蒂後在切口塗抹著紅色的防腐劑，毛刷飛馳著，速度奇快；技工在大堆處理過的香蕉旁彎著腰裝籠，在他手底下，香蕉兩托兩托順著周圍疊向中央，擠得又密又緊，籠子裝滿，在頂上拍兩下，順勢扳倒在地，單腳一蹬，圓籠直滾到場子的另一頭，竹籠並未加蓋，香蕉穩穩的擠在籠中隨著竹籠滾動。然後包裝處加蓋細籤，貨車在等待著，運出去以後將要長途旅行，到海外遠遠的日本，從那兒換取大把美鈔，增加國庫收入，改善鎮民生活。〔註 115〕

他們要處理這麼多香蕉，每一個人都有負責的部分，女工切蒂後在切口塗紅色防腐劑，她們毛刷飛馳著，速度飛快；而裝籠技工熟練地將一托托的香蕉

〔註 113〕　《鍾鐵民全集 4》，頁 240。
〔註 114〕　《美濃鎮誌》，頁 638。
〔註 115〕　《鍾鐵民全集 2》，頁 119。

裝進圓籠裡，香蕉擠得又緊又密，裝滿後順勢扳倒在地，在未加蓋的情形下，滾向場子的另一頭，香蕉竟神奇地沒有散掉。之後就要加蓋包裝綑綁，然後外銷日本，賺取美鈔。他們熟練的技術，令主角不禁佩服。

然而，香蕉的價格始終浮動，時好時壞：

> 要過冬了，須防霜霧，將來三月的春蕉必可趕上，如果銷售正常，
> 會賣得高價，雲英可以得到幾萬元的收益。只期望市場穩定，青果
> 合作社早日跟日商簽訂合約，保障蕉農利益，那樣香蕉可以繼續栽
> 植，否則天星已打算狠心鏟除香蕉，改作其他更有利的投資。〔註116〕

蕉農的外銷管道，要靠青果合作社與日商訂合約，若價格沒談妥，外銷停滯，受害的是這些蕉農。春蕉是香蕉中品質較優的品種，因可避開其他品種的盛產期，故價格一直很穩定，只要能順利外銷日本，蕉農的利益就能受保障，否則，主角已經打算要剷除香蕉，改作其他更有利的投資。

臺灣的農產品產銷失衡一直是個問題，前一年價格好，農民就會一窩風搶種，因為大家窮怕了，希望能藉此大賺一筆，改善經濟。結果供過於求，導致價格崩盤，農民損失慘重，農民沒有資訊，而農政單位卻不輔導農民別搶種，總是放任這種情形一再發生，所以農民只能靠自己別搶種。

（二）木瓜

其次為木瓜。與香蕉一樣，種木瓜其實也是有風險，然而為了追求更高的利益，也只能賭了，運氣好就能獲利，鍾鐵民〈田園之夏〉描述的就是這種情形：

> 一甲多的埔地，過去大冬蒔一次稻，租人家種一次菸草得些租金，
> 再種一次雜糧如玉米或紅豆。每年有三次收穫，但都不多。他一口
> 氣全部種下木瓜，又恐怕木瓜害毒素病失敗，木瓜行間再寄植檸檬。
> 〔註117〕

主角家的地，一甲多的埔地，蒔一次大冬禾，租人種一次菸，再種一次雜糧，每年三次收穫，但獲利不多，因此他想改變農作物，不走傳統路線，而是栽種價格更好的園藝作物木瓜，他將所有土地全種木瓜，又怕木瓜染上毒素病，造成重大損失，木瓜行間再種植檸檬，檸檬有防蟲消毒的功用，希望能防止病變。

〔註116〕《鍾鐵民全集2》，頁260。
〔註117〕《鍾鐵民全集2》，頁514。

　　主角的投資幸運地成功，原因是其他地方的木瓜全染上毒素病，而他的逃過一劫：

> 確實，十五萬元在農人和工人的眼中都是一個大數目。但他沒有爲他們說明，木瓜所以能有高價是因爲毒素病猖狂，木瓜園一個又一個失敗了，他甘願冒著汗水無歸的風險種木瓜，他幸運自己的園子一時沒有染病，所以他有運氣該當賺錢，這也算成功嗎？而且，雖然說是包一年期，事實上連栽種到開花結果，也要十個多月，除掉農藥肥料，再平均一下，每個月的所得也實在很有限。〔註118〕

因他防範得宜，躲過這次傳染，當別的木瓜園一個個失敗，他的木瓜價格就越好，木瓜盤商找上門，想收購他的木瓜，他希望能賣到十五萬，而盤商不願開這麼高，於是主角不願賣，希望藉由拖，讓盤商自動加錢，他不相信木瓜賣不出去，故不願賤賣。十五萬元在一般人眼裡是一筆大數目，然而對他而言，扣掉成本，其實所剩不多，真的賺錢嗎？他並不這麼想，只是運氣好罷了。

　　〈田園之夏〉還提到產銷問題，商人壓低價格收購木瓜，再以高價賣給消費者，瓜農被剝削，卻也無計可施，因他們沒有通路可以銷售自己的產品，只要能避開盤商，就能以合理的價格賣到消費者手中，瓜農也不會被剝削。然而，農人對於販售通路一竅不通，主角最後還是想將木瓜賣給盤商，但價格不能調降。

　　鍾鐵民寫木瓜的作品很多，如〈木瓜樹下好乘涼〉敘述木瓜的吃法，並帶出他對木瓜的懷念：

> 我還記得當時先父所栽種的墨西哥種木瓜。比起在來種的土木瓜，墨西哥種的果實巨大，呈細長的橢圓，產量多，果肉不同於我們熟知的黃色，而是橙紅色的，最特殊的是長長的葉柄竟然呈深紫色。這是我第一次所接觸到的外國品種的水果，感覺中滿怪異的，我還以此向同學炫耀。已經忘記墨西哥木瓜的滋味好不好了，……
>
> 〔註119〕

作者對木瓜樹的記憶來自父親，種植的並非土種木瓜，而是墨西哥種，然而他對木瓜的滋味並不深刻，故只描述墨西哥種木瓜的外型與顏色，可能原因是滋味並不好，才讓他沒有印象。然而木瓜本身比土種的大，且是外國品種，

〔註118〕《鍾鐵民全集2》，頁530。
〔註119〕《鍾鐵民全集5》，頁66～67。

讓作者可以拿去向同學炫耀。他對墨西哥種木瓜記憶深刻，是受父親〈我的書齋〉的影響，因此，木瓜樹下的涼蔭，成了鍾氏父子共同記憶。

最後，作者感嘆現在的木瓜都是改良種的，很難看到土種的野生木瓜，改良種的容易生病，說不定哪一天木瓜會絕種，由此，不禁懷念起土種的木瓜：

> 土種的野生木瓜滋味雖然不怎麼樣，但是它們的生命力是強韌的，
> 它們從不生病。真懷念禾埕上那幾堆木瓜樹濃陰！〔註120〕

土種木瓜甜度或許沒有改良種甜，但它能適應環境，從不生病，是其他品種木瓜無法做到的，然而，就像其他原生種的動植物一樣，遭到外來種的入侵而逐漸消失，臺灣原生植物該被重視、保護，應該為後代子孫保留原生木瓜的樹蔭，讓他們也能在底下乘涼。

此外，鍾鐵鈞〈領恩俸的日子〉〔註121〕中，對木瓜種植提出新概念，必須種出品質高的木瓜，才能獲得消費者的青睞，因此成本不可少，包括搭建紗網防止病蟲害，此外，還要申請到「吉園圃」標章，代表品質保證，價格自然能提高。

（三）荔枝

美濃荔枝的種植是從日據時代開始，笠山農場種植的果樹中，已包含荔枝，故美濃在笠山農場時代，即已有荔枝種植，只是品種不好。鍾鐵民關於荔枝的作品比其他美濃作家多，他關心荔枝的收益不如以往：

> 辛苦栽培，把所有的土地變成荔枝園，我跟他同樣喜愛荔枝，曾相
> 信經營荔枝園可以成功；只是我幾年前就已不做此想，特別是經過
> 去年的經驗，完全死心放棄了。我想，荔枝風光的時代已經過去。
> 〔註122〕

作者與朋友同樣喜歡荔枝，也曾相信荔枝園可以成功，但他發現每年都做同樣的夢，卻從沒實現過，因此他對荔枝已死心，荔枝的風光時代已過去。

笠山的荔枝是農場時代引進的種苗，可惜在光復第二年被大火燒掉，過去多年的心血付之一炬：

> 台灣中南部氣候適合荔枝生長，日據時期先祖父從中部農試所引進
> 種苗，在農場試植很成功，可惜光復第二年的山林大火卻將祖父多

〔註120〕 《鍾鐵民全集5》，頁71。
〔註121〕 鍾鐵鈞：〈領恩俸的日子〉，《台灣日報》，2004.7.12～7.25。
〔註122〕 《鍾鐵民全集5·暖冬》，頁169。

　　　　年心血付之一炬，僅存房屋周圍的十幾棵。童年歲月中，荔枝成熟
　　　　的初夏，曾經是我們每年最盼望的季節。後來農友們紛紛搶植，如
　　　　今荔枝園在山坡地上普遍可見，不再稀罕。只有選擇好品種來改善
　　　　收益了。〔註 123〕

鍾理和在〈山火〉裡，描寫瘋狂的村民因迷信而放火燒山，已經可以收成的
荔枝，卻化成灰燼。而作者對荔枝情有獨鍾，他回臺後在外婆家第一次吃到
荔枝，即被它的獨特口感與香味吸引，從此難以忘懷。夏天荔枝成熟時，成
爲孩子們最大的期待。然而，過去奇貨可居的荔枝，可以賣到好價錢，但當
農民紛紛加入種植行列後，荔枝不再稀罕，若還想要更多利潤，品種選擇就
很重要。還有銷售通路，也影響果農收益：

　　　　瀰力地區農村耕種的人，多少年來一向單打獨鬥，各自爲政，每一
　　　　個人種植的面積都不夠大，大抵只求自給自足，有多餘的才送進市
　　　　場，所以完全沒有影響市場的能力。現在開始生產純粹屬於商品的
　　　　水果等經濟作物，宋老師認爲只有結合起來共同運銷，才比較能掌
　　　　握市場機制，幫大家打開一條生路。〔註 124〕

鍾鐵民〈家園〉討論了一個重要的問題，要組織一個荔枝產銷班，大家互通
消息，荔枝採收期，去收集價格等資料，團結各果農，共同運銷以掌握市場
機制，避免中間盤商剝削，消費者能以合理的價格買到荔枝，如此兩邊受益，
但要組織各果農，又是一個問題，因大家習慣於由盤商收購，且怕組織產銷
班會惹麻煩，還好宋老師一一解決，並說服大家同意。這是農村未來的出路，
農產品跳過中間商，直接與消費者接觸，才能收到該有的利益。

　　鍾鐵鈞〈荔枝成熟時〉寫了各種荔枝品種，包括烏葉子、玉荷包，還有
早期的酸種荔枝，並介紹荔枝種植的技術，吃不完還可釀酒，他對於荔枝有
著濃濃的感情。

（四）咖啡

　　鍾理和〈笠山農場〉是臺灣最早寫咖啡種植的文學作品，記載了美濃種植
咖啡的歷史，並詳述咖啡培植的方法，與當時民眾對咖啡的看法，此外，還有
一項重要的記錄，即咖啡的傳染病，此傳染病曾導致臺灣咖啡事業的滅絕。

〔註 123〕　《鍾鐵民全集 5・荔枝香》，頁 132。
〔註 124〕　《鍾鐵民全集 4》，頁 381。

　　臺灣從日據時代引進咖啡，其中以阿拉比卡種最適合臺灣種植，笠山農場的品種，就是此種。對於陌生的外來作物，當地居民感到相當好奇：

> 然而現在笠山農場所要種的既不是樹，也不是稻子、番薯，而是咖啡！這就使得人們莫名其妙了。咖啡？什麼是咖啡？他們不但沒有見過，甚至連聽也沒有聽過，那名字唸起來就怪彆扭的。也就可見這東西不是什麼正道的了。〔註125〕

笠山農場要種植的作物，是一種從沒聽過的植物，對於當地人而言，這種名字奇怪的東西，肯定不是好東西。咖啡超出他們的認知，他們無法理解為何這裡要種這種植物，而不是一般常見的稻子、蕃薯，因此，一開始即對咖啡事業抱著看熱鬧的心態，認定此種事業不會成功。至於咖啡長什麼樣，無人知道，直到咖啡樹苗運到農場，由原住民打開包裝時，才首次看到它的廬山真面目：

> 什麼是咖啡？這和那三個祇在腰間繫了一方腰布的高山族同胞一樣令工人們感到新鮮。他們把包裝的稻草打開，同時都懷著興奮的心情，奇異地注視裡面的東西。那是很小很小的樹本植物，一尺多高，葉對生，有光澤。哦！這就是咖啡，就是他們今後所要種的那個！他們呆呆地看著。他們看不出這東西有什麼了不起。在他們的想像中，原以為它是不同尋常的。〔註126〕

充滿好奇與興奮的村民，看到咖啡樹的模樣時，頓時大失所望，他們以為咖啡是非常了不起、不尋常的作物，結果只是一棵一尺多高，葉對生的植物，有光澤，如此而已。他們無法理解，這種樹木到底哪裡好，長得很平常，絲毫沒有特殊之處。至於農場主人是否瞭解咖啡，答案是否定的，更別談種植技術：

> 「研究？」劉致平聳聳肩說：「不要開玩笑吧！待我知道的時候，父親就已決定要種咖啡了。只要有土，種子，水，陽光，父親便以為萬事皆備。至于以後，那只有神明庇佑。稻子，便是這樣種出來的。這是常識。父親就用這常識來種咖啡。這也是高崎的宣傳收了效果：
> 他硬要父親相信：咖啡是種得的，而且獲利很大！」〔註127〕

農場主人以種傳統作物的態度，來種植外來種作物，他覺得只要有「土、種子、水、陽光」就夠了，大家都是這樣種作物的，因此種咖啡也沒什麼困難。

〔註125〕新版《鍾理和全集4》，頁31。
〔註126〕新版《鍾理和全集4》，頁33。
〔註127〕新版《鍾理和全集4》，頁85。

然而，他並不瞭解咖啡是否適合美濃，以及要如何防範咖啡的病蟲害，這些資訊全然沒有，他僅聽信日人高崎的宣傳，認為咖啡是值得種的，將來獲利很大，於是，將大筆資金押注於陌生作物上，極為冒險。

　　對於咖啡種植的方式，高崎僅教導不能直接照太陽，要有護體保護，排水要好，間隔要六尺，於是，農場開始大規模種植：

> 第一個人捏山鋤在前鋤開一坑土，坑，尺幾寬，六尺的間隔。坑土必須弄得碎碎的，鬆鬆的，才好使植物的根易于伸張，呼吸和生長。第二個人即把咖啡苗往坑裡種。苗由于一個多月假植期間的小心培育，發育得很是茁壯，根毛雪白，柔嫩而繁密。然後由最末那個人砍些菅草，山棕葉也行，先用三數支樹枝做骨架，這樣把咖啡包紮起來。你必須當心包紮，因為要能夠遮陽，同時又能通風，才算得是盡善盡美！〔註128〕

工人按照高崎的指導，三人一組，一人將咖啡樹要移植的位置挖好，另一人將樹苗種進去，最後那個人則砍菅草、山棕葉，將咖啡苗包紮起來，因為日照直射會傷害幼苗，使葉子變黃，故需要減弱陽光以保護幼苗。〔註129〕

　　咖啡需要年雨量一千五至兩千公釐之間的氣候，因此，咖啡種植選在春季，南部夏季才是雨季，豐沛的雨量能讓咖啡生長良好：

> 一季秋雨過去，春間種下去的咖啡，發育非常良好，嫩葉橫生，枝頭的幼芽，恰似昆蟲的觸鬚，敏感地伸向飽滿著生命的活力的和煦而溫暖的陽光裡，伸向和暢的微風裡，氣象蓬勃。對生的子葉，追隨著幼芽後面，一對接一對的生長出來。開始祇有半個米粒大小，透明的鵝黃綠色，又嬌嫩，又蘢蔥。它漸長漸大，隨著，黃色逐漸消褪，綠色加深，終于變成彷彿抹過油質而光澤可鑑的大葉了。這時候，枝梢間已是綠葉披離，掛滿濃陰了。〔註130〕

雨季過後，咖啡樹發育良好，葉子越來越多，顏色逐漸加深，由鵝黃綠色變為深綠，葉子油質而光澤的特點，作者沒有漏寫，一切如同劉少興的觀念，有陽光、水、泥土，就能種任何東西。原先的擔心已消失，取而代之的是喜悅，看見樹苗健康發育，黃金色的輝煌未來，似乎可以預見了。不過，咖啡

〔註128〕　新版《鍾理和全集4》，頁120。
〔註129〕　胡文青：《臺灣的咖啡》，臺北：遠足文化事業股份有限公司，2005.12，頁26。
〔註130〕　新版《鍾理和全集4》)，頁214。

種植的工作並未停止，秋雨過後將尚未移植的樹苗，繼續移植到適當地點，還有許多事要進行：

> 透過綠油油的咖啡樹，似乎即可預見那黃金色的輝煌的未來。於是種植工作，按著步驟，又大規模地推行起來。與此併行的，還有第一次的除草工作。在秋雨期間，咖啡株間的雜草繁生孳長，茂盛迫人。這是必須給伐開來的，不然，咖啡將受包圍，影響它的生長。〔註131〕

豐沛的雨水不僅咖啡生長好，雜草也生長茂盛，因此咖啡樹苗繼續移植，另外還得進行第一次除草工作，避免咖啡被雜草包圍，影響生長。農場依舊忙碌，到處呈現生氣蓬勃的景象。

面對如此順利的種植工作，劉少興不禁開始計畫未來：

> 農場的咖啡發育得那麼好，第一期的預定面積和株數已如期完成，若照這樣下去，二年後他便可以設立工廠製粉了，這和當初的計劃就沒有多少出入。〔註132〕

咖啡樹栽種後，約二至四年開始開花、結果，約第六年進入盛產期。〔註133〕劉少興的咖啡種植計畫非常順利，於是他開始準備第二年咖啡開始結果後，就要設立工廠製粉，所有一切全在掌握中。只是他沒料到咖啡竟發生傳染病，且蔓延迅速：

> 張永祥從很早便已留心到咖啡葉面上的小斑點了，它圓形，淡黃色。後來圓形漸漸擴大，不久，就有指頭大小；隨著，顏色也加深了：由開始的淡黃而深黃，而黃褐，而後則變成深褐，就像被香煙頭燙焦了一塊似的。〔註134〕

張永祥發現的小斑點，稱為銹病，又名生銹病，其他還有葉銹病、銹斑病、鏽蝕病等名稱。染病的咖啡樹，葉與莖會出現銹斑點，當斑點內側出現鮮橘紅色的粉狀孢子後，孢子會隨風飄散，再附著於其他咖啡葉子上，形成新的病斑，斑點的擴散蔓延即為快速，染病的樹最後會落葉、枯死。〔註135〕鍾理和仔細地描述小斑點的特徵，一開始只有一小點，但會越來越大，最後變成

〔註131〕新版《鍾理和全集4》，頁214。
〔註132〕新版《鍾理和全集4》，頁270。
〔註133〕胡文青：《臺灣的咖啡》，頁26～27。
〔註134〕新版《鍾理和全集4》，頁326。
〔註135〕胡文青：《臺灣的咖啡》，頁161。

指頭大小，而顏色也隨之加深，從淡黃而深黃，而黃褐，最後變爲深褐色。
沒人知道那是什麼，其他的咖啡樹亦有此狀況：

> 他不知那是什麼，也不知道對咖啡有什麼關係。他又查看其他的咖
> 啡樹，於是他發現有一小部分的咖啡樹的有些葉子有同樣的小斑點
> ——有的剛剛染上淡黃；有的顏色轉深；有的已擴侵了整片葉子；
> 有些葉子則已像茶葉一樣乾枯，開始脫落了。他把葉子翻轉背面來
> 看：在有斑點的背後，便有橙黃色的粉末，用指頭抹抹，好像有點
> 粘性。〔註136〕

有些剛染上淡黃，有的轉深，有的已擴大至整片葉子，而葉子已開始乾枯、
脫落，在斑點的背後，有橙黃色的粉末，這就是銹病的孢子，造成傳染的主
因。不只張永祥的咖啡園有問題，其他租戶同樣也有此現象，大家不知該如
何是好，只好一拖再拖。接著又是雨季，漫長的雨季，讓斑點蔓延更快速，
至少一半以上的咖啡樹皆染病，且有些整棵樹的葉子已呈現乾枯狀，最後整
棵樹枯死，此時農場才開始緊張。找來高崎先生想辦法，高崎看過染病的咖
啡樹後，也束手無策，因爲他的育苗農場亦感染銹病，這是一種感染極速、
極猛的傳染病，他教他們將病死的枯樹、落葉、枯葉聚集起來用火焚化，並
使用殺菌劑，然而大家對他的辦法並不信任，因爲他自己都無法保證有效。
於是，農場與承租人眼睜睜看著咖啡樹一棵棵枯死：

> 斑點一直繼續發展下去。枯死的樹是越來越多了。到了冬天時，全
> 部受病樹之半，幾乎便這樣枯死。餘下的也氣息奄奄，好像隨時都
> 有枯死的可能，弄得整個山場死氣沉沉，零落而荒涼。〔註137〕

枯樹越來越多，到了冬天，染病的樹中，有一半已枯死，剩下的亦毫無生氣，
整個農場死氣沈沈，最後連去年剛種下去的樹苗，亦染上銹病，等於宣告整
個笠山農場的咖啡事業，已經失敗。此病害曾造成臺灣咖啡史上的災難，讓
咖啡事業一度滅絕，世界上其他咖啡產地，亦曾經爆發過銹病，如錫蘭島的
咖啡事業，就曾被徹底摧毀。〔註138〕可見此種傳染病的威力，直至目前爲止，
仍無法有效防範，對咖啡農仍深具威脅性。而銹病導致笠山農場的咖啡事業
失敗，整個農場的咖啡樹全病死。

〔註136〕新版《鍾理和全集4》，頁326。
〔註137〕新版《鍾理和全集4》，頁328。
〔註138〕胡文青：《臺灣的咖啡》，頁162。

　　〈笠山農場〉以咖啡樹象徵劉少興的現代性格，但這性格最終無法壓過傳統觀念，小說從他反對致平的婚事開始，種植咖啡就已經不順利，當致平與淑華出走後，咖啡樹開始生病，結局是笠山農場又轉手賣給人，作者為了咖啡特別寫了一首山歌，並以此作結：

　　　　莫向人前舊事提，笠山誰復説咖啡？
　　　　山鳥不管人間事，猶向農場深處啼。〔註139〕

這是鍾理和的山歌創作，他將咖啡寫進傳統山歌中，有種唐突的感覺，當咖啡種植失敗後，農場易主，就不再有人提起咖啡這件事，似乎那只是一場夢而已，畢竟要在傳統觀念中特立獨行，是一件困難的事。咖啡不見了，只剩下原有的山鳥和傳統山歌，這些不曾改變的事物，説明了不管如何的創新，人還是逃不出傳統的框架。

　　鍾鐵民在〈《笠山農場》之後〉，評論劉少興的咖啡事業：

　　　　咖啡則是農場主要種植經營的項目之一，也是農場主人最受在地人
　　　　們質疑的原因，在當時，不要說喝過咖啡，大部分的人連咖啡的名
　　　　字都沒有聽過。工人們雖然受雇種植咖啡，對劉少興這個外地來的
　　　　農場主人也有相當程度的尊敬，但是對他農場所進行的事業，卻未
　　　　予肯定。所以後來咖啡樹的種植因病毒感染而大片大片的枯黃死
　　　　亡，他們認為早在意料之中。〔註140〕

劉少興創新的事業，在笠山種植咖啡，當地人不曾聽過名字的植物，對於他的野心，村民表面上尊敬他，私底下卻對咖啡抱著否定的態度，當咖啡染病而枯死後，他們認為是意料中的事，因為咖啡是外來種，原就不屬於這裡，失敗是遲早的事。

　　除了上述的四種園藝作物外，美濃作家還有其他作物的書寫，如鍾鐵民〈阿月〉寫將田地改成荼圃，若運氣好，颱風水災沒淹死，就可以小賺一筆，但常常血本無歸。〈我的夥伴〉描寫與朋友種植青瓜，因那時青瓜價格好，只要他們能成功，就能賺一筆錢，可惜，青瓜是種出來了，但賣不出去，因為他們的瓜施了尿素，結出苦青瓜，結果錢又沒賺到。〈荼瓜布〉寫到種植荼瓜，荼瓜是農村最常見的瓜果，結果又多，只要種一棵，就會有吃不完的荼瓜。〈阿耀的作業〉寫到蘿蔔園。鍾鐵鈞〈白玉蘿蔔〉亦寫到蘿蔔種植，且是美濃特產白玉蘿蔔。

〔註139〕新版《鍾理和全集4》，頁344～345。
〔註140〕《鍾鐵民全集5》，頁398。

此外，種植花卉也是新事業，美濃花卉的種植，是近年來由花卉產銷班推動，面積逐年上升，以觀賞盆栽類及切花類為主，如菊花、蘭花等。鍾鐵民〈女人與甘蔗〉寫到種菊花，透過農會與日本商人簽約，農會可貸款，繳花後再由所得中扣還，一開始大家還發了點小財，主角趁機換了機車，然而菊花市場卻被日本商人擺了一道，花收走了，錢卻沒給，這些花農不但沒賺到錢，還得背了一身債，因此，花卉市場的不穩定，常令農民卻步。〈美麗的花的世界〉說明美濃的氣候很適合栽培花卉，在臺灣花卉產地中有一席之地，花可以陶冶性情、美化環境。鍾永豐〈菊花夜行軍〉則敘述阿成回家鄉，他想靠種菊花來增加收入，希望老天幫忙，讓花形漂亮，賣到好價錢，千萬不可崩盤，讓花變成草，因一九七九年，當國內花卉事業仍在啓蒙階段，農會與貿易商合作推廣菊花銷日，後來因外銷菊花無法順利通關，農民損失甚大。〔註141〕所以阿成誠心祈禱，別讓這種事再發生。

最後，還有洋菇種植，一九六四年洋菇在臺灣種植成功，配合加工業成為主要罐頭食品，帶動一股種植熱潮，美濃亦搭上這股旋風，到處有人種洋菇，〔註142〕鍾鐵民一九六五年的〈菇寮〉就是寫當時種植洋菇的盛況，大家像著魔一樣，拼命搶種，但洋菇不好照顧，又費人力，並不是每個菇農都能賺錢，像主角家，最後以失敗收場，還是種回傳統作物比較妥當。鍾鐵民散文〈椰子〉、〈椰賤傷農〉則描寫椰子曾因高價格風光一時，當政府開放泰國椰子進口後，臺灣椰子崩盤，當時搶種的農民，全都損失慘重。鍾鐵鈞〈領恩俸的日子〉寫到紅龍果、蕃茄等新興作物，至於收入如何，目前尚未可知。

第四節　豬業榮景與沒落

由前一節的論述中可知，稻米價格一直處於低迷狀態，光靠稻作，已難以維持一家開銷，於是農民轉而種植園藝作物，著重點在於其價格較高，運氣好可以改善家境。除了園藝作物外，另一個增加收入的方式，即經營副業。農民飼養家禽家畜當副業，開始為小規模經營，但為了獲得更多利益，規模

〔註141〕《美濃鎮誌》，頁 639。
〔註142〕參考《中華百科全書》，網址：http://ap6.pccu.edu.tw/Encyclopedia/data.asp?id
=3156。

越來越大，甚至取代傳統作物，成為主要事業。然而，不管是園藝作物或畜牧養殖，皆有風險存在，它們的價格不穩，易受局勢影響，常因供過於求而崩盤。一旦崩盤，農村哀鴻遍野，很多人因此破產。

養豬事業為美濃早期最盛行的副業，在有限的農業生產外，靠養豬增加收入；另一方面，亦可換取較多的金錢供給孩子讀書、婚嫁。〔註143〕養豬如同儲蓄一般，不知不覺即可有一筆金額較大的收入，故農家都會養上幾頭豬，以備不時之需。尤其是貧苦之家，更需要養豬，因此有「貧窮莫斷豬」的說法。本文將養豬事業分為貧窮莫斷豬、飼養方式的變遷，最後是豬業興衰，由文學看美濃養豬事業的發展過程，藉由作者的筆，反映出豬業從興盛至完全離牧，農民的心理轉折歷程。

一、貧窮莫斷豬

傳統觀念裡，不管家裡經濟好壞，養豬是一種保障，尤其對於窮人而言，更是如此，因此若已經可出售的大豬突然死亡，對農家而言，是一筆重大的損失，鍾理和〈豬的故事〉即為最好的例子：

在一個窮人之家，兩條大豬的死活非同尋常，然而人們的愚蠢往往
把自己搞得更窮。〔註144〕

兩條百來斤的豬感染上豬瘟，作者主張請獸醫，妻子卻執意要用草藥等民俗療法，結果造成兩條大豬死亡，對窮苦人家而言，豬的死亡非同小可，何況是兩條大豬，那原本是全家的希望，現在竟因迷信而造成嚴重損失，對作者妻子而言，打擊極大，傷心到兩餐吃不下飯。然而作者卻有一個意外收穫，即妻子的迷信思想，因兩條豬的死亡改變了，已經相信科學治療比民俗療法有效。他認為因人的愚蠢，不相信科學，往往把自己變得更窮，因此，損失兩條大豬，能改變妻子的想法，他覺得蠻值得的。

傳統養豬對農村的重要性，在於不需要支出，就能獲得一筆收入，甚至可以解燃眉之急，如鍾理和〈菸樓〉，抽中種菸權力後，需要籌資金蓋菸樓，第一個想到的就是賣豬：「家裡還有三條豬，可能賣到三千塊；還有小豬胚，也留不住了。」〔註145〕三條豬可賣三千，蓋菸樓的資金已有了三分

〔註143〕《美濃鎮誌》，頁727。
〔註144〕新版《鍾理和全集5》，頁62。
〔註145〕新版《鍾理和全集2》，頁3。

之一，連同小豬一起賣，可以有更多錢。慢慢的餵養，全不用額外支出，一旦要用錢時，豬是最好的資金來源。鍾鐵民〈雨後〉的何五妹就一直深信這個觀念：

> 有人說養豬是儲錢的竹筒，慢慢積，積少成多。把家裡剩飯殘羹，
> 田裡豬菜蕃薯，變成一筆現金補貼家用。老古人說「貧窮莫斷豬，
> 富貴莫斷書」何五妹從來就相信這種說法，也一向採取這種態度，
> 至於想靠養豬發財？在她看是完全不可能的事。〔註146〕

早期養豬全靠廚餘及豬菜蕃薯，不需額外購買飼料，對農家而言，非常划算，養豬就像存錢筒，慢慢累積，就能有一筆收入，穩賺不賠。對於兒子想擴大飼養方式，靠新式養殖法賺錢，她認為完全不可能。還是養幾頭貼補家用即可，不要冒險投資，因過去大家都是如此做，改變太危險了。〈約克夏的黃昏〉由豬的視角看美濃養豬業：

> 養豬作為家庭副業，在這個地區已經是天經地義的事情，只要你不
> 是太懶，不管有錢人家或是窮人家，沒有不餵幾條豬的。從前的豬
> 吃蕃薯藤加米糠、飯湯，如果不算工錢可以說是全賺的，而人工又
> 是利用早晚和午休時間，不礙正事。〔註147〕

養豬是家庭副業，只要勤奮點，沒有農家不養豬的，而傳統養殖法不需要資本，吃蕃薯葉、米糠、湯飯，這些都是人吃剩的廚餘，全不浪費，而工錢則是利用早晚和午休，又不會妨礙農事，一舉數得，等養大後，就是一筆可預期的收入。許多家庭因此有能力讓孩子讀書：

> 二十年前，農村普遍以家庭式養豬為副業時，家庭主婦不餵養幾頭
> 肥豬，一定被視為懶惰。那時用剩菜殘羹和蕃薯藤，再摻一點米糠
> 餵豬，沒有浪費。賣豬是農村唯一比較大筆的收入，許多母親就是
> 這樣把子弟送去受教育的。〔註148〕

當時不養豬會被視為懶惰，因為那是增加收入的最佳方式，只要勤勞點，家庭就能有補貼。至今仍有老一輩的人很得意說，每到孩子註冊時，就有大豬可以賣，讓孩子能安心去讀書。

〔註146〕《鍾鐵民全集2》，頁106。
〔註147〕《鍾鐵民全集3》，頁52。
〔註148〕《鍾鐵民全集5・蒔花植草》，頁186。

二、飼養方式變遷

早期飼養毛豬的工作主要是婦女在承擔，利用餿米水、剩飯剩菜、甘藷、樹藷、米糠做為飼料餵食，在物資缺乏的農業社會，確實達到了物盡其用及資源再生產的功效。〔註 149〕一九七〇年代後，美濃養豬開始專業化、企業化，使得過去以家戶為單位的小生產方式，轉變為大規模的經營管理。〔註 150〕對於從事農業的年輕人而言，傳統的養殖法無法飼養太多條豬，不符合經濟效益，必須擴大飼養規模，從家庭化改為專業經營，才能追求更大的利益。鍾鐵民〈雨後〉寫於一九七二年，文中養豬方式即已改變，母子兩人對於養豬的方法，仍有不少歧見：

> 她一邊剝著一邊嘴中嘀嘀咕咕不高興。豬圈中有二十多條豬，肥豬十條已經一百斤左右，中豬六條也有五六十斤，另外還有十條剛上槽的小豬。天星堅持餵飼料，吃生豬菜。她心裡雖然不願意，可是二十多條豬如果像以前要煮汁餵，她即使一天從早忙到晚，其他什麼事都不要做，就夠她轉個不停了。餵飼料就簡單得多，自家有木薯簽，拿到飼料行去輾成細末，另買包穀粉、豆餅末、魚粉，配在一起。每餐只要裝一桶乾飼料倒進食槽，飼料吃完之後生豬菜倒下去，再加上大量清水，乾淨又方便。天星還說中部回來要買一部斬豬菜機，加上半馬力馬達，一擔蕃薯藤只要五分鐘就全剝好，而且比人剝的更細更短。每天要花那麼長的時間來剝豬菜，耽誤很多事情，對這個主意她不反對，只是每次要買飼料時，教她心疼。〔註 151〕

母親習慣於傳統養殖法，對於兒子講求效力與最大利益的作法不認同，從原有幾條豬，增加到二十幾條，數量這麼多，根本無法煮汁餵食，因此必須改餵飼料，餵飼料就輕鬆很多，木薯簽磨成細粉，再加上穀粉、豆餅末、魚粉等，配好後倒進食槽，吃完再倒生豬菜與清水即可，省時又方便，且天星還買斬豬菜機，更可節省剝豬菜的時間，母親對於買機器很贊同，但每次要買飼料，就會心疼。這麼多條豬，光飼料費就很驚人，若在過去，這些都可以省下來，於是又開始埋怨兒子貪心，要養這麼多豬。至於兒子天星，對於老一輩的飼養方式很不以為然，他認為現代化的社會，養豬也需講求效率：

〔註 149〕《美濃鎮誌》，頁 728。
〔註 150〕《美濃鎮誌》，頁 728～729。
〔註 151〕《鍾鐵民全集 2》，頁 108～109。

　　花同樣的工夫，專心照顧肥豬。養五十頭，餵飼料，改良種的紅毛
　　豬，肉瘦又長得快，五個月脫手，每頭賺四百元就有兩萬。〔註152〕

養五十頭改良種紅毛豬以飼料餵食，與照顧兩三隻本地豬餵傳統豬「汁」，花
同樣的時間，卻有更大的收益，紅毛豬是由西洋豬改良的，瘦肉多，長得又
快，比本地豬好飼養，可以在最短的時間內，獲得最大利益。因此，美濃養
豬戶，從飼養美濃本地豬，漸漸改養西洋豬，關鍵年代是一九七一年，西洋
豬從前一年的七十八頭，暴增爲三千七百八十七頭，首度超越本地豬，到了
一九七六年，更增加至一萬六千零四十頭，數量是本地豬的五倍之多。〈雨後〉
即寫於此時期，之後的作品，如〈田園之夏〉、〈約克夏的黃昏〉、〈洪流〉皆
爲新式飼養法，規模大、餵食飼料，養改良豬，〈洪流〉飼養的豬隻就多達二
百多頭，是養豬作品中數量最多的。過去的養殖法，成爲作品中老一輩人的
回憶。

　　〈月光山下・美濃〉描寫新式養殖場到處林立，成爲農村新景觀：

　　養豬變成了小型企業，在村鎮郊外，可以看到成列的新式豬舍，連
　　著廣闊的魚池，魚池解決了豬隻排泄物的問題，而豬糞正可以用以
　　餵魚。這種新式豬舍整齊乾淨，魚池中必有幾部水車在攪水，算是
　　農村中新的景觀。〔註153〕

養豬成爲小型企業，新式豬舍一棟棟興建起來，與豬舍相連的是魚池，豬糞
可用來餵魚，可解決豬隻排泄問題，又有魚貨可賣，一舉兩得，於是美濃除
了夥房、菸樓外，又多了豬舍與魚池並存的新地景。

三、豬業興衰

　　美濃的養豬業發展並不是一帆風順，常因市場價格的大波動，造成血本
無歸，如鍾鐵民〈田園之夏〉，即描寫當時豬肉崩盤的慘況：

　　這次像他這樣要虧損五萬塊錢左右，其他小養豬戶大概不過一兩萬
　　元的損失，問題是養豬是農村唯一增加收入的財路，失去了這條財
　　路等於希望破滅，無怪乎每個人都如喪考妣。古進文想起昨天時報
　　上的一個大標題：「商情充耳不聞，閉門猛養毛豬，如今價賤叫苦不
　　迭，有關單位扼腕嘆惜。」不由得他不苦笑起來，像自己和阿吉這

〔註152〕《鍾鐵民全集2》，頁276。
〔註153〕《鍾鐵民全集6》，頁324～325。

> 些人，只知道耕田就要兼養豬，自古以來便是這樣，想多賺就要多
> 養，誰去爲他們打聽商情呢？又到那裏去打聽呢？好好的外銷的路
> 子會斷掉，即使虧本虧得兩眼含淚，卻也仍是莫名其妙。〔註154〕

一九七九年六月起，國內豬價節節下跌，產銷嚴重失衡，作者觀察到農民如
喪考妣，因爲養豬是農村唯一的財路，如今這條財路走不通了。政府單位卻
在那裡責怪農民，認爲他們不看商情，看到豬肉價格好，就拼命飼養，如今
供過於求，導致價格崩盤。然而，這些養豬戶哪裡懂得商情，他們只知道要
多賺就要多養，政府應給予指導，而非指責他們。

　　鍾鐵民〈約克夏的黃昏〉以豬的角度，觀察美濃養豬事業的起落，最能
表現美濃豬業的榮景與沒落。養豬事業興盛時，其他相關職業亦跟著賺錢，
如牽豬哥，此工作通常是較貧窮人家的行業，在傳統社會裏，其地位和抬轎
人同屬最底層的一群，〔註155〕然而作品中的頭家，卻不管世俗眼光，硬是要
當牽豬哥的，並以此職業爲榮，當養豬事業越好，他的生意就越好：

> 嚴格說起來，作爲一隻公豬，我這一生確曾風光過一段日子。那時
> 頭家業務進展得十分順利，在他的經營下，我們成員增加了，有幾
> 隻與我一樣，都是坐過大海輪飄洋過海從歐洲英國或瑞典來的，每
> 一隻都身價非凡。頭家下了這麼大的本錢，卻也取得了客戶信心，
> 附近幾個村莊全都是他的地盤，光我一個，最多時一天出勤四次，
> 頭家更是整天跑個不停。〔註156〕

約克夏品種於光復後引進臺灣，〔註157〕主角「我」是一隻約克夏種豬，當時
從國外引進種豬價格不斐，負責到各養豬場交配，那時正值養豬興盛時期，
牠自己最多一天可出勤四次，而頭家更是忙碌，他有各品種的種豬，依顧客
需求而牽哪種品種去交配。由於服務周到，品質又好，因此頭家的生意接不
完。農民對於養豬的熱衷，可由他們爲豬興建的豬舍看出，主人的房子簡陋，
卻願意興建磚瓦房養豬，人住的比豬還差的情形，在美濃很普遍，這點讓主
角「我」覺得不可思議：

> 從前餵養蕃薯藤時，每戶人家養個三四隻豬很平常，改餵合成飼料

〔註154〕　《鍾鐵民全集2》，頁530。
〔註155〕　《美濃鎮誌》，頁729～730。
〔註156〕　《鍾鐵民全集3》，頁44～45。
〔註157〕　《美濃鎮誌》，頁728。

> 後，要想有工錢只有多養多餵，要多餵養就只有再添蓋豬欄作大投
> 資了。於是家家戶戶幾乎全都有了一兩間新起的紅磚豬欄，他們不
> 嫌錢賺得少，只要勞力可以換取金錢，不管如何的微不足道，他們
> 都認為值得，想想這些人們，也太傻了。〔註158〕

　早期養豬餵食蕃薯藤，不需要額外支出，只要照顧得來，養個三四隻很平常；改餵飼料後，成本增加，要多一點利潤，就得多養，要多養就得蓋豬舍，於是出現主人住簡陋舊屋，大豬住磚房新屋的情形。不過這些農民不覺得奇怪，只要勞力可以換取金錢，住得如何無所謂，讓豬住得好，長得快，就能賣更多錢，蓋新房給牠們住是值得的。這些看在主角的眼裡，覺得他們很傻，只知付出一切賺更多錢，卻不懂得善待自己，改善居住品質，真的很傻。

　　不過風光的歲月僅維持兩年多，後來外銷突然中斷，國內市場供過於求，於是豬價慘跌，許多以養豬當副業的農民，個個損失慘重，養豬事業受到打擊，主角是由飲食的改變察覺的：

> 過去，每當她端著塑膠盒，在我的食槽裡敲一個雞蛋給我加餐時，
> 我就立刻明白，又有勤務要出，然後我便站在門邊等頭家來趕我上
> 車。雞蛋的滋味實在太美好了，含在口裡時那種涼涼的、芳甜的感
> 覺，回味起來都讓我全身舒暢，口水直淌。那樣風光兒的歲月過了
> 兩年多。後來我發覺到吃雞蛋的次數越來越少，甚至連出勤務也不
> 再有雞蛋可吃了。然後我們的飼料份量減少，原來一升的減到半升，
> 最後三餐也改成了兩餐。於是我必須成天處在饑餓的狀態中，整天
> 想著食物，幸好自來水是自動流入水槽的，供應無缺。〔註159〕

　豬業興盛時，只要頭家娘在牠的食槽中敲一個雞蛋，就知道要出任務了，後來，吃蛋的機會漸漸變少，甚至連出任務也不再有雞蛋，而且飼料開始減量，最後三餐變兩餐，讓牠一直處在飢餓狀態中，值得慶幸的是，自來水供應無缺，自嘲又無奈。由食物的改變可以知道養豬事業走下坡，因豬價崩盤，原有的養豬戶為了減少損失，紛紛賤價拋售豬隻，也不讓母豬懷孕。豬價持續低盪一年後，外銷又打開，但養豬戶受到的傷害尚未平復，大家心有餘悸，不敢貿然飼養，且一年後，市場生態已經改變，貧窮人家不再養豬，養豬成

〔註158〕　《鍾鐵民全集3》，頁53。
〔註159〕　《鍾鐵民全集3》，頁45。

爲有錢人家的事業，他們有辦法度過危機，又可跳過豬販剝削，一般農家根本無法競爭，於是，養豬事業開始沒落。

鍾鐵民〈約克夏的黃昏〉對於美濃養豬事業介紹的很詳細，包括豬的品種、牽豬哥的行業與農民對待豬的態度，作品以豬的視角描寫，既幽默又感傷，牠的最後下場如何，牠自己心裡明白，但又能如何呢？

鍾鐵民〈養豬戶何去何從？〉一文中，感慨養殖事業的不穩定性：

> 養殖事業很多都要靠國外市場生存，外銷卻一直不穩定，投資養殖業簡直像賭博。原來養殖應該是賣勞力的事，如今倒成了一種投機。養鱉養鰻、養豬養雞、養鳥養鴿，甚至養狗養貓養蚯蚓田螺，形形色色洋洋大觀。養鱉養鰻要大資金，非企業化經營不可，農友所能倚爲副業的，仍然只有他們所最熟知的——養豬。田裏農作收成不夠成本已是人盡皆知的事，要留在農村生活勢必要靠副業來補貼，不然只有抽身投入加工區做工去。〔註160〕

農村副業很多都要靠國外市場生存，然而外銷卻不穩定，外銷暢通價格就能提高，外銷中斷，國內就崩盤，副業成了一種投機事業。美濃的副業種類形形色色，「養鱉養鰻、養豬養雞、養鳥養鴿，甚至養狗養貓養蚯蚓田螺」，各種動物都有人嘗試飼養，顯示出農民不滿於現況，急於增加收入。其中農民最能倚靠的是養豬，若沒有副業補貼家用，很難靠田裡農作維持家計，否則只能離開農業到加工區工作。因爲稻米價格低迷，其他作物價格又浮動不定，而生活所需越來越多，必須靠其他副業增加收入，這也就是爲何「貧窮莫斷豬」的原因。

然而，美濃養豬業難以繼續的原因，除了幾次價格崩盤外，畜牧業污染環境嚴重，早引起美濃居民不滿：

> 不知不覺中經濟型態改變了，大養豬場早成了農村企業，養豬養雞不再是家庭副業；而果賤傷農，農友對小規模的種植早失去了意願。事實上生活脫離早期只求溫飽的時代，即使是農村也開始講究生活品質，人們開始關心空氣、飲水、畜牧污染的問題，抗拒破壞環境的建設，也不再忍受養豬場的臭氣。〔註161〕

〔註160〕《鍾鐵民全集 6》，頁 363。
〔註161〕《鍾鐵民全集 5・蒔花植草》，頁 186。

農村經濟改善，一般養豬戶無法與大養豬場競爭，養豬事業已經不是家庭副業。加上人們開始講究生活品質，對於空氣、飲水、畜牧污染問題，已經不再忍受養豬場的臭氣，希望政府能重視畜牧業的污染問題。一九九七年三月臺灣發生口蹄疫，對養豬業是一大打擊，美濃的養豬業同樣受到打擊，一間間停養，停養期間，美濃居民發現中正湖與美濃溪水質變好，空氣中不再瀰漫臭氣，整體生活品質提升，於是更難忍受養豬場的污染。二○○○年政府為改善高屏溪水質，嚴格執行水源區離牧政策，並提出「高屏溪流域養豬戶（場）拆除補償計畫」，減少農民損失，此政策讓美濃豬業正式走入歷史，鍾鐵民〈阿耀的作業〉寫的就是農民對這項政策的看法與離牧的心理轉折：

> 離牧政策是強制性的，嚴格禁止水源保護區內所有的鄉鎮從事畜牧，要求養豬場拆除所有豬舍。這個政策關係到牧場生存權益，大養豬場當然極力反對，為壯大抗爭的聲音力量，他們聯合鎮內還保有豬舍的農友，不管新舊養豬戶，用盡一切手段從地方到中央到處去陳情、抗議。〔註162〕

這個政策影響最大的是大型養豬場，他們度過各種危機，好不容易生存下來，卻面臨禁養的命運，於是他們聯合其他仍保有豬舍的農民，向中央陳情、抗議，於是才有「拆除補償計畫」的補助，只要農民自行拆除豬舍，不管新的或是舊的，一律能依豬舍的坪數給予補償，除了大養豬場不滿外，一般農民反而覺得高興，因為他們早已不養豬，只是豬舍沒有拆除，沒想到竟能得到一筆為數不少的補償費，就當作是政府長期漠視農業的補償。

養豬的相關作品，除了上述幾篇外，尚有：鍾鐵民〈風雨夜〉、〈竹叢下的人家〉、〈黃昏〉、〈洪流〉、〈蛇的故事〉、〈夜雨〉、〈荒村〉、〈美得濃莊〉、〈豬言豬語〉、〈農業的輓歌〉、〈山豬不食糠〉；吳錦發〈烤乳豬的方法〉、〈豬〉；鍾鐵鈞〈豬〉等作品。

至於美濃其他養殖副業的作品，則整理如下：

鍾理和：〈山火〉（鵝）、〈菸樓〉（牛）、〈笠山農場〉（牛）、〈復活〉（雞）、〈草坡上〉（雞）等。

鍾鐵民：〈籬笆〉（雞、鴨、牛、豬）、〈土墻〉（雞）、〈夏日〉（雞）、〈山谷〉（雞）、〈我的夥伴〉（蛋雞、鴨、十姊妹）、〈風雨夜〉（雞、鴨、豬）、〈父親‧我們〉（雞、魚）、〈偷雞的人〉（雞）、〈荒村〉（雞）、〈大葉菅芒與蘭花〉

〔註162〕《鍾鐵民全集4》，頁317～318。

（雞）、〈老劉哥和老李哥〉（鴨）、〈雄牛與土蜂〉（鴨、牛）、〈大舅與牛〉（牛）、〈台灣水牛〉（牛）、〈朽木〉（牛）、〈菸田〉（牛、羊）、〈蘿蔔嫂〉（牛）、〈夜路〉（牛）、〈故事〉（牛）、〈烏蜂〉（蜜蜂）等。

　　吳錦發〈春秋茶室〉：兔子、田雞、鰻魚。

　　鍾鐵鈞〈夥房〉：蝦子。

　　由上面歸納可知，美濃養殖副業的多元，其中家禽以雞、鴨最多，大部分提供自家食用，牲畜以豬、牛最多，牛主要是用來耕作，在農業機械化後，農村不再盛行養牛。吳錦發作品的副業比較特別，那是其他作家所沒有接觸的領域，兔子、田雞、鰻魚全都曇花一現，不如養豬歷史悠久。關於美濃養殖副業，因其他家禽家畜書寫篇幅不多，故本文僅以最重要的副業養豬為討論對象。